हम हशमत–1

हम हशमत
1

कृष्णा सोबती

राजकमल प्रकाशन

ISBN : 978-81-267-2362-1

मूल्य : ₹995

पहला संस्करण : 1977
छठा संस्करण : 2016
This book is printed on Print on Demand Technology : 2025

प्रकाशक : राजकमल प्रकाशन प्रा. लि.
1-बी, नेताजी सुभाष मार्ग, दरियागंज
नई दिल्ली-110 002
शाखाएँ : अशोक राजपथ, साइंस कॉलेज के सामने, पटना-800 006
पहली मंजिल, दरबारी बिल्डिंग, महात्मा गांधी मार्ग, प्रयागराज-211 001
1, अनमोल सोराबजी संतुक लेन, धोबी तलाव, मरीन लाइंस, मुम्बई-400 002
वेबसाइट : www.rajkamalprakashan.com
ई-मेल : info@rajkamalprakashan.com

HUM HASMAT-1
Sketches by Krishna Sobti

संस्मरण साहित्य में बहुचर्चित 'हम हशमत' के इस नये संस्करण द्वारा 'हशमत संस्मरणों' की पिछली कड़ी में तीन और नाम प्रस्तुत कर रहे हैं—कवि नागार्जुन, कथाकार गोविन्द मिश्र और उपन्यासकार मनोहर श्याम जोशी।

क्रम

दोस्तो, हर लेखक अपने लिए लेखक है। अपने किए लेखक है। वह अपने चाहने से लेखक है। अगर वह संघर्ष में जूझता है, परिस्थितियों से टक्कर लेता है तो उसका अहसान किसी दूसरे पर नहीं, सिर्फ़ उसकी अपनी क़लम पर है। कोई भी अच्छी क़लम मूल्यों के लिए लिखती है, मूल्यों के दावेदारों के लिए नहीं। अगर ऐसा नहीं तो लेखक और कलाकारों और विज्ञान-भवनों की शोभा बनकर रह जाएँगे।

निर्मल वर्मा

बात पुरानी है। तब की जब निर्मल नए थे। वह पुरानी बात नई तो नहीं रही, फिर भी नई है। अपना इशारा किस ओर है, यह तो हशमत बाद में बताएँगे ही, जल्दी हमें यह कहने की है कि निर्मल अभी पुराने नहीं हुए। पुरानी तो यह याद है जो निर्मल की सब कहानियों-उपन्यासों के बावजूद एक अलग-थलग अंदाज़ से हमारे ज़ेहन पर चिपकी हुई है।

उनका पहला उपन्यास 'वे दिन' पढ़ते हुए उन्हें ढूँढा किए। उन्हें ढूँढ़ा किए उनके नए उपन्यास 'लाल टीन की छत' की पंक्तियों में भी, मगर साहिब, वह सुबह हमारे हाथ दुबारा नहीं आई।

आप पूछना चाहते होंगे कि वह सुबह क्या थी? तो सुनिए-वह सुबह जवान निर्मल की सुबह थी। हमारी मुलाक़ात भी उस सुबह इत्तफ़ाक़ से ही दिल्ली के एक रेस्तराँ के सामने हो गई थी।

जी, तो उस जाड़े की सुबह वहाँ निर्मल वर्मा मौजूद थे और साथ थी निर्मल की वह कहानी जिसका पीछा करने को निर्मल अपनी हर कहानी, हर रचना के साथ दौड़ते रहे हैं।

आप लोगों की मदद करने के लिए हशमत ने दिमाग़ पर बहुत ज़ोर डाला-चाहा उस क़द और नक़्श को तूलिका से आँक सकें, लेकिन मजबूरी कि इस कला में हशमत को कोई दखल नहीं। हारकर सोचने लगे—क्या वह चेहरा निर्मल के साथ हमें फिर कभी दिखाई दिया?

हम हशमत

जी नहीं, कभी नहीं दीखा। हाँ, जब-तब निर्मल से मिलने पर ज़रूर लगता रहा कि वह चेहरा निर्मल के साथ, निर्मल के तौर-तरीक़े, उसके कपड़ों और पुलओवर में सगेपन से सिमटा पड़ा है। उसके हाथों में उलझा पड़ा है।

वह चेहरा दरअसल उन आँखों का था जो पहली बार नई ज़िंदगी का सपना देखती हैं। देखने लगती हैं तो दुनिया पास जुट जाती है। पलकों में छुपती ऊँचाइयाँ घिर आती हैं, अनोखे माथे पर अल्हड़ बाल झुक आते हैं और मुट्ठियों में जहान-भर को बाँध लेने के अरमान सिमट आते हैं।

साहबो, हमने निर्मल को एक ऐसी ही सुबह देखा था। चेहरे पर ताज़े ख़ून की चमक थी—माथे पर गिरते बालों में तरन्नुम था और साथ उनकी वही कहानी थी जिसका ज़िक्र हम पहले कर चुके हैं।

ख़ुदा झूठ न बुलवाए, हमने एक सरसरी निगाह डाली थी और निर्मल की सामर्थ्य को दिमाग़ में सोख लिया था। उसी सुबह हम जान गए थे कि ज़रूर निर्मल कुछ ऐसा करने के क़ाबिल हैं जो अभी किसी दूसरे ने नहीं किया।

पेशे-ख़िदमत है निर्मल के लिखने की दास्ताँ। यह न समझ लीजिएगा कि हम निर्मल की ख़ूबियों या खामियों का ब्यौरा देने जा रहे हैं। यह अधिकार तो एकमात्र उनके आलोचकों का है। हम पाठक होने के नाते सिर्फ़ उनकी प्राप्ति पर चर्चा करेंगे।

निर्मल वर्मा के कहने के मुताबिक़ लेखक निर्मल और निर्मल लेखन में

कुछ अजीब-सा अपने ही ढंग का अपनापा है। ऐसा कि निर्मल के क़लम उठाते ही दोनों के दरमियान कोई दूरी, कोई दुराव नहीं रहता। सगेपन से दोनों में एक तालमेल बैठता चला जाता है। निर्मल के मिज़ाज में कोई तलखी नहीं उठती, बस कभी-कभार छोटी-मोटी झुंझलाहट भर।

हमारे ख़याल में यही निर्मल है और यही है निर्मल की साहित्य-रचना का आंतरिक बिंदु भी। बाक़ायदा एक ही तरह की जकड़न, एक ही तरह का 'इमोशनल-टेंपरेचर', अपनी अनुभूतियों की ज़ंजीर में एक-दूसरे से गुँथी। न कहीं दुराव, न उत्तेजना। बसंत के झोंकों की तरह अडोल पत्तों की धीमी झरमराहट बेखटके बेआहट आपके आस-पास घिरने लगती है। आप देखते हैं, महसूसते हैं और आप उदास हो जाते हैं। आपकी आँखों के सामने—पार्क, फूल, हरी घास, अंतहीन आकाश, हवा की सरसराती लय में अचानक बज उठती गिरजे की घंटियाँ।

ग़लत न होगा यह कहना कि निर्मल की अधिकांश रचनाओं में उनकी अपनी अंतरंग अनुभूतियों और उनके चरित्रों के स्तर पर गहरा तारतम्य है। लेखक के रूप में जो वह खुद महसूस करते हैं, वही उनके पात्र भी।

हशमत निर्मल को लगातार पढ़ते रहे हैं। एक पाठक की हैसियत से वह कहने में संकोच नहीं करेंगे कि निर्मल अपने पात्रों पर बराबर अपना अंकुश बनाए रखते हैं। कुछ-कुछ इस तरह, जिस तरह गोद से निकले बच्चों को माता-पिता खेल-खेल में ही अपनी ज़बान, अपना सलीक़ा, अपना क़ायदा सिखाते चले जाते हैं। कुछ ऐसा ही निर्मल भी अपने पाठकों के साथ करते हैं। शब्दों के साथ-साथ एक लय, एक तन्मयता, एक जादू, एक गहरी उदासी। इस सब संवेदनाओं और अनुभूतियों को चुनने का, पिरोने का अधिकार भी लेखक के पास है, जो पार्क की बैंच पर बैठा है, और अपने आस-पास घटते हुए को खुद पीता है, फिर पाठकों को पिलाता है।

हर लेखक अपने पात्रों का शायद पहले जनक होता है, फिर उनकी आँखें खुलते ही उनकी माँ भी बन जाता है। निर्मल क्या दोनों हैं? – एक साथ

माता-पिता? क्या एक ही लेखक दोनों ज़िम्मेदारियाँ निभा सकता है? क्या एक ही लेखक एक में दो हो सकता है? एक साथ अपने पात्रों को काया और आत्मा दे सकता है?

हमें नहीं मालूम निर्मल ने इन दोनों को कैसा निभाया है—हाँ, निर्मल ने अपने पात्रों को, ऋतुओं और मौसमों को, धूप-छाँह को, बरखा-बर्फ़ को, बादलों को, पहाड़ों की चोटी को अंदर और बाहर की स्मृतियों के 'अपरचर' में से उजागर किया है।

एक साथ जो भी क़लम ढेरों धूप, हवाएँ, चाँदनी, रुई-सी बर्फ़, बर्फ़ी के टीले, फूलों के मुखड़े ऐसे आँक सके जैसे निर्मल ने आँके हैं, उन्हें स्वर और संज्ञा दे सके—यक़ीनन वह बड़ी कलम है।

निर्मल को हम बीते हुए, जिए हुए मीठे बचपन का चितेरा समझते हैं बचपन की जो क़ीमती पारदर्शियाँ निर्मल ने हमारे साहित्य को दी हैं वे अनूठी हैं, बेजोड़ हैं। इस बात पर हमें निर्मल से रश्क है।

हम जानते हैं कि ऐसी क़ीमती यादों को सँजोनेवाले निर्मल का बचपन ज़रूर गहरे लाड़-चाव और प्यार में गुज़रा होगा। पूछने पर निर्मल ने बताया कि यह सही है। शरारती होने के बावजूद निर्मल के लिए माता-पिता के लाड़ की इंतहा नहीं थी। उसी ममता-प्यार को बार-बार लौटा लाने को निर्मल अपनी रचनाओं में बचपन के टुकड़े पिरोया करते हैं। हवाओं में, पहाड़ों की पगडंडियों पर, उदास घरों में, काटेज की छतों पर, उतराइयों, चढ़ाइयों और जमी बर्फ़ पर। इस पूरे माहौल में एक बात हशमत को अजीब लगती है कि ये सब बच्चे अकेले-दुकेले होते हुए भी अपने व्यवहार में किसीं आभिजात्य के परिष्कृत ताने-बाने से बँधे लगते हैं। अनुभव करने, क्षणों को छू लेने की अनुभूति किसी घने प्रौढत्व से फिसलकर बचपन पर झुक जाती है या 'सी-सॉ' पर झूलती नज़र आती है।

इसे निर्मल का जादू कहा जा सकता है। यही निर्मल के सृजन का वह बिंदु भी है जहाँ से निर्मल एक के बाद एक कहानियाँ उठाते चले जाते हैं

आप भी अगर हमारी तरह निर्मल के लेखक की लगातार बराबर एक-सी दौड़ के साक्षी हैं तो ज़रूर जानते होंगे कि 'परिंदे' से लेकर 'लाल टीन की छत' तक निर्मल वर्मा ने अपने अनोखे एकांत में समाज से, आस-पास फैले विद्रूप से अलग-थलग इसी के साक्षात्कार को निभाया है।

'लंदन की एक रात' जैसी कहानी इसका अपवाद है।

हमें उम्मीद थी निर्मल के लिए यह एक ज़रूरी मोड़ होगा—लेकिन ऐसा हुआ नहीं। अगर होता तो वह निर्मल के लेखन को कहीं अधिक वज़न देता।

कुछ लोग अपने लेखन में देर तक एक उम्र के नहीं रहते (न ही रहना चाहिए)। कुछ देर तक छोटे रहते हैं, फिर अचानक बड़े हो जाने का अहसास करवाते हैं। कुछ छोटी आँख से शुरू करते हैं और जल्दी ही क़द निकाल कंधों को छूने लगते हैं। कुछ चुपचाप अपनी उम्र और लंबाई के साथ-साथ बड़े होते चलते हैं। अपनी रचनाओं से कुछ इस तरह के सबूत दिए चले जाते हैं कि उम्र की हर इकाई या दहाई उनके हस्ताक्षरों में मौजूद है।

निर्मल का मौसम ऐसा नहीं। अनोखी बात ही समझिएगा कि लगातार जाड़े-गर्मी और बहार की ऋतुओं को आँकते निर्मल अपनी पिछली किताब से अपनी अगली किताब तक चौंकाते नहीं—विभक्त नहीं करते और अनजाने में ही आपसे स्वीकृत होते चले जाते हैं। निर्मल के पाठक हमारी बात से ज़रूर सहमत होंगे।

निर्मल का साहित्य आम आदमी—साधारण दिल-दिमाग़ का साहित्य नहीं है। निर्मल का रचना-संसार 'सोफिस्टीकेटेड', मानसिक रूप से अति परिष्कृत, वर्ग का साहित्य है। ऐसा कहना निर्मल की रचनात्मक सीमाओं की ओर इशारा करना नहीं है, बल्कि उसकी विशेषताओं का जायज़ा लेना है।

पेश हैं उनकी दो किताबों से दो मुख्तलिफ़, मगर एक जैसे दो टुकड़े—

'यह हमारे होस्टल की दोपहर थी। सर्दी की दोपहर, जो हर होस्टल में एक जैसी ही होती है—जब क्रिसमस के दिन इतने पास हों। मुझे कुछ भी पता नहीं चला था। मैं सोता रहा था—शायद सारी सुबह उसने मेरे आने की

प्रतीक्षा की होगी। एक उम्र में यह विचार ही बहुत रुआँसा लगता है कि कोई ख़ाली-खाली-सा होकर तुम्हारी प्रतीक्षा कर रहा हो। एक संग बहुत सुख-सा भी होता है—बाद में लगता है, तुम सबसे अलग हो। तुम एकदम बड़े हो गए हो। और यह असंभव सा लगता है कि जिस घड़ी तुम सो रहे हो, उस घड़ी कोई तुम्हारी बाट जोह रहा हो। तुम्हें अचानक पहली बार अपनी अनिवार्यता का पता चलता है। उस कातर-से डर का...जिसमें पहली बार तुम्हारे माँ-बाप साझा नहीं करते।'

—वे दिन

'सूरज मुरझाया-सा निकलता—पेड़ों के ऊपर एक रक्तहीन, पीला गोला फटी-फटी-सी रोशनी समूचे शहर तक तिरती रहती। सिर्फ़ आकाश के हाशिए चमकीले दिखाई देते और उस चमक से चमकती हुई बर्फ़ दिखाई देती-वही बर्फ़ जो उस रात पहाड़ों पर गिरी थी। उन सर्दियों की पहली बर्फ़। शहर से अलग और ऊपर। लेकिन उसकी छुअन चारों तरफ़ हवा में दिखाई देती। पहले जहाँ इक्के-दुक्के मकानों में आग जलती थी, अब हर मकान की चिमनी से धुआँ उठता दिखाई देता। सफ़ेद धूमिल हवा में समूचा शहर सुलगने-सा लगता—धुएँ, बादल और बर्फ में काँपता हुआ।

—लाल टीन की छत

यह है निर्मल की लेखनी का चमत्कार जिसने हिंदी के गद्य को समकालीन संवेदना से जोड़ा है। ऐसे गद्य को कविता कहा जाए तो अतिशयोक्ति न होगी। निर्मल का पूरा मिज़ाज, 'टेंपरामेंट', कवि-मन का है। वही इंटेंसिटी, वही रूमानियत, वही अधखुली आँखों से यथार्थ को अबूर कर डालने की लापरवाही।

विरोधाभास ही समझिए कि मार्क्सवादी विचारधारा से प्रभावित निर्मल के लेखन में रोज़मर्रा की जिंदगी से अलग और दूर पात्र अतिरिक्त संवेदनशीलता, परिष्कृत भावुकता से आक्रांत हैं। वे एक ख़ास मानसिक धरातल पर जीते हैं। वे जैसे एक तरल गहराई में आपको अपने साथ डुबोएँगे। और गोता देकर निकाल लेंगे। और फिर आपकी आँखों के आगे से न सिर्फ़ अपने को, बल्कि आपको

भी ओझल कर देंगे। फिर भी आप उनके साथ रहेंगे। क्योंकि निर्मल-साहित्य को पढ़नेवाला पाठक उनकी रचनाओं से दूर रह ही नहीं सकता।

यह उनकी विधा और शिल्प की बहुत बड़ी प्राप्ति है। निर्मल यथार्थ से अलग एक और दूसरी दुनिया बना डालने की सामर्थ्य रखते हैं। अब सुनिए निर्मल लिखते कैसे हैं। लाइनदार कागज़, बढ़िया या मामूली लाइनदार कापी भी हो सकती है। लिखावट उनकी ख़ूबसूरत। साफ़-शफ़्फ़ाफ़।

निर्मल की हँसी में ताज़गी है। यह ज़्यादा इसलिए भी लगती है कि निर्मल सोचने के आदी होते हुए भी हँस लेते हैं।

निर्मल अपनी कहानियों, उपन्यासों के अक्सर तीन ड्राफ्ट करते हैं। पैदायशी जीनियस उनसे सबक़ सीखें। निर्मल लिखते हैं तो पढ़ते भी ख़ूब हैं। हमने उनकी शैल्फों को देखकर कई नए नाम याद किए। अगली किसी साहित्यिक गोष्ठी में (अगर वहाँ निर्मल मौजूद न हुए तो) धड़ाधड़ हम उन किताबों का नाम लेंगे।

निर्मल के कमरे में ढेरों किताबें हैं। फर्श पर उनका बिस्तर है। (नए प्रतिभाशाली लेखक नोट करें और इस तर्ज़ को अपनाएँ।) कोने में छोटी-सी रैक है। चाय-कॉफ़ी, चीनी, कुछ बिस्कुट, चीज़, डबल रोटी और छोटी-सी चौकी पर हाट-प्लेट। मेहमानों के लिए कुर्सी। एक कोने में पढ़ने की टेबल। दरवाज़े पर ढिलाई से लटकता परदा। कमरे की पूरी बुनावट देखकर हमें बहुत अच्छा लगा। कहीं कुछ दिखावटी या चौंकानेवाला नहीं। साधारण सादगी। रहने का सिर्फ़ जुगाड़-भर।

कमरे-भर की सबसे क़ीमती चीज़ पर हमारी नज़र पड़ी तो हमने निर्मल से आँख नहीं चुराई।

उठकर देखना चाहा तो निर्मल ने बहुत छोटी तसवीर अपनी बिटिया की हमारे हाथ में थमा दी। जिसके पापा निर्मल वर्मा हों वह मीठा चेहरा निर्मल के पाठकों के नज़दीक भी क़ीमती है। निर्मल की यह बच्ची इन दिनों लंदन में है। स्कूल जाती है और अपने पापा को कभी-कभार ख़त लिख दिया करती है। अपने आपमें एक कहानी।

निर्मल के इर्द-गिर्द कहानियों का संसार है। ख़ुद कहानियों को तलाश रहती है कि कब निर्मल उन्हें अपने ताने-बाने में गूँथें।

'लाल टीन की छत' में दिया गया परिचय कहता है कि निर्मल हिंदी के उन बिरले साहित्यकारों में हैं जिन्हें लेखन के अलावा संगीत, चित्रकला, स्थापत्य तथा फ़िल्म में भी गहरी दिलचस्पी है।

लिखनेवाले साथियो, 'वक़्त न गँवाइए'—निर्मल के नक़्शे-क़दम पर चलिए। एक भरपूर बुद्धिजीवी बन जाने के ख़्वाब को सच कर डालिए।

हाँ, निर्मल के लेखन से जुड़ी विदेशी शराबों के बारे में दोस्तों से हमने भी बहुत कुछ सुना है लेकिन इतना कह दें कि हमने उनके कमरे में कुछ भी ख़ाली या भरा नहीं देखा।

दुपहर निर्मल के साथ गुज़ार हम नीचे उतरे। दो-चार क़दम आगे उठाए होंगे कि फिर पलट लिये। सोचा निर्मल से यह तो कहते जाएँ कि प्यारे दोस्त, शाम भले कन्सर्ट पर जाओ, बीथोविन सुनो, रविशंकर, अली अकबर ख़ाँ—मगर जो तुम्हारी गली में थूथनी उठाए सूअर घूम रहे हैं उन्हें भी तो देखो। कुछ गौर करो। तुम्हारी लाजवाब क़लम से कोई यथार्थ तो उभरे। कोई एक यथार्थ। जिंदगी से जिंदगी तक जुड़ा हुआ।

रमेश पटेरिया

शनिवार की सूखी शाम। हशमत अपने चित्रकार दोस्त सुधीर पंत से मिलने निकल गए। बरामदे में पहुँचकर देखते क्या हैं, दो लकड़ी की बैसाखियाँ क्रास बनी दीवार पर लटकी हैं। देखकर कुछ ऐसा हुआ कि किसी ने ऐन हशमत के दिल पर ही मेखों से ये दो बैसाखियाँ गाड़ दी हों।

तबीयत तो हुई कि उलटे पाँव लौट चलें। यह जो दर्द बाहर दीवार पर ठुका पड़ा है—वह अंदर क्या होगा! कितना गहरा होगा! लौट चलो मियाँ हशमत, अर्क निकालोगे भी तो किस ख़ुशी का।

सुधीर पंत ऑपरेशन के बाद अब उठने-बैठने लगे हैं सो बैसाखियों को अपनी नई पेंटिंग बनाकर दीवार पर जड़ दिया है। क्या रौ है—क्या दिमाग़ है!

हमारे पाँव के असमंजस को अंदर से ही सूँघ किसी ने आवाज़ लगाई—'चले आओ हशमत मियाँ, खड़े-खड़े क्या सोच रहे हो। चले आओ, देखो तो कौन बैठा है।'

हशमत अंदर।

'मिलो, रमेश पटेरिया!'

हशमत ने हाथ आगे बढ़ाया मगर उखड़ गए। हो गई शाम मनहूस—कभी कलाकार, कभी चित्रकार, कभी नाटककार-मूर्त्तिकार।

दिल हुआ चिल्लाकर कहें—'ओ लेटे हुए पंत सुधीर, कभी इनसानों की भी सोहबत किया कर। हमेशा निठल्ले कलाकारों की मंडली में चोंचें लड़वाता रहता है।'

इस बीच श्याम वर्ण पटेरिया ने दो पुतलियों को ऐसे उठाया जैसे आँखों को संन्यास दे दिया हो।—ठीक कहते हो, ज़रा बाहर से झबरी कुतिया तो उठा लाओ—कमरे का रंग, ज़ायका और माहौल बदल जाएगा।

हशमत के तेवर हँसी में बदल गए। क़हक़हे से छुट्टी पा रमेश पटेरिया को देखा—गहरा साँवला रंग, लाड़ली दाढ़ी, चरसिया आँखें—ऐसी कि अभी महात्मा बोले कि बोले—बच्चा याद रख गुरु का कहना!

सुधीर पंत ने शाहज़ादा अंदाज़ में खींचा—'देखते जाओ राजा, कल से पहले पटेरिया का मुरीद न बना दिया तो नाम-धाम बदल देना मेरा।'

'ऐसा! तो चलो वह भी देख लेते हैं।'

'जी, तो रमेश पटेरिया, कब आए बंबई से लौटकर!'

रमेश पटेरिया ने जगतगुरु की मुद्रा में हाथ ऊपर किया—'बच्चा, हमारा क्या, आज यहाँ कल वहाँ!'

'हशमत मियाँ-रमेश की नुमाइश थी, जहाँगीर आर्ट गैलरी में।'

'कैसी रही दोस्त?'

'दोस्त, आठ पीस थे—छह अपने-अपने ठिकाने पहुँच चुके...।' (सुधीर)
'अच्छी थी। बाहर चहल-पहल, अंदर उदासी।' (पटेरिया)

'उदासी?'

'हाँ, तभी आजकल हम हैं बनवासी।'

हशमत इस तुकबंदी पर हँसे नहीं। रमेश के हाथ से सिगरेट खींचकर सुधीर की ओर बढ़ा दिया—'यार इसे तुम लो, और इस फक्कड़ को चिलम दो, चिलम।'

रमेश ने पहली बार जैसे हशमत को पहचाना—'जय बम भोले! सुधीर पंत, तेरा यह दोस्त आँखवाला है, आँखवाला!'

हशमत ने तरेरा—'सँभल के उस्ताद, मैं अनपढ़ आदमी हूँ।'

रमेश पटेरिया ने हाथ जोड़ दिए—'क्षमा भगवन, कहने का मतलब था, आँखवाला नहीं, चश्मेवाला, काले चश्मेवाला।'

हशमत ने हँसती मुद्रा में अभयदान दिया—'ठीक है बच्चा, इन्हीं पीर-फ़क़ीरों की भविष्यवाणी से कुछ सुधरोगे।'

रमेश पटेरिया ने सिर झुका दिया और नसीहत निकालकर कहा—'बरोबर सेठ, सुधरेगा यह साधु मलंग भी।'

हशमत हँसने की जगह गंभीर हो गए। नई नज़र से रमेश को देखा। 'अपने फक्कड़पन से क्यों राजधानी की आबोहवा बिगाड़ रहा है? त्रिवेणी-बोर्ड पर इन दिनों तेरी शिकायत टँगी है। कोल्ड ड्रिंक में कुछ मिला लिया था तूने!'

रमेश की दो आँखों में दो चिलमें चमकने लगीं—'हम पूछें हशमत मियाँ कि आप भी इस महानगर में क्यों जमे बैठे हैं! क्या किसी नौकरी का इंतज़ार है या किसी छोटे-मोटे ठेके का?'

हशमत ने एक धौल दिया—'अरे, मूर्त्तिकार होने के गरूर में हमें गाली देता है।'

रमेश ने हाथ जोड़ दिए—'प्रभु, आप गलत समझे। ठेके से हमारा मतलब वह न था।'

'हाँ-हाँ, ठेके से रमेश का मतलब ठेकेदारी से नहीं था,'—सुधीर ने अंतरा जोड़ा।

'बिलकुल नहीं गुरु, ठेके का मतलब है कला, कोई भी छोटी-मोटी।'

हशमत बौखलाकर उठ बैठे—'बरखुरदार, हम चाहे तुम्हारी बिरादरी के

नहीं, हम यह कुफ्र न सुन सकेंगे।'

रमेश ने हमें सत्कार से बिठाया और अपनी दाढ़ी को सहलाकर कहा—'न जँचे तो मत सुनिए हशमत साहिब, वैसे कहा है—यूँ बात की है कि आख़िरकार कला भी ठेकेदारी है। दोनों में लंबा-चौड़ा फ़ासला नहीं।'

इस ख़याल से कि इस कला-पुत्र की नज़र न लग जाए, हमने झूठ-मूठ की 'थ' करके कहा—'देखो पटेरिया रमेश, तुम मूर्तिकार होगे अपने घर पर-बिकती होंगी तुम्हारी मूर्तियाँ दस-दस बीस-बीस हज़ार में-पर यह चिंतक बनने का ढोंग क्या!'

हशमत बड़बड़ाने लगे—'चिंतक भी, विचारक भी, कलाकार भी; और हम साले तुम्हारी लंतरानियाँ सुनने पर...!'

सुधीर ने ठहाका लगाया—'इसके पास ख़ज़ाना है कहने को।'

हशमत झुंझला गए—'काम की बात कुछ हो दिमाग़ में तो बोलो। नहीं तो चलें।'

रमेश उकड़ूँ होकर बैठ गया—'जाओगे कैसे बड़े भाई—मैं झूठ नहीं कहता। हर एक कहता मिलेगा—क्या करूँ, इतनी साधना की है, जिंदगी में इतना संघर्ष किया है, इतनी तकलीफ़ें उठाई हैं; और मिला क्या! तारीफ़ की चंद सतरें—कभी-कभार फोटो छप जाती है। बाक़ी तो रखा क्या है जिंदगी में। इन्स्टालमेंट पर मकान ख़रीदा है—अटा पटा के दो-एक ट्रिप बाहर। ऊपर से अभी इन्कमटैक्स भरना है। अच्छे स्कूलों में बच्चों को पढ़ाना है। आख़िर तुम्हीं बताओ, मेरी जिंदगी की उपलब्धि क्या है, प्राप्ति क्या है? इतनी क़ुर्बानी, इतना त्याग, किस काम का...किसके नाम का!'

इसके पहले कि हशमत जवाब दें—रमेश ने खखारकर आवाज़ पलट ली—'परिवार के नाम, पान के नाम, दारू के नाम, तंबाकू और सिगरेट के नाम...।'

हशमत ने घुड़क दिया—'चुप्प बच्चा पटेरिया, चालान हो जाएगा।'

रमेश के आगे के दो दाँत चमकने लगे—'जय हो, जय हो।'

सुधीर ने एक ठुनका दिया—'वक़्त-बेवक़्त जय हो, जय हो!'

हशमत गौर से रमेश पटेरिया को देखने लगे—'मुझे बुलानी हो तो मैं बुलाऊँगा जय मकराना बाबा की...मकराना बाबा उर्फ रमेश पटेरिया। रमेश पटेरिया—काला पत्थर। सच कहूँ पटेरिया, क्या उससे तेरी कोई कशमकश नहीं?'

रमेश पटेरिया फ़िकरेबाज़ी से बदलकर गंभीर मूर्तिकार बन गया—'है कशपकश मेरी छेनी में! मेरे पत्थर में! वही मेरा दिन है, वही मेरी रात है। वहाँ मैं हूँ। बाक़ी का मैं जो बचा खुचा हूँ, वह घटिया है, निहायत घटिया।'

हशमत को टोकना पड़ा—'और यहाँ जो बैठा दिमाग़ चट्ट कर रहा है दूसरों का, वह क्या है?'

'कह लो तिल-चट्टा है। यहाँ आता हूँ, हँसता-खेलता हूँ, पीता-पिलाता हूँ और फिर दो कौड़ी का बनकर काम में जुट जाता हूँ।'

'दो कौड़ी का क्यों?'

'इसलिए कि मुझसे बड़ी मेरी कला है—एक वही जगह है जो मेरे 'मैं' को बनाती है, सँवारती है। बाक़ी तो सब कचरा है।'

'कचरा-ज़रा रोशनी डालो इस पर।'

'हाँ—उजला-मैला, रंग-बेरंग, जो भी है सब साफ़ हो जाता है मकराना जाकर।'

'मकराना में दिन कैसा रहता है?'

'सुबह-शाम चूल्हा—कभी रोटी सेंक ली, कभी ढाबे पर खा ली। पत्थर देखा, महसूस किया, फिर छेनी। फिर पत्थर। मैं पत्थर, पत्थर मैं।'

हशमत के दिमाग़ पर हथौड़े पड़ने लगे। दिल हुआ चीखकर कहें—यह क्या ज़ुबान है! क्या अपना आकार रमेश पटेरिया को बहुत बड़ा लगने लगा है!

रमेश ने भाँप लिया। आँखों में चोट उभर आई—'नहीं दोस्त, इसको ऐसा न समझ। मैं अपना एन्लार्जमैंट पेश नहीं कर रहा था—दरअसल मैं मकराना पहुँच गया था।'

हशमत ने हाथ मिलाया—'बच्चा, जो अपनी झोली में कुछ छिपाए फिरता

है, उसे सँभालकर रख। तुझमें प्रतिभा न होती, तेरी छेनी में जान न होती तो हमारी बला से। प्याले भरता रहता, खाली करता रहता। मगर अज़ीज़ दोस्त, इस बाहर के नशे को नहीं, इस फक्कड़पन को सलामत रख। तू पत्थर है, तू अक्खड़ है—इस पर जो भी बहाई जाएगी—लुढ़क जाएगी। इस लुढ़कनेवाली को नहीं, तू अपने पत्थर को, पत्थर के जीवट को सलामत रख। जिंदगी को लाख अटा-पटा, मगर अपनी कला को पटने न देना रमेश पटेरिया। आज की तारीख़ में यही काम सबसे मुश्किल है।

भीष्म साहनी

दोस्तो, बरसों पहले हमारी मुलाक़ात हुई भीष्म साहनी से आधी रोशनी और आधे अँधेरेवाले एक सफ़ेदपोश रेस्तराँ में।

उन दिनों क्नाट प्लेस का यह रेस्तराँ दिल्ली के सफ़ेदपोश लेखकों का अड्डा था। कॉफ़ी के प्याले पर लिखनेवाली किसी-न-किसी छोटी-बड़ी या असली-नकली शख़्सियत को यहाँ अपने-अपने मुरीदों के साथ देखा जा सकता था।

एक दिलचस्प बात इस रेस्तराँ के बारे में बता दें कि इस रेस्तराँ को एक साथ कई साहित्यिक गुटबंदियों और इनसानी रिश्तों को पुख़्ता और मज़बूत कर देने का फ़न हासिल है। अगर दिल्ली के बहुत-से अदबी दोस्त इसकी हलकी रोशनी के जादू में गिरफ़्तार हो धड़ाधड़ गृहस्थियाँ न जुटा बैठते तो यक़ीनन रेस्तराँ के मालिक इसे बंद न करते।

ख़ुदा हमसे झूठ न बुलवाए, हमारे कई लिखाड़ी दोस्तों ने इसके बंद होने पर चैन की साँस ली थी। ज़िंदगी के ताज़े मौसम में ही इस रेस्तराँ के आधे उजाले और आधे अँधेरे का मज़ा लिया जा सकता था।

मुहब्बत और इश्क़ का नाम तो हम न लेंगे, हाँ साहित्यिक दोस्तियाँ और मीठे सलोने लगावों को हरा बनाए रखने के बहाने यह सस्ता लगनेवाला महँगा रेस्तराँ सालों-साल ख़ूब धड़ल्ले से चलता रहा।

फिर अचानक लोगों की बेख़बरी में ही रेस्तराँ के कुशन ढीले पड़ने लगे। सीटों की टेपेस्ट्री घिसने लगी। तरेर तिरकनवाली क्राकरी मेज़ों पर नज़र आने

लगी। शोख़ियों में लहराते अल्हड़ नौजवान जोड़े कुटुंब परिवारवाले ठस्से से लैस हो गए। एक बैठक में छह प्यालों की औसत कम होकर दो पर उतर आई। हुआ वही जो होना था। नौकरी के फंदे में, बीवी-बच्चों के धंधों में, काले भरपूर सिर कम और नारंगी शेड ज़्यादा दिखने लगे। उधर इस रेस्तराँ के पुराने आशिक़ों के घर आबाद हुए, इधर 'इस' पर ख़िज़ाँ उतर आई। देखते-देखते हमेशा आबाद दिखनेवाला कनाट प्लेस का सदाबहार, गुलज़ार कोना सुनसान हो गया।

अभी हाल में हशमत उधर जा निकले तो कई भूली-बिसरी यादें ताज़ा हो आईं। देखते क्या हैं, वहाँ पुराने रेस्तराँ की जगह एक नई तर्ज़ का रेस्तराँ खुल गया है। हशमत ने ताक-झाँक की—कोई पुराने दोस्त नज़र आएँ, दुआ-सलाम हो जाए, लेकिन देखते क्या हैं सन् साठवाली भीड़ अधेड़ हो चुकी है और अपने-अपने बच्चों के साथ आइसक्रीम, कॉफ़ी के कूपन ख़रीद रही है।

देखकर हशमत का दिल बैठ गया, दूसरों के चेहरों में अपना चेहरा नज़र आने लगा। आइने की ज़रूरत ही न थी। सच तो यह है, बरसों की गिनती के चक्कर बुरे। महबूबाएँ बीवियाँ बन जाएँ और दिलेर आशिक़ बच्चों के पपाजान, तो समझ लीजिए कैलेंडर बदल गया है। चलते-चलते बस अगला मोड़ आ गया है।

दोस्तो माफ़ी—यह ग़ैर-ज़रूरी चर्चा हमने सिर्फ़ इसलिए की कि भीष्म की

बात सोचते ही हमें पुराने दिन याद आ गए। सोचा, हमारे दोस्त भी उस रेस्तराँ में गुज़री शामों की याद ताज़ा कर लें और अपनी पुरानी जिंदगी की अलबम से कुछ भूले-बिसरे चेहरों को निहार लें।

एक शाम-भीष्म से हमने फ़ोन पर वक़्त तय किया और उनसे मिलने उस रेस्तराँ में जा पहुँचे। इधर-उधर निगाह मारी। मुलाक़ात क्योंकि पहली थी इसलिए किसी पत्रिका में छपी फोटो का ध्यान कर हम भीष्म साहनी को पहचानने की कोशिश करने लगे। दरवाज़े पर टकटकी लगाए सोचने लगे कि अभी कोई लंबा ऊँचा साहनी अंदर दाखिल होगा, तो हमें गर्मजोशी से हाथ मिलाना होगा—और पाठकों के अंदाज़ में कहना होगा—भीष्म साहिब, आपसे मिलने की बड़ी तमन्ना थी। आज पूरी हुई। आने के लिए शुक्रिया।

इंतज़ार करते-करते थक गए तो वेटर को याद दिलाई—ज़रा बाहर देखिए... बरामदे में कोई साहब इंतज़ार तो नहीं कर रहे। भीष्म साहनी नाम है। साथवाली मेज़ से आवाज़ आई—'तो हशमत साहब आप ही हैं! इधर आइए, मुझे भीष्म साहनी कहते हैं।'

भीष्म ने गर्मजोशी से हाथ मिलाया। हमें लैंप के नारंगी शेड में एक ऐसा चेहरा दीखा जो भीष्म साहनी न हो, भीष्म साहनी का बेटा हो।

गोरा चिट्टा जवान चेहरा। आँखों में तलखी 'न' के बराबर। हमने यहीं से कुछ-कुछ उनकी उम्र का हिसाब लगाया। यह कि वह ख़ुद अपने बेटे नहीं-अपने बेटे के बाप हैं।

भीष्म के आगे कॉफ़ी का प्याला और हाथ में सिगरेट। नोक-पलक तराशी हुई। चंद ही मिनटों में हम यह भूल गए कि भीष्म वह चेहरा है जो हम-आप में से किसी का बेटा हो सकता है। किसी का भाई, किसी का भतीजा और हर किसी का दोस्त। कहने का मतलब यह है कि आप किसी भी क़बीले में भीष्म जैसे बरखुरदार को मज़बूती से बँधा देख सकते हैं। भीष्म जो है वह सामने है। जितनी आँख और सब्र आपके पास है उतना ही सहजपन आप भीष्म के इर्द-गिर्द देख सकते हैं, पा सकते हैं। भीष्म के पास कोई हाशिया नहीं है।

कोई परदा नहीं। वह सादगी पसंद सादामिज़ाज इनसान है।

भीष्म का पूरा व्यक्तित्व दाएँ-बाएँ का विस्तार नहीं। उसकी शख़्सियत गहराई में बड़ी सादगी से अटी है। इसी से कई लोगों को भीष्म के लेखन की लकीर कुछ सपाट मालूम देती है। शायद इसलिए कि उनके समूचे लेखन में सहज साधारण पात्रों की बहुलता है, अनोखापन नहीं।

जीने के स्तर पर भीष्म के पास एक सुथरा, सुरक्षित, मज़बूत चौखटा है जिसने भीष्म के समूचे लेखन और काफ़ी हद तक जीवन-दृष्टि को भी प्रभावित किया है। उनकी अपनी राजनीतिक आस्थाएँ हैं, 'इंटलेक्चुअल कमिटमेंट' हैं। मोटे तौर पर भीष्म को अपने कितने ही साथियों से कहीं ज़्यादा सुविधा और समग्रता जिंदगी में मिली है। छोटी-मोटी सुविधाएँ—अच्छा घर, पढ़ी-लिखी बीवी। किताबों से भरी शेल्फ़े और रचनाओं को एकसार करती एक बँधी-बँधाई जिंदगी। जीवन के इस सुरक्षित पैटर्न ने जहाँ भीष्म को पनपने में मदद दी है वहाँ लेखन के लिए जमने की जो ज़मीन सिर्फ़ चुनौतियों से बनती है—भीष्म के आगे से दूर कर दी है, हटा दी है। यही वजह है कि लेखन के स्तर पर भीष्म को यह लड़ाई कुछ दूसरे ढंग से लड़नी पड़ती है।

भीष्म मध्यम वर्ग की खरोंचें, ज़ख़्म, उसके दर्द और उसके ऊपरी खोल को छू-छूकर, अपने को उस भीड़ से अलग खड़ा कर लेते हैं और नए सिरे से अपनी पुरानी चिर-परिचित ज़मीन में उन्हें अंकित करने का निर्णय कर डालते हैं।

यह अकारण नहीं कि भीष्म के रचनाकार की आंतरिक ज़मीन बाहर के उपकरणों की मोहताज नहीं।

वह अपने आस-पास के अलगाव से हटकर समाज के यथार्थ से हमेशा एक कोण बनाए रखने में सफल रहे हैं। उनका ऐसा साक्षात्कार उनके अपने परे हट जाने से पैदा होता है। बुद्धिजीवी होने के नाते भीष्म के सुथरे लेखन की ख़ूबी भी यही है और कुछ आलोचकों के अनुसार कमज़ोरी भी यही है।

कुछ दोस्तों को भीष्म के साफ़-सुथरे शिल्प और शैली में उस अतिरिक्त की वह कमी खटकती है जो ख़ुद ही रचना को चमकाती-दमकाती है।

भीष्म के रहन-सहन और सलीक़े में भी आप अंदाज़ देख सकते हैं। लेखक के व्यक्तित्व को रूमानी बनानेवाले चोंचले और किसी हद तक ज़रूरी साज-सामान भीष्म के यहाँ गैरहाज़िर हैं।

मिसाल के तौर पर भीष्म की साफ़-सुथरी गृहस्थी में दूर-दूर तक भीष्म की किसी असली या काल्पनिक महबूबा का नाम हवा में नहीं लहराया। दरअसल भीष्म की बीवी ही इस साँझे आसन पर विराजमान है। दोस्तों का कहना है कि भीष्म को 'एक में तीन' जैसी बेनयाज बीवी मिली हुई है। बीवी, प्रेमिका और पाठिका—थ्री इन वन। सुनते हैं भीष्म की बीवी शीला हर बार भीष्म की रचनाओं की पहली पाठिका है और आलोचक भी। हम यह जानना चाहेंगे कि पाठिका के नाते शीला ने अपना काम किस ढंग से निभाया है। बीवी और प्रेमिका के नाजुक रिश्ते की ओर हशमत ने इशारा कर कुछ जानना चाहा तो भीष्म सिर्फ़ हँस दिए। हशमत समझे तो इतना ही कि यह सवाल सुनते ही भीष्म ने एक लम्हे में हज़ारों रंग जिंदगी के देख लिये होंगे। कौन-कौन से, यह न पूछिए।

भीष्म की तारीफ़ में यह कहना ज़रूरी है कि उसके दोस्तों का बड़ा गुच्छा उसके मिज़ाज का सबूत है। अंग्रेज़ी साहित्य पढ़ानेवालों की अमलदारीवाली ऊँची अदा भीष्म में क़तई नहीं।

भीष्म का पेशा है अंग्रेज़ी पढ़ाना और अपनी मादरी ज़बान हिंदी में साहित्य-सृजन करना। अंग्रेज़ी साहित्य के शिक्षकों और पाठकों को हिंदी की हवा से हो जानेवाले जुकाम से भीष्म ने अपने को आज़ाद रखा है।

ओफ्फो, किस ख़तरनाक नुक़ते को छू लिया हशमत ने! अभी भी अंग्रेज़ी पर फ़िदा दोस्तों की बहुत बड़ी क़तार हैं जो मानकर चलती है कि हिंदी पिछड़ेपन की ज़बान है। इसमें कुछ लिखा भी जा सकता है—इसमें भी उन्हें शक है।

अकादमी पुरस्कार प्राप्त 'तमस' का पहला अध्याय पढ़कर भाषा और शिल्प के स्तर पर हिंदी न बिचारी लगती है, न पिछड़ी। हिंदी समर्थ है, सुथरी है और जो चाहे व्यक्त कर सकती है।

लीजिए, 'तमस' के विषय में कुछ दिलचस्प तथ्य पेश हैं :

हम हशमत

भीष्म ने 'तमस' को पहली बार गर्मी की छुट्टियों में तरतीब दी। दिल पुरानी यादों में भटकता था—पुराने वतन और वतन की हवा में जीने के लिए।

जो कुछ भी ज़हन में आता रहा—आँखों के आगे घूमता रहा, भीष्म उसे पन्नों पर उतारते रहे।

अगली छुट्टियों में भीष्म इस पर जमकर बैठे। कहानी को दोहराया और काट-छाँट की।

'तमस' जिंदगी की छोटी-बड़ी लड़ाइयों की कहानी नहीं। यह विभाजन जैसी ऐतिहासिक घटना का, संघर्ष का, वह महत्त्वपूर्ण दस्तावेज़ है, जिसमें एक साथ लाखों लोग अपने-अपने ठिकानों से उखड़े थे।

भीष्म ख़ुद उस तूफ़ान की चपेट में थे जिसे बँटवारे का नाम दिया जाता है।

एक पुराना बड़ा पेड़ जब जड़ों से टूटता है तब उसका हर हिस्सा, छोटी-मोटी शाखाएँ, पत्ते सब उस टूटने की यातना में साझेदार होते हैं। और अपने-अपने ढंग से अपने-अपने दर्द को सहन करते हैं। बदलाव का सामना करते हैं।

भीष्म उस दर्द को देर तक अपने में समोए-सहेजे रहे हैं। यह उन्हें सालता रहा है और सच तो यह है कि 'तमस' का लेखक बरसों तक उसे पालता रहा है। 'तमस' इस बात का सबूत है कि एक ईमानदार लेखक की तरह भीष्म उस भोगे हुए दर्द को, दूरियों में से छानते चले गए होंगे। और आख़िरकार बँटवारे का यह ब्यौरा पेश कर सके जो अपने सुथरे शिल्प और प्रस्तुतीकरण में महत्त्वपूर्ण और उल्लेखनीय रहेगा।

सच तो यह है कि जिनसे वतन छूटे हैं, पुराने रिश्ते टूटे हैं वे ही इस गहरे दर्द के साक्षी हैं (इस ओर और उस ओर भी), जिसकी अभिव्यक्ति भीष्म ने 'तमस' लिखकर की है।

कई दोस्तों की यह शिकायत गलत नहीं है कि भीष्म की जो भी अपनी 'इंटलेक्चुअल' जलवायु है—आस्थाएँ और राजनीतिक मूल्य हैं, उन्हीं के अनुसार 'तमस' के घटनाचक्र और परिणाम भी हैं। ये सब भीष्म की मानसिक प्रक्रिया के अभिन्न अंग हैं और उन्होंने ईमानदारी से क्योंकि इन्हें सहेजा-समेटा है—इसलिए

इस पर एतराज करने की ज़रूरत ही महसूस नहीं होती।

'तमस' में विश्वास करने के कारण मौजूद हैं कि भीष्म ने इस ख़ौफ़नाक घटना को बड़ी बारीकी से नितारा है और फैले हुए इतिहास और उसके राजनीतिक संदर्भ की लीक देकर कुछ ही दिनों को ढाँचे से बाँधने की कोशिश की है। और इसमें शक नहीं यह एक बड़ी कोशिश थी। कोई भी बड़ी कोशिश महज़ कोशिश नहीं होती। उसके पीछे आस्थाएँ, संस्कार और मूल्य होते हैं जिनसे भीष्म-जैसा जागरूक व्यक्ति बँधा होता है, 'कमिटेड' होता है।

विभाजन के सिलसिले में ऐसी कोई भी लीक देना बेशक बड़ी कोशिश है। बँटवारे के दरमियान नफ़रत एक ऐसे पैमाने पर पहुँच गई थी जहाँ न सिर्फ़ ज़मीन की बाँट थी—मानवीय संबंधों के टूटने, ख़त्म हो जाने की तिड़कन और टूटन भी थी।

यह सही है कि भीष्म जिस विचारधारा से जुड़े हैं, उसी ने 'तमस' के मुख्य स्वर को बाँधे रखा है। 'तमस' की कहानी की कड़ियाँ—हादसों के रूप में क़रीब क़रीब भीष्म की विचारधारा से मेल खाती चली जाती हैं।

राजनीति का अपना तर्क होता है जो एक से ज़्यादा विरोधाभासों को जन्म देता है। यह अकारण नहीं कि भीष्म की आँख ने विभाजन के जिस गलियारे को देखा है उसकी दोनों तरफ़ें अपने-अपने राजनीतिक विश्वासों से आक्रांत थीं। उन्हें आत्मसात करने के लिए भीष्म उनके काफ़ी क़रीब थे। उस तूफ़ान में जिन मूल्यों और क़ीमतों को भीष्म बचाना चाहते थे, क़रीब-क़रीब छोटे-बड़े पैमाने पर दोनों तरफ़ के अवाम भी उन्हीं जज़्बातों को बचाने की भरसक कोशिश कर रहे थे। आग की लपटों में से अपने-अपने हमसायों, पड़ोसियों को बचाने की कोशिशें जारी थीं। मार-काट करनेवाली भीड़ भी अपने-अपने मुहल्लों और बस्तियों में इनसानी रिश्तों को निभा रही थी। भीष्म ने अपनी क़लम की तटस्थ सादगी से उन ख़ौफ़नाक दिल दहला देनेवाले कुछ हादसों को पेश किया है जो विभाजन-साहित्य में बेजोड़ हैं।

हमलावरों के डर से गुरुद्वारे से निकलकर कुएँ में छलाँग लगाने को तैयार

औरतें—इस पूरे दृश्य को जिस वैराग्य से भीष्म ने प्रस्तुत किया है वह अपने आपमें 'तमस' की प्राप्ति है।

भीष्म ने दर्जनों सुथरी सेहतमंद कहानियाँ लिखी हैं जो लगातार उस सत्य को उजागर करती हैं जो भीष्म के निकट मूल्यवान है। भीष्म की राजनीति उसकी क्षमताओं को सिर्फ़ उकेरनेवाली सहायक पूर्ति नहीं—वे मूल्य और आस्थाएँ हैं जिनसे भीष्म का पूरा का पूरा दृष्टिकोण स्थिर हुआ है।

हशमत इतना ज़रूर कहना चाहेंगे कि जिस मध्यवर्गीय खोखलेपन को भीष्म का लेखन उघाड़ता है, उसे देखने की आँख भी उसे उसी वर्ग से मिली है। 'चीफ़ की दावत' से लेकर 'भगवान के आदमी' तक की कहानियों में परिवेश के यथार्थ को भीष्म ने अपनी साहित्यिक मान्यताओं से परे नहीं जाने दिया। यही वह बिंदु भी है जो भीष्म की रचनाओं को उसके मानसिक घनत्व के बराबर जोड़े रखता है।

इंटलेक्चुअल तल पर दर्जा-ब-दर्जा उड़ानों या गहराइयों में खो जाने के साथ जिंदगी के यथार्थ से हट जाना, प्रतिभा के बल पर अपने को विभाजित कर लेना, अपने पर ख़ुद लीक लगाकर समाज से कट जाना—किसी भी लेखक के लिए यह विभाजन से बड़ी ट्रैजडी है।

भीष्म ने इस विभाजन से अपने को बचाया है। उसकी नज़र कटी नहीं। उसका सोचना अँधेरे और उजाले में डगमगाया नहीं।

दोस्तो, इसके पहले कि हम आपसे इजाज़त लें, भीष्म के बारे में कुछ इधर-उधर की।

'तमस' के लिए अकादमी पुरस्कार के अलावा भीष्म, भाषा विभाग पंजाब से साहित्य-शिरोमणि पुरस्कार भी पा चुके हैं। यह जानकर हमें कुछ अजीब तरह की ख़ुशी हासिल हुई जो महज़ इनाम की प्राप्ति से अलग थी। हमें यक़ीन है कि आपको भी यह जानकर ख़ुशी होगी कि यही पुरस्कार भीष्म के बड़े भाई स्वर्गीय बलराज साहनी को भी मिल चुका है।

यह उनके वतन के लिए गौरव की बात है। भीष्म हिंदुस्तानी हैं, पर

उनका पुराना वतन रावलपिंडी है। रावलपिंडी पाकिस्तान में है लेकिन बलराज और भीष्म दोनों रावलपिंडी के ही बेटे कहलाएँगे। उनका बचपन वहीं गुज़रा था। बचपन एक बार जिया जाता है। उसे वहाँ की मिट्टी से कौन जुदा कर सकता था! (सिर्फ़ विभाजन!)

काश, हशमत बलराजजी और भीष्म-जैसे बेटे बनानेवाले उनके स्वर्गीय माता-पिता की तसवीरें पेश कर सकते! मौक़ा मिला तो भीष्म की अलबम में झाँकेंगे। कुछ मिल गया तो आपकी ख़िदमत में पेश करेंगे।

मियाँ नसीरुद्दीन

साहबो, उस दिन अपन मटियामहल की तरफ़ से न गुज़र जाते तो राजनीति, साहित्य और कला के हज़ारों-हज़ार मसीहों के धूम-धड़क्के में नानबाइयों के मसीहा मियाँ नसीरुद्दीन को कैसे तो पहचानते और कैसे उठाते लुत्फ़ उनके मसीही अंदाज़ का!

हुआ यह कि हम एक दुपहरी जामा मस्जिद के आड़े पड़े मटियामहल के गढ़ैया। मुहल्ले की ओर निकल गए। एक निहायत मामूली अँधेरी-सी दुकान पर पटापट आटे का ढेर सनते देख ठिठके। सोचा सेमइयों की तैयारी होगी, पर पूछने पर मालूम हुआ ख़ानदानी नानबाई मियाँ नसीरुद्दीन की दुकान पर खड़े हैं। मियाँ मशहूर हैं छप्पन क़िस्म की रोटियाँ बनाने के लिए।

हमने जो अंदर झाँका तो पाया मियाँ चारपाई पर बैठे बीड़ी का मज़ा ले रहे हैं। मौसमों की मार से पका चेहरा, आँखों में काइयाँ भोलापन और पेशानी पर मँजे हुए कारीगर के तेवर।

हमें गाहक समझ मियाँ ने नज़र उठाई—'फ़रमाइए।'

झिझक से कहा—'आपसे कुछ एक सवाल पूछने थे—आपको वक़्त हो तो...'

मियाँ नसीरुद्दीन ने पंचहज़ारी अंदाज़ से सिर हिलाया—निकाल लेंगे वक़्त थोड़ा, पर यह तो कहिए आपको पूछना क्या है?"

फिर घूरकर देखा और जोड़ा—'मियाँ कहीं अख़बारनवीस तो नहीं हो? यह तो खोजियों की खुराफात है। हम तो अख़बार बनानेवाले और अख़बार

पढ़नेवाले—दोनों को ही निठल्ला समझते हैं। हाँ—कामकाजी आदमी को इससे क्या काम है। ख़ैर, आपने यहाँ तक आने की तकलीफ़ उठाई ही है तो पूछिए—क्या पूछना चाहते हैं!' 'पूछना यह था कि क़िस्म-क़िस्म की रोटी पकाने का इल्म आपने कहाँ से हासिल किया?'

मियाँ नसीरुद्दीन ने आँखों के कंचे हम पर फेर दिए। फिर तरेरकर बोले—'क्या मतलब? पूछिए साहब—नानबाई इल्म लेने कहीं और जाएगा? क्या नगीनासाज़ के पास? क्या आईनासाज़ के पास? क्या मीनासाज़ के पास? या रफ़ूगर, रँगरेज या तेली-तंबोली से सीखने जाएगा? क्या फ़रमा दिया साहब—यह तो हमारा ख़ानदानी पेशा ठहरा। हाँ, इल्म की बात पूछिए तो जो कुछ भी सीखा अपने वालिद उस्ताद से ही। मतलब यह कि हम घर से न निकले कि कोई पेशा अख़्तियार करेंगे। जो बाप-दादा का हुनर था वही उनसे पाया और वालिद मरहूम के उठ जाने पर आ बैठे उन्हीं के ठीये पर!'

'आपके वालिद...?'

मियाँ नसीरुद्दीन की आँखें लमहा-भर को किसी भट्टी में गुम हो गईं। लगा गहरी सोच में हैं—फिर सिर हिलाया—'क्या आँखों के आगे चेहरा जिंदा हो गया! हाँ—हमारे वालिद साहिब मशहूर थे मियाँ बरक़त शाही नानबाई गढ़यावाले के नाम से और उनके वालिद यानी कि हमारे दादा साहिब थे आला नानबाई मियाँ कल्लन।'

'आपको इन दोनों में से किसी-किसी की भी कोई नसीहत याद हो!'

'नसीहत काहे की मियाँ! काम करने से आता है, नसीहतों से नहीं। हाँ!'

'बजा फ़रमाया है, पर यह तो बताइए ही बताइए कि जब आप (हमने भट्टी की ओर इशारा किया) इस काम पर लगे तो वालिद साहिब ने सीख के तौर पर कुछ तो कहा होगा।'

नसीरुद्दीन साहिब ने जल्दी-जल्दी दो-तीन कश खींचे, फिर गला साफ़ किया और बड़े अंदाज़ से बोले—'अगर आपको कुछ कहलवाना ही है तो बताए दिए देते हैं। आप जानो जब बच्चा उस्ताद के यहाँ पढ़ने बैठता है तो

उस्ताद कहता है—

> *कह 'अलिफ़'*
> *बच्चा कहता है, 'अलिफ़'*
> *कह 'बे'*
> *बच्चा कहता है, 'बे'*
> *कह, 'जीम'*
> *बच्चा कहता है, 'जीम'*

इस बीच उस्ताद ज़ोर का एक हाथ सिर पर धरता है और शागिर्द चुपचाप परवान करता है! समझे साहिब, एक तो पढ़ाई ऐसी और दूसरी...।' बात बीच में छोड़ सामने से गुज़रते मीर साहिब को आवाज़ दे डाली—'कहो भाई मीर साहिब! सुबह न आना हुआ, पर क्यों?'

मीर साहिब ने सिर हिलाया—'मियाँ अभी लौट के आते हैं तो बतावेंगे।'

'आप दूसरी पढ़ाई की बाबत कुछ कह रहे थे न!'

इस बार मियाँ नसीरुद्दीन ने यूँ सिर हिलाया कि सुकरात हो—'हाँ-एक दूसरी पढ़ाई भी होती है। सुनिए, अगर बच्चे को भेजा मदरसे तो बच्चा

न कच्ची में बैठा,
न बैठा वह पक्की में
न दूसरी में—

और जा बैठा तीसरी में—हम यह पूछेंगे कि उन तीन जमातों का क्या हुआ? क्या हुआ उन तीन किलासों का?'

अपना ख़याल था कि मियाँ नसीरुद्दीन नानबाई अपनी बात का निचोड़ भी निकालेंगे पर वह हमीं पर दागते रहे—'आप ही बताइए—उन दो-तीन जमातों का हुआ क्या?'

'यह बात मेरी समझ के तो बाहर है।'

इस बार शाही नानबाई मियाँ कल्लन के पोते अपने बचे-खुचे दाँतों से

खिलखिला के हँस दिए! 'मतलब मेरा क्या साफ़ न था! लो साहिबो, अभी साफ़ हुआ जाता है। ज़रा-सी देर को मान लीजिए—

हम बर्तन धोना न सीखते
हम भट्ठी बनाना न सीखते
भट्ठी को आँच देना न सीखते
तो क्या हम सीधे-सीधे नानबाई का हुनर सीख जाते!'

मियाँ नसीरुद्दीन हमारी ओर कुछ ऐसे देखा किए कि उन्हें हमसे जवाब पाना हो। फिर बड़े ही मँजे अंदाज़ में कहा—'कहने का मतलब साहिब यह कि तालीम की तालीम भी बड़ी चीज़ होती है।'

सिर हिलाया—'है साहिब, माना!'

मियाँ नसीरुद्दीन जोश में आ गए—'हमने न लगाया होता खोमचा तो आज क्या यहाँ बैठे होते!'

मियाँ को खोमचेवाले दिनों में भटकते देख हमने बात का रुख मोड़ा—'आपने ख़ानदानी नानबाई होने का ज़िक्र किया, क्या यहाँ और भी नानबाई हैं?'

मियाँ ने घूरा—'बहुतेरे, पर ख़ानदानी नहीं-सुनिए, दिमाग़ में चक्कर काट गई है एक बात। हमारे बुजुर्गों से बादशाह सलामत ने यूँ कहा—मियाँ नानबाई, कोई नई चीज़ खिला सकते हो?'

'हुक्म कीजिए जहाँपनाह!'

बादशाह सलामत ने फ़रमाया—'कोई ऐसी चीज़ बनाओ जो न आग से पके, न पानी से बने।'

'क्या उनसे बनी ऐसी चीज़!'

'क्यों न बनती साहिब! बनी और बादशाह सलामत ने ख़ूब खाई और ख़ूब सराही।'

लगा, हमारा आना कुछ रंग लाया चाहता है। बेसब्री से पूछा—'वह पकवान क्या था—कोई ख़ास ही चीज़ होगी।'

मियाँ कुछ देर सोच में खोए रहे। सोचा पकवान पर रोशनी डालने को हैं

कि नसीरुद्दीन साहिब बड़ी रुखाई से बोले—'यह हम न बतावेंगे। बस आप इत्ता समझ लीजिए कि एक कहावत है न कि ख़ानदानी नानबाई कुएँ में भी रोटी पका सकता है। कहावत जब भी गढ़ी गई हो हमारे बुजुर्गों के करतब पर ही पूरी उतरती है।'

मज़ा लेने के लिए टोका—'कहावत यह सच्ची भी है कि...।'

मियाँ ने तरेरा—'और क्या झूठी है? आप ही बताइए, रोटी पकाने में झूठ का क्या काम! झूठ से रोटी पकेगी? क्या पकती देखी है कभी! रोटी जनाब पकती है आँच से, समझे!'

सिर हिलाना पड़ा—'ठीक फ़रमाते हैं।'

इस बीच मियाँ ने किसी और को पुकार लिया—'मियाँ रहमत, इस वक़्त किधर को! अरे वह लौंडिया न आई रूमाली लेने। शाम को मँगवा लीजो।'

'मियाँ, एक बात और आपको बताने की ज़हमत उठानी पड़ेगी...।'

मियाँ ने एक और बीड़ी सुलगा ली थी सो कुछ फुर्ती पा गए थे—'पूछिए—अरे बात ही तो पूछिएगा— जान तो न ले लेवेंगे। उसमें भी अब क्या देर! सत्तर के हो चुके।' फिर जैसे अपने से ही कहते हों—'वालिद मरहूम तो कूच किए अस्सी पर, क्या मालूम हमें इतनी मोहलत मिले न मिले।'

इस मज़मून पर हमसे कुछ कहते न बन आया तो कहा—'अभी यही जानना था कि आपके बुजुर्गों ने शाही बावर्चीखाने में तो काम किया ही होगा?'

मियाँ ने बेरुखी से टोका—'वह बात तो पहले हो चुकी न!'

'हो तो चुकी साहिब, पर जानना यह था कि दिल्ली के किस बादशाह के यहाँ आपके बुजुर्ग काम किया करते थे।'

'अजी साहिब, क्यों बाल की खाल निकालने पर तुले हैं! कह दिया न कि बादशाह के यहाँ काम करते थे सो क्या काफी नहीं?'

हम खिसियानी हँसी हँसे—'है तो काफ़ी, पर ज़रा नाम लेते तो उसे वक़्त से मिला लेते।'

'वक़्त से मिला लेते—ख़ूब! पर किसे मिलाते जनाब आप वक़्त से?'—मियाँ

हँसे जैसे हमारी खिल्ली उड़ाते हों।

'वक्त से वक़्त को किसी ने मिलाया है आज तक! ख़ैर—पूछिए—किसका नाम जानना चाहते हैं। दिल्ली के बादशाह का ही ना! उनका नाम कौन नहीं जानता—जहाँपनाह बादशाह सलामत ही न!'

'कौन-से, बहादुरशाह ज़फ़र कि...!'

मियाँ ने खीजकर कहा—'फिर अलट-पलट के वही बात लिख लीजिए बस यही नाम—आपको कौन बादशाह के नाम चिट्ठी-रुक्का भेजना है कि डाकखानेवालों के लिए सही नाम-पता ही ज़रूरी है।'

हमें बिटर-बिटर अपनी तरफ़ देखते पाया तो सिर हिला अपने कारीगर से बोले—'अरे ओ बब्बन मियाँ, भट्टी सुलगा दो तो काम से निबटें।'

'यह बब्बन मियाँ कौन हैं साहिब?'

मियाँ ने रुखाई से जैसे फाँक ही काट दी हो—'अपने कारीगर, और कौन होंगे!'

मन में आया पूछ लें आपके बेटे-बेटियाँ हैं, पर मियाँ नसीरुद्दीन के चेहरे पर किसी दबे हुए अंधड़ के आसार देख यह मज़्मून न छेड़ने का फ़ैसला किया। इतना ही कहा—'ये कारीगर लोग आपकी शागिर्दी करते हैं?'

'ख़ाली शागिर्दी ही नहीं साहिब, गिन के मजूरी देता हूँ। दो रुपए मन आटे की मजूरी। चार रुपए मन मैदे की मजूरी! हाँ!'

'ज़्यादातर भट्टी पर कौन-सी रोटियाँ पका करती हैं?'

मियाँ को अब तक इस मज़्मून में कोई दिलचस्पी बाक़ी न रही थी, फिर भी हमसे छुटकारा पाने को बोले—

'बाक़रखानी—शीरमाल—ताफ़तान—बेसनी—खमीरी—रूमाली—गाव-दीदा—गाज़ेबान—तुनकी—'

फिर तेवर चढ़ा हमें घूरकर कहा—'तुनकी पापड़ से ज़्यादा महीन होती है, महीन। हाँ। किसी दिन खिलाएँगे, आपको।'

एकाएक मियाँ की आँखों के आगे कुछ कौंध गया। एक लंबी साँस भरी

और किसी गुमशुदा याद को ताज़ा करने को कहा—'उतर गए वे ज़माने। और गए वे क़द्रदान जो पकाने-खाने की क़द्र करना जानते थे! मियाँ अब क्या रखा है...निकाली तंदूर से-निगली और हजम!'

कृष्ण बलदेव वैद

उस शाम शिमला में पहली बर्फ़ गिरी थी। बुखारी के सामने बैठे हशमत ने बर्फ़ के इस्तक़बाल में गिलास उठाया ही था कि फ़ोन की घंटी बज उठी।

'कहिए-कौन!'

'यह क्या ढंग है यार, आवाज़ तक नहीं पहचानते!'

'पहचान गए। बर्फ़ गिर रही है। आने की खुली दावत है!'

'दावत न भी दो तो भी यह तुम्हारा दुश्मन झूठे के घर तक पहुँचकर रहेगा।'

'बोल कहाँ से रहे हो? चंडीगढ़ कि कालका?'

एक खनकता ठहाका गूंज उठा!

'दिल सँभाल दोस्त, एक मेहमान सिर पर आ रहा है।'

'कोई ग़म नहीं...'

'नीचे बैरियर से बोल रहा हूँ।'

हशमत का दिल गरमा गया। ऐसे प्यारे मौसम में बहुत दूर रहनेवाले दोस्त की आवाज़ इतनी क़रीब।

चीख़कर कहा—

'ओ रामगुलाम बलहीन, बालूगंज की थोड़ी-सी चढ़ाई है। पहुँचते बनो!'

'एक बात है यार, मेरे साथ ड्राइवर भी है...'

हशमत ने घुड़क दिया—

'कितने अदद माल असबाब साथ हैं इसकी फ़ेहरिस्त बैरियर पर दो। साथ

ड्राइवर ही है, बीवी तो नहीं!'

बर्फ़ानी हवाओं को चुनौती देते क़हक़हे फ़ोन में जकड़कर रह गए!

अँगीठी के आगे सिंकते ठंडे गिलासों का गिरोह मेहमान के इंतज़ार में झलकने-तरलने लगा कि नीचे गाड़ी का हॉर्न बज उठा।

हशमत कोट पहन नीचे उतरे। गाड़ी फाटक पर रुकी और उसमें से निकला दिशाहीनों का पेशेवर सरदार, लापरवाह अमरीकी पोशाक में कृष्ण बलदेव वैद।

जराइमपेशावाली गाली मुँह पर आई मगर हमने जी कड़ा कर तहज़ीब ओढ़ ली और गर्मजोशी से हाथ मिलाया।

'चाहता बहुत था पर सोचा नहीं था कि पहुँच ही जाऊँगा।'

हाई नेक का पुलओवर और हलका अमरीकी कोट हाथ में। हशमत ने वैद का सारा सफ़र सूँघ लिया!

'दोस्त, कालका से यहाँ तक मुश्किल से तीन घंटे, और इस मौसम में कोट उतारने की नौबत भी आ गई!'

कृष्ण बलदेव के दिमाग़ की खिड़कियों के पट हमेशा खुले रहते हैं। ख़ुश होकर ज़ोर से क़हक़हा लगाया—

'यार, रास्ते में और कोई चारा ही न था। हर चौथे मील पर बेगम सोलन घूरती चली जाती है। आदमी करे तो क्या करे-कुछ तो अपना रौब—दाब रखे कि न रखे!'

‘हमारा कहना यह है कि इस तरह पानी में ग़र्क़ होने की जगह पान-मसाले की नान-स्टॉप चुटकी का अमल करो।’

‘यहाँ उतरते ही तुम्हारी ये घटिया सूफ़ियाना नसीहतें...’

घर में घुसते ही फिर कृष्ण ने दोहरा दिया—‘ख़याल रहे मेरे साथ मेरा ड्राइवर भी है!’

हशमत दिल में कुढ़ने लगे मगर चुप रहे।

‘उसके सोने-खाने का इंतज़ाम भी तुम्हें करना होगा...’

हशमत बिफर पड़े—

‘अमरीका में रहते हो। कुछ थोड़ा ऐतबार मेज़बान के सलीक़-समझ पर भी कर लिया करो!’

‘माफ़ करना यार, मेरा मतलब यह न था पर तुनुक-मिज़ाजी में तुम रत्ती भर भी नहीं बदले!’

‘यही बात मैं तुमसे कहनेवाला था।’

चंद ही मिनटों बाद वैद ताज़ा हो बुखारी के सामने पहुँचे तो जर्सी बदल डाली गई थी। अब सफ़ेद थी। मोटी फ्रेम का चश्मा। ग्रे बाल। अंदाज़ बाक़ायदा अमरीकन। नाक-नक़्शा प्रोफेसराना! ओंठों पर शरारती मुसकराहट और आँखों के पीछे हरहराता सूनापन।

हमने मन-ही-मन भड़ककर गाली दी—‘ख़ुशक़िस्मत बदमाश!’ और गिलास पेश कर दिया!

वैद ने एक बड़ा घूँट भरा और चश्मे के मोटे शीशे से एक सदी पुराने पहाड़ी कमरे का जायजा लिया। दो-एक चक्कर लगाए और हँसकर कहा—

‘हशमत यार, यहाँ बुखारी के किनारे क्या बूढ़ों की तरह बैठे रहेंगे! आओ डेविको में चलकर जमें।’

हमने वैद को दिलचस्पी से देखा-भर!

‘क्या इरादे हैं!’

‘बर्फ़ में घूम-घूमकर जवान महसूस करना चाहो तो मुझे कोई एतराज़

नहीं। यूँ शिमला का जुगराफ़िया तो मालूम ही होगा—समरहिल से माल...'

'गाड़ी साथ है दोस्त! फ़िक्र क्या है!'

'कुछ भी नहीं, ख़ास तौर पर जब बीवी साथ न हो...'

कृष्ण बलदेव हिंदुस्तानी शौहर बना, अपनी आज़ादी के ख़याल से कई देर हँसता रहा, फिर राज़दाराना अंदाज़ में बोला—'यार, लाइन बिलकुल क्लीयर नहीं। गाड़ी अपने साले साहिब ने इनायत कर रखी है और मैं दिल्ली से आवारागर्दी को निकला हूँ न! क़िस्सा-कोताह यह कि ससुराल का जासूस साथ है।'

हमने चाहा बीवी और ससुराल के बहाने वैद की पूरी शिनाख़्त की जाए पर इरादा पलट लिया।

'यार, अंग्रेज़ी को दुआ दो, अंग्रेज़ी को ख़ुदा-न-ख़्वास्तः तुम हिंदी के अध्यापक होते तो प्यारे, गाड़ी क्या लिफ़्ट तक न मिलती। यह सारी अंग्रेज़ी की बरकतें हैं।'

वैद के माथे पर तेवर नज़र आए—

'इस दकियानूसी कुढ़न से कभी तुम्हारा पीछा भी छूटेगा!'

'कभी नहीं। यह वह हक़ीक़त है जिसे हिंदुस्तान में रहनेवाला ही समझता है। हाँ, कार्ट रोड से चढ़ाई तो चढ़ लोगे!'

कृष्ण बलदेव ख़ुद ही अपनी साँस जाँचने लगा। फिर ड्रामाई अंदाज़ में बाल पीछे किए और ओवरकोट पहनते-न-पहनते ख़ुद पर ही दाग ली—

'बाल देर तक काले रहें तो एक फ़ायदा तो ज़रूर होता है! लोग तुम्हें एक लंबे अरसे तक जवान समझते रहते हैं। यहाँ साली अब वह झलक भी बाक़ी नहीं।'

'फ़िक्र क्या है यार, तुम इसमें भी जँचते हो!'

'बस-बस, यह आँसू पोंछने की तुम्हें क्या सूझी! मैं अपने सफ़ेद बालों पर बिसूर तो नहीं रहा। क्या जानता नहीं कि यह मनहूस वक़्त जब क़रीब आता है तो उम्र का हिसाब बदबख़्त ऐसा जमता है कि लाख कोशिश करो, एक इंच न सरके। गलत भी हो तो कैसे हो! गवाह की शक्ल में कहीं बीवी खड़ी

है, कहीं शादी की तैयारी में लड़के-लड़कियाँ, कहीं अधेड़ होती महबूबाएँ—

हशमत हँसते-हँसते ठिठक गए—

'दिलों को ज़ख़्मी करनेवाले इन दुखड़ों को छोड़ दो। कम-से-कम आज के लिए तो। शिमला में बर्फ़ गिर रही है और मौसम जवान है।'

कृष्ण हँसा नहीं। बस उखड़ गया।

हमने खीझकर कहा—'देख बे, अदबी गहराई के मालिक, तुम अपनी इस बेहया उदासी से मेरे मूड का कबाड़ा न कर पाओगे। इतना कहे देता!

वैद को अब भी ख़ामोश देख हमने छेड़छाड़ की—

'किसी को रास्ते में ही तो नहीं उतार आए। उस श्योगी के नुक्कड़ पर!' वैद हँसने लगे।

'क्या बताऊँ यार, साले ड्राइवर ने उस मोड़ पर हलकी तक न की...'हम दोनों साथ-साथ नीचे उतरे। बर्फानी हवाओं में सड़कों की बत्तियाँ अजीब ठिठुरन से टिमटिमाती थीं।

कार सिसल होटल के नीचे से होती हुई बस स्टैंड पर जाकर पार्क हो गई। हम आगे-पीछे जँगले पर हाथ दिए—दिए आर्मी हेडक्वार्टरवाली चढ़ाई चढ़ने लगे।

हशमत ने चाल धीमी कर वैद से कहा—'तुम्हारी इस बीस साला चाल का मुक़ाबला मुझसे न होगा। ज़रा धीमे चलो। तुम दिन-भर से अंदर की भट्टी गरमाते रहे हो और मेरी बिचारी मदद बुखारी के पास ही धरी रह गई!'

वैद ने धमकाया—

'कमबख़्त, सब समझता हूँ। मेरी लिजलिजी चाल पर परदा डालोगे और मैं जानूँगा नहीं! दोस्त, वैद ने बचपन से अपने को बड़ा होते देखा है!'

'इसमें अनोखा क्या था हुजूर? अपने को ख़ुद न देखते तो क्या संयुक्त परिवारवाले हिंदुस्तानी लड़के की तरह अपने अब्बा जान को तैनात करते कि ज़रा आप मेरी उम्र की सीढ़ियाँ गिनते रहिए...'

बलदेव ने 'हाँ' की, न 'न'। जँगले पर हाथ रख चढ़ाई चढ़ता रहा।

हम दम लेने को साथ जा खड़े हुए और कान में कहा—

'प्यारे दोस्त, जब इस तरह की मजबूरियाँ पेश आने लगें तो समझ जाओ जवानी छींक मार गई है।'

हशमत को उम्मीद थी कि इस क़िस्म के जुमले पर वैद क़हक़हा लगाएगा, कुछ चटपटी-अटपटी हो जाएगी, लेकिन कृष्ण बलदेव बर्फ़ की-सी ख़ामोशी से तारघर की ओर बढ़ने लगा। अपने आगे उसकी परछाईं देख बेसाख़्ता 'उसका बचपन' याद हो आया और उस पर रामकुमार का कवर।

तारघर के आगे सुस्ताने की जगह कृष्ण तेज़-तेज़ क़दम उठाने लगा और डेविको पर पहुँच उसने दो-दो सीढ़ियाँ फलाँग डालीं।

हमने पीछे से जाकर रोका और घुड़ककर कहा—'अंग्रेज़ी-हिंदी अदब को तुमने अपने में सोख रखा है यार, मगर इतना नहीं जानते कि मंज़िल तक पहुँचते-न-पहुँचते अपनी और मंज़िल की इज़्ज़त में चाल कुछ धीमी कर लेनी चाहिए?'

बलदेव की आवाज़ में अजीब-सी परेशानी और तलखी थी—'वह भला क्यों?'

'यह सोचकर कि मैं नहीं जो मंज़िल के क़रीब पहुँचा हूँ—यह मंज़िल है जिसने मुझे अपने तक खींचा है।'

कृष्ण काफ़ी देर तक हमें घूरते रहे, फिर मज़ाक़ से हँस दिए—

'उपनिषदों का निचोड़...कभी सोचा तक न था कि तुम इस क़द्र हिंदू हो?" फिर कुछ सोचकर संजीदगी से कहा—'यूँ तो बड़े ख़ुदी के मालिक लगते हो। पर यार, कभी ख़याल तक न था कि तुममें इतनी नम्रता, इतनी ह्यूमिलिटी होगी? खैर छोड़ो, मेरी परेशानी कुछ और है। मुझे मंज़िल पर पहुँचने की जल्दी नहीं! मैं तो अधूरा मिशन लिये ही शायद मंज़िल से दफ़ा हो जाऊँगा!'

'क्यों ख़ैरियत तो है!'

'विमल उर्फ़...' कहाँ से छपेगा अभी कोई ठौर ही नहीं। यहाँ के दकियानूसी मूँजी प्रकाशक एक के बाद एक इनकार किए जाते हैं।'

'करने दो यार, फ़िक्र न करो। हम किसलिए हैं! जब तक वह किताब की शक्ल में न छपेगा, शेर बच्चा हमारे दिलों में रहेगा। टाइप-कापी में साँस लेता रहेगा।'

वैद ने घूरा—'पढ़ना तो दरकिनार, तुमने उस उपन्यास को देखा तक नहीं। मैं तुम्हें उस पर मज़ाक़ नहीं करने दूँगा।'

'तौबा! हमसे ऐसी बेवक़ूफ़ी की उम्मीद! सुन लो, तुम्हारा वह अमर पोथा मुझे ज़बानी याद है। कहो तो सुनाऊँ—

ब्रह्म से या भ्रम से
कार्य से या कारण से
कर्त्तारम से या अकर्त्तारम से
कर्म से या मर्म से
आह से या चाह से
समय से या स्थान से
राग से या रोग से
तप से या ताप से!
इधर से या उधर से
भीतर से या बाहर से
बोध से या शोध से!
शक से या शिकायत से
समष्टि से या व्यष्टि से
समस्या से या समाधान से
नीति से या नियति से!'

वाह, क्या सजाया है! प्यारी भारतीय संस्कृति का निचोड़ निकालकर रख दिया इतने से जुमलों में!'

'हशमत दोस्त, मैं इस तरह का हलका मस्का सुनने के मूड में नहीं।'

चुपके-चुपके हशमत देख चुके थे कि अपने गढ़े हुए हर जुमले पर वैद के कान फड़क रहे हैं, सो हँसकर कहा—'क्या अर्थवान तुकें मिलाई हैं! यार, तुम नाटक तो लिखते ही हो, कविता पर भी क्यों नहीं हाथ माँजते? 'विमल...' को पढ़कर तो मैं तुम्हारी क़लम का क़ायल हो गया हूँ।'

वैद ने ऑर्डर नया किया तो खाने की भूल को हशमत ने बहाने से याद करवाया—

'अव्वल शराब
दोयम शबाब
सोयम शामी-कबाब।'

बलदेव ने कबाब ऑर्डर कर दिए मगर ज़ालिमाना अंदाज़ में हमें घुड़का—

'ऐसे सस्ते टोटके तुम भी इस्तेमाल करने लगे। तुमसे ऐसी उम्मीद न थी। देखता हूँ यहाँ सोचने का ढंग बड़ा टुच्चा होता जा रहा है।'

हमने भी दहला फेंक दिया—

'क्या कहूँ बड़े भाई, मुझ पर तो तुम्हारा ही असर हो गया लगता है।'

'क्या मतलब...।'

वैद बिदक गए।

'देख ओ बलदेऊ, यह तर्ज़ मेरी नहीं तुम्हारी है! याद करो अपने उपन्यास की पृष्ठ संख्या 76 जहाँ तुमने हिंदी साहित्य पर अमर स्तोत्र कहे हैं...'

घूरते-घूरते बलदेव ने इरादा बदल लिया और ढीले पड़कर कहा—

'यार, ऐसे प्यारे मौसम में 'डेविको' में बैठकर हम क्या बकवास कर रहे हैं! आओ, मज़मून बदल डालें। दोस्तों के प्यार मुहब्बत ही हो जाएँ।'

'यार, मुझे वह हिंदी साहित्यवाला टुकड़ा दोहरा लेने दो, फिर साहित्यकारों की प्रेमिकाओं का चिट्ठा पेश करूँगा—

हिंदी साहित्य : एक विरोधाभास।

हिंदी साहित्य में स्तनों का स्थान।'

कृष्ण की आँखों के आगे हिंदी विभाग की कोई तसवीर ज़रूर कौंधी होगी'

कि हँसी ने पूरे हाल को गुँजा दिया।

बलदेव यकायक अपने लिबास, शक्ल-सूरत में ऐसे दीखने लगे मानो उन्हीं का दस साल पुराना फोटो हो! हमें आँख मारकर कहा—

'तुम लाख शरारत समझो मगर सही है।'

हशमत की याददाश्त सरसराने लगी—

'हिंदी साहित्य में हीन भावना।
हिंदी साहित्य में सास-बहू संवाद।
हिंदी साहित्य में नपुंसकता।
हिंदी साहित्य और प्रकाशक-पत्नियाँ।
हिंदी साहित्य और भाषा का भैंसा।
हिंदी साहित्य में पत्नी की पीड़ा।
हिंदी साहित्य में प्रगति की सीढ़ियाँ।
हिंदी साहित्य में लड़ती हुई पीढ़ियाँ।
हिंदी साहित्य में तिकड़मबाज़ी।
हिंदी साहित्य में जल्दबाज़ी।
हिंदी साहित्य और हिंदुत्व।
हिंदी साहित्य और परंपरा के पहरेदार।
हिंदी साहित्य और शेख़ीमार।
हिंदी साहित्य में नक़्क़ालों की भरमार।
हिंदी गद्य और गधे।
हिंदी पद्य और पाद।'

पाठ करते ही साथ के टेबुल से उठे क़हक़हों का गुच्छा गिलास में जा सजा।

'वाह-वाह, बिना कुछ लिये दिए ही तुमने हिंदी साहित्य के छात्र-छात्राओं का कल्याण कर दिया। यार, शोध के लिए प्रस्तुत इस तालिका से तुम काफ़ी नावाँ कमा सकते थे।'

एकाएक हशमत पर जाने क्यों उदासी छा गई। लंबा घूँट भर गिलास खाली

कर दिया और खिड़की से बाहर देखने लगे।

वैद ने फ़ौरन भाँप लिया, हमारी कोई दुखती रग फड़की है। मुलायम होकर कहा—

'चुप क्यों हो गए यार...'

'सोच रहा हूँ इस सूची में से एक मैं ही चुन लूँ शोध के लिए। एक बार तो यह कौवा हंसों में बैठ सके।'

'क्या मतलब?'

'यही कि एक बार शोध कर लूँ तो फिर किसी-न-किसी चोर दरवाज़े, खिड़की या पाइप के रास्ते विभाग में फिट हो जाऊँगा। यार क्या बताऊँ, तुम न समझोगे! अपने साहित्य-संसार में बिना अध्यापक का ठप्पा लगे कोई पूछ नहीं। एक बार रिसर्च पूरी हो जाए, फिर तो चश्मा चाहे मोटी फ्रेम का हो या पतली, पोशाक देशी हो या विदेशी, सैन्सीबिलिटी असली हो या नक़ली, बुद्धिजीवी होने के नाते सृजन-सामर्थ्य पाँच फीसदी हो या दस-आदमी शिक्षक हो जाने के बल पर साहित्यिक आसन पर इत्मीनान से जम जाता है।'

वैद ने तैश में आकर ऑर्डर नया किया और झिड़ककर कहा—

'कभी ख़्वाब में भी न सोचा था कि मेरे सामने बैठकर तुम मेरे पेशे पर इस लुच्चेपन से गालियाँ बकोगे और अवा-तवा ढंग से मज़ाक़ उड़ाओगे।'

हशमत ने फूँक मार दी—

'बस, हिंदुस्तान में अंग्रेज़ी का अध्यापक ब्यूरोक्रेट से भी ऊँची सीढ़ी पर बिठाया जाता है। मेरे कहने से तुम्हें ऐसा हौल क्या पड़ गया!'

वैद को हमारा यह जुमला पसंद आ गया। हँसकर कहा—

'यह अचानक रिसर्च का हल्क क्या कूदा!'

'तुम कहने के लिए हिंदी के लेखक हो। तुम्हें मेरा व्यंग्य तक समझ नहीं आया। यही वजह है कि रिसर्च करना चाहता हूँ। मेरा विषय होगा-हिंदी साहित्य में तिकड़मबाज़ी।'

कृष्ण बलदेव का अंग्रेज़ी-अध्यापक ओंठों-ही-ओंठों में मुसकराने लगा।

'किस जवाँमर्द के अंडर करोगे?'

'डॉ. तड़पेन्द्रकुमार। भिड़ा लूँगा। कुछ जान-पहचान निकल आएगी।'

'यार, क्या ये वही हस्ती हैं जो पद्य की अनुप्रासित शब्दावली में गद्य पर भाषण दिया करते हैं।'

'वही! उनकी चहेती दूर-पार से मेरी बहन होती है!'

वैद ने हलकेपन से कहा—

'यार, मेरी बात मानो, विषय चुनो—'हिंदी साहित्य में ऐय्यारों की भरमार।' हशमत को यह विषय ऐसा जँचा कि बैठे-बैठे ही सिनॉप्सिस बनाने लगे। दोस्तो, उस रात देर गए दो हिंदी-प्रेमी वापस घर पहुँचे तो बर्फ़ बराबर पड़ रही थी। बफ़ार्नी रात के गुँजाते क़हक़ बराबर ऐलान कर रहे थे कि शिमला नागरी प्रचारिणी सभा को पता तक नहीं कि ऐसे गंभीर दोस्त भी शहर में मौजूद हैं जो साहित्य-चिंता में सचमुच बर्फ़-तले घुल रहे हैं। क्या ऐसे साहित्य-प्रेम और लगन के लिए उन्हें ताम्रपत्र और वस्त्रम् नहीं मिलने चाहिए।

एकाएक बर्फ़ीली हवाओं के शोर में इंस्टीट्यूट ऑफ़ एडवान्स्ड स्टडीज़ के फाटक पर से आवाज कड़की—

'वस्त्रम् ताम्रपत्र मिलेंगे उपन्यास लिखने के लिए नहीं, रिसर्च के लिए।' वैद ठिठक गए—

'यार, यह क्या माजरा है!'

हमने रुखाई से कहा—

'तुम न समझोगे, तुम्हारी कैटेगरी दूसरी है!'

खाने के बाद दोनों दोस्त फिर आग के सामने जग गए! हशमत ने नोट किया, वैद ने आँखों पर से हिंदी का चश्मा उतारकर अंग्रेज़ी की ऐनक चढ़ा ली है।

'हशमत यार, कुढ़ने के अलावा कुछ लिखना-पढ़ना भी होता है कि नहीं! तुम्हारा उपन्यास कैसा चल रहा है?'

'दिल-ही-दिल पिछले बीस साल से लगातार लिख रहा हूँ। रफ़्तार चींटी

की बेशक है पर अपने से कोई शिकायत नहीं।'

कृष्ण बलदेव गौर से हमारी ओर देखने लगे, फिर ज़हर में भीगी बरछी चला दी—

'यार, कहने के लिए बीस की जगह दस बरस कर डालो। उम्र की कुछ तो गलतफ़हमी रहे लोगों को—'

हशमत न हँसे, न बिगड़े। बड़ी ठंडी आवाज़ में कहा—'तुम ख़ुद किस ग्रंथि के शिकार हो यह मैं भी जान गया हूँ। यार, हम सबकी रौब-दाबवाली शख़्सियतों के नीचे वह दकियानूसी हीन मानव बदस्तूर जमा है, आधुनिकता के बावजूद।'

कृष्ण ने बिलकुल भी बुरा नहीं मनाया। छेड़ने के इरादे से कहा—

'एक तुम हो कि इकलौता उपन्यास लिखने के इरादे में ही जवानी गुज़ार दी, एक मैं हूँ, दिन-रात लिखने की धुन सवार। दिल-दिमाग़ में बौखलाहट। जल्दी-जल्दी लिख डालने की।'

इस बार हमने वैद से बदला लिया—

'यूनानी हिकमत के मुताबिक़ यह अपने से ज़्यादती है।'

वैद गुस्से में खौलने लगे—

'ज़्यादती! इतने हलके अल्फ़ाज़! ज़्यादती नहीं, त्रासदी है यह। समझे!'
'एकादशी, द्वादशी, त्रासदी-मालूम होता है इन तीनों में से आजकल त्रासदी का ही चलन है। यार, सुनते हैं इन दिनों अमरीका में मानवीय त्रासदी का नारा बड़े ज़ोर से बुलंद है। अपनी जानकारी के लिए पूछता हूँ—आख़िर हमारे जीवन के संदर्भ में इसके मायने क्या हैं!'

'लानत है दोस्त। मुझे भी इतना कमीना समझ लिया कि तुम्हें त्रासदी के मतलब समझाऊँगा!'

हशमत भोले बादशाह बन गए—

'दोस्त, रामचन्द्र शुक्ल और श्यामसुंदर दास को पढ़कर क्या तुम्हारे पाए की सूझ-बूझ प्राप्त की जा सकती है! और नहीं तो कुछ इने-गिने विदेशी

टोटके ही मुझे बताते जाओ। कम-से-कम हिंदी-मित्र मंडली में बैठने के तो क़ाबिल हो जाऊँ।'

कृष्ण ने कुर्सी से उठकर चक्कर लगाने शुरू कर दिए, फिर घूरकर कहा—

'तुम्हारे दिमाग़ के पुर्जे तो नहीं ढीले हो गए। इस बार दिल्ली जाओ तो मोतियाखान से कसवाओ, ठुकवाओ और लिखने में जुट जाओ। दोस्ती के नाते कहता हूँ—टके-टके के संवाद बोलने से साहित्य-सृजन नहीं होता। मुझे कुछ शक पड़ता है तुम जल्दी-जल्दी इलाहाबाद तो नहीं जाने लगे! यह 'वायरस' वहीं से चला है।'

हशमत लाजवाब हो गए। लेकिन दोस्तो, एक ही पल में कुछ ऐसा हुआ कि वैद के आधुनिक लिबास पर हम खीझ उठे। पटाक से पूछा—

'आख़िर विदेश में ऐसा क्या रखा है कि देश लौटने की तुम्हारी तबीयत ही नहीं होती! पैसे के ज़ोर से हर छमाही चले आते हो—कभी दोस्तों से चहमा-गोइयाँ करने, कभी मसविदे लिए प्रकाशक ढूँढ़ने। दोस्त, तुम्हारे प्रकाशक यहाँ, तुम्हारे पाठक यहाँ, तुम्हारे पिछलग्गू यहाँ, फिर वह क्या चीज़ है जो तुम्हें वहाँ बाँधे हुए है?'

'सहूलियतें मेरे दोस्त, सिर्फ़ जीने की सुविधाएँ। मुझे नहीं मालूम कि तुम समझोगे या नहीं, लेकिन लेखक की ज़मीर...उसकी ज़मीन को इनकी भी ज़रूरत होती है।'

हमने तलख़ी से कहा—

'सिर्फ़ सुविधाएँ ही नहीं, क़ीमती शराब और कहानियाँ बुनने को नई-नई प्रेमिकाएँ।'

बलदेव हँसने लगा—'अब अपनी खालिस स्वदेशी अदा में यह भी पूछ लो कि क्या दिल पर हाथ रखकर सच कह रहा हूँ...सच्च, सिर्फ़ सच्च न!'

हशमत जल-भुनकर राख हो गए।

'ठीक है हम दुनिया के पिछड़े हिस्से में रहते हैं मगर ओ अंग्रेज़ी के प्राध्यापक, हमने भी उल्लू नहीं खा रखा कि आपसे यही पूछने लगें कि आप

यह बात ईमानदारी से कह रहे हैं। भाईजान, यह हक़ीक़त जान रखिए कि अपने प्यारे देश में हर शख़्स वचन में परले दर्जे की ईमानदारी बरतता है। वह कभी झूठ नहीं बोलता, भले ही जिंदगी-भर झूठ जीता रहता हो—'

कृष्ण ने हमें संदेह से देखा और लाड़ से कहा—

'इन दिनों क्या पढ़ रहे हो? मालूम होता कि बाक़ायदा जिंदगी पर सोचने लगे हो।'

हमने भी टके-सा जवाब दिया—

'धर्मशिक्षा, भाग दसवाँ। और पूछो!'

कृष्ण बलदेव खिसियाकर ज़ोर से हँसने लगे। हमने मेज़बान होने का अपना फ़र्ज़ निभाया—

'ब्रेख़्त पूरा कर चुके हो!'

'क़रीब-क़रीब।'

'साबित यह हुआ कि लिखने के लिहाज़ से तुम्हारा अमरीका-प्रवास तुम्हें रास आया है!'

'चाहता हूँ लिखता चलूँ, लिखता जाऊँ, पर ऐसा होता नहीं है। जब लिखता नहीं हूँ या तो उदासी घेरे रहती है या खीझ। ख़ुद में ही भटकता रहता हूँ। कैसे बताऊँ मेरे अंतर में कैसा वीराना, कैसा सूनापन...'

वैद अपनी शक्ल-सूरत में कुछ-कुछ प्रख्यात अमरीकी लेखक मिलर की झलकमार ऊँचाई से देखता रहा। फिर धीरे से कहा—

'यह अकेलापन ही इनसान की नियति है।'

बुखारी में आग, हाथ में आब। और कृष्ण का हमें पटानेवाला इंटलेक्चुअल अंदाज़...हमें देखकर तीसरे दरजेवाली ओछी-सी आग लग गई।

यह भी हाईक्लास तिकड़म है। अमरीका में अंग्रेज़ी पढ़ाता है, और हिंदी में लिखने का दम भरता है। शक्ल-सूरत प्रोफेसराना, ख़ुदा ने ऐसी दे डाली है कि अंग्रेज़ी के नाम पर भी जँचे और हिंदी-उर्दू में भी नौशा बना रहे। हशमत फट पड़े—

'अकेलापन अमरीकी बीमारी होगी। हमें अपने तईं ऐसी कोई परेशानी नहीं। अपने देश में करोड़ों की आबादी है। आस-पास रौनक़ लगी रहती हैं, समझे प्यारे! फिर हम मामूली गिरोह में जन्मे-पले अपने को जन-जीवन से जुड़ा पाते हैं। उन पर लिखते हैं—'

'कमाल कर दिया यार, तुमने मुझे इतना बड़ा रिएक्शनरी समझ लिया!' हमने भी शुद्ध साहित्यिक मुद्रा में भभककर कहा—

'समाजवाद एक किनारे पर और साम्राज्यवाद दूसरे पर।'

वैद झुँझलाए—

'ये सब किसे बता रहे हो और क्यों बता रहे हो?'

'बस, इतना ही! और कोई जवाब नहीं सूझा! यार तुम अच्छी तरह जानते हो तुम्हारे दोस्त किस बिंदु पर सेन्सिटिव हैं। राजाराव की तरह तुम भी स्टेटमेंट क्यों नहीं दे देते कि इनसानी जिंदगी का भविष्य सिर्फ़ अमरीका में है। अमरीकी दर्शन के साहित्यिक पिट्ठू!'

वैद ने मिली-जुली गंभीरता और चुलबुलाहट से कहा—

'तुम प्रगतिशील लेखकों की तरफ़ से पैरवी कब से करने लगे? इस खेमे में कब से पहुँच गए?'

'न हम कमिटेड और न हम इस उस खेमे में। तुम्हारे अंग्रेज़ी ठस्से और यार-दोस्तों पर रौब गाँठने की अदा को देखकर ही इतना कहे देता हूँ कि तुम्हारा तौर-तरीक़ा बड़ा नाक़िस हो चुका है।'

सहसा कृष्ण बलदेव बड़े मोहक ढंग से हँसने लगा—'यार, मुझे लगता है हम कुछ ज़्यादा ही पी गए हैं।'

हमने डपट दिया—

'बको मत। तुम होश में हो। मैं होश में हूँ। असल बात तो यह है कि अंग्रेज़ी और हिंदी तुल के आमने-सामने बैठी हैं।'

'तुम्हें अच्छा भला छोड़ गया था दोस्त, यह हो क्या गया तुम्हें! क्या किसी राजनीतिक गुट से जुड़ गए हो!'

'मैं वही हूँ, सिर्फ़ तुम अमरीकी आराम के शिकार हो चुके हो। सच तो यह कि हमारी-तुम्हारी ज़मीन बदल गई है। छोड़ो, यह बताओ, तुम्हारी दोस्त आनंद के क्या हाल-चाल हैं?'

वैद की आँखें चमकने लगीं। 'यह क्या मामला है दोस्त!'

हमने ख़बरदार किया—

'वह बड़ी प्यारी लड़की है। कोई हलकी बात करोगे तो मुँह तोड़ दूँगा।' कृष्ण बलदेव कॉलेज का छोकरा लगने लगा।

'मेरी ग़ैरहाज़िरी में तुम उसके इतने क़रीब हो गए कि मुझे खुलेआम चुनौती दे रहे हो!'

'हाँ, वह लड़की मुझे पसंद है। दिल-दिमाग़ सुथरा। अच्छा संगीत सुनती है और समझती है। और इन सबसे ऊपर सोचने की अक़्ल रखती है।'

'क्यों नहीं उस्ताद, जब चाहे अक़्लमंदी या अक्लबंदी से आप पर रौब ग़ालिब कर सकती है! परले दरजे की इंटलेक्चुअल...'

हम दोनों ने दिल ही दिल एक-दूसरे पर ख़ामोश लानतें भेजीं, मगर ऊपर से हँसते रहे।

'यार रूहानी इश्क़ तो अपने यहाँ की पुरानी परंपरा है। क़रीब क़रीब सारा काम ही शायरी से चल जाता है। दूर-दूर से देखते रहो। आहें भरते रहो। शायरी के ज़रिए प्यार करते रहो।'

हमने जोड़ा—

'रूह में आस की
प्यास की
त्रास की
गैस भरते रहो
दूर से ही
हम हशमत
प्यार करते रहो'

वैद ने हम पर नज़र टिका ली—

‘तुम ज़रूर मेरे पाठक हो। मैं तुम्हें अपनी सारी रचनाएँ भिजाऊँगा। पर मैं तुम्हारे सामने सच कह देना चाहता हूँ कि मैं तुम्हें नहीं पढ़ता।’

हशमत बुड़बुड़ाने लगे—

‘अपने को बड़ा तीसमारख़ाँ समझने लगा है। अपने घटिया तजुरबों को अमरीकी सेन्सिबिलिटी में ढाल-छान ख़ुद ही अपने को दर्जा-अव्वल क़रार देता है!’

अचानक देखते क्या हैं, बलदेव के ओंठों पर एक कुटिल मुसकान फैल गई।

‘हशमत यार, तुम समझोगे तो नहीं पर फिर भी आगाह किए देता हूँ। अगर तुमने अपने पर रोक न लगाई तो हिंदी-आलोचक बनकर ही शहीद हो जाओगे।’

हम भी घबराए नहीं। बलदेव पर आँखें गड़ाए रहे। (यह अदा हमने हिंदी साहित्य के मशहूर आलोचक डॉ. नामवर सिंह से सीखी थी जिसे वह बड़े ही कारगर तरीक़े से इस्तेमाल किया करते हैं।)

हमने बड़े ही ठंडे अंदाज़ में शब्दों को तराश-तराशकर कहा—

‘कृष्ण बलदेव, तुम्हारी क़लम से हमें बहुत उम्मीदें थीं। मगर अब तुम ज़रा अपनी शैली को छानो। फैलाव कम करो। संयम से काम लो। फिर तुम्हारे लेखन में वह असर पैदा होगा जो...’

आगे सुनने की ताब वैद में न थी। धीमे मगर कड़ी आवाज़ में कहा—‘क्या तुमने मेरी रचनाएँ—‘शैडोज़’, ‘दूसरे का बिस्तर’, ‘इनकार’, ‘अजनबी’ पढ़ी हैं?’

हमने नामवरी मुद्रा में बिना मुँह खोले, बिना कुछ बोले सिर-भर हिला दिया—

‘हाँ!’

(यह भंगिमा इतनी पुरअसर थी कि हम वैद का तमतमाता चेहरा देखकर समझ गए कि यही वह अमोघ अस्त्र है जिससे नामवर साहिब लेखकों की पीठ ज़मीन पर लगाते हैं। दोस्तो, एक अरमान रह गया दिल में कि ऐसे नाटकीय क्षण में हमारे मुँह में जर्देवाले पान की गिलौरी क्यों न हुई!)

वैद ने आँखों पर से ऐनक उतारी तो कुछ बौना सा लगने लगा।

'क्या बकते हो! इधर-उधर से इकट्ठा की हुई जानकारी से तुम मेरे लेखन को जाँचने का दावा करते हो। इस तरह के घटिया अनपढ़ आलोचकों पर लानत भेजता हूँ। तुम्हें मालूम ही नहीं कि आलोचना किस पाए की तैराकी का नाम है।'

हशमत में आलोचकों की आत्मा विराजमान हो चुकी थी सो मठाधीशों के-से नर्म गले से कहा—

'चुपके से रहो, आलोचना के सिद्धांत पढ़ चुका हूँ। अब तुम्हारी कहानियों की गुनगुनी तपिश भरी लड़कियों के रौब में आने से रहा।'

(दोस्तो, झूठ क्यों बोलें—यह कहते-कहते मेरी ख़ुद की गर्दन गरमा गई!)

वैद ने हमारे चेहरे पर ज़रूर इसका अक्स देख लिया होगा कि रौब से हमें डपटकर बोला—

'साले, यह है तेरी साहित्य-प्रेमी और आलोचक की दृष्टि! अब बता दे साफ़-साफ़ कि मेरी दोस्त से भी तुझे क्या लेना-देना है।'

मौके की नज़ाक़त को पहचानकर गले में पीढ़ियों का विराग भर हशमत ने निहायत निस्संगता से दोस्त का सामना किया—

'मैं उसे सिर्फ़ तुम्हारी नहीं, अपनी भी दोस्त समझता हूँ। बिलकुल उसी तरह जिस तरह तुम दूसरे दोस्तों के अलावा मेरे भी दोस्त हो।'

'वाह, आजकल किसकी संगत में हो! देखता हूँ ख़ासी ऊँची बातें करने लगे हो!'

'सच्च-सच बताओ यार, तुम इस लड़की को औरत समझते हो कि इंटलेक्चुअल दोस्त!'

कृष्ण मसखरेपन से हमारी तरफ़ देखता रहा। फिर ठठाकर हँसा—

'मैं जानता हूँ तुम क्या सुनना चाहते हो! यही न कि मैं उसे प्रभु-पक्ष में अपनी सखी मानता हूँ! नहीं दोस्त, कुल मिलाकर वह मेरे नज़दीक एक अच्छी और प्यारी लड़की है।'

'यार, उस लड़की के बारे में तुम्हारा जवाब कुछ और होता तो हमारी

दोस्ती आज ख़त्म थी।'

वैद कई देर ख़ामोश बने रहे, फिर तलख़ी से माथे के बाल पीछे किए और अजीब उखड़ेपन से कहा—

'तुम्हारे ऐसे सोचने की क्या वजह होगी नहीं जानता, मगर यार, लड़कियों के मामले में चीजें कुछ इस शिद्दत से गड्डमड्ड हो जाती हैं कि दिल-दिमाग़ में उलझन होने लगती है।'

'इजाज़त हो तो एक छोटा-सा सुधार कर दूँ। लड़कियों की जगह औरतें। तुम्हारी उलझन का सबब मैं जानता हूँ दोस्त, मगर क्या कहूँ! दरअसल ये झंझट-झमेले ज़माने के नहीं हैं, हमारे-तुम्हारे दिलों के हैं। हम ख़ुद ही उन्हें पाले हुए हैं।'

हमारे इस ऊँचे तेवर से वैद बौखला गए—

'मैं पूछता हूँ, किसी घटिया प्रकाशक के लिए तुम मनोवैज्ञानिक सत्यों का संकलन-संपादन तो नहीं कर रहे!'

'मैं नहीं। तुम्हीं ऐसे प्रकाशकों से साँठ-गाँठ रखते हो जो इस तरह के धंधों से साहित्यकारों को दान-दक्षिणा देने का जुगाड़ करते रहते हैं।'

दोस्तो, इसी लमहे हमें एक अच्छा जुमला सूझ गया। बस कर दिया वार—

'सालन-रोटी के लिए किसी ने इतना भर कर भी दिया तो क़हर क्या टूट पड़ा! आख़िर हर कोई तुम्हारी तरह पोट्स्डॅम में अंग्रेज़ी का अध्यापक तो नहीं हो सकता!'

कृष्ण बलदेव वैद ने हमें ऐसी गंभीरता से देखा जैसे घुंडी हाथ में आ गई हो—

'यार, तुम वहाँ आने की कोशिश क्यों नहीं करते! कुछ चलाओ चक्कर, कुछ वहाँ से मैं करूँगा। तुम्हें इतना बता दूँ कि तुममें प्रतिभा है और तुम्हारी मंज़िल सिर्फ़ अजमल ख़ाँ रोड नहीं...'

इधर हम अपने स्टेट्स जाने के ज़िक्र से ख़ुश हुए, उधर 'विमल उर्फ़ जाएँ तो जाएँ कहाँ' का गर्मागर्म संदर्भ हमारे ज़ेहन में कौंध गया। हँसकर

कहा—'अरे बूदम, हशमत की मंज़िल तो यक़ीनन अजमल ख़ाँ रोड है, पर याद रख प्यारे ; लाख अमरीका रहो, तुम्हारी मंज़िल भी यहीं है।'

'कहाँ है यार, भला पता तो लगे!'

'अब नाम क्या लूँ! फतेहपुरी या उसके इर्द-गिर्द...मेरे इशारे को आप ही समझ लो।'

कृष्ण बलदेव ने सिर हिला-हिलाकर ठहाका लगाया, फिर वह बड़ी गंभीरता से बोला—

'यार, तुम्हें मिलने न आता तो अपने को कभी माफ़ न करता। हाँ, ड्राइवर के सोने—ठहरने का इंतज़ाम तो कर दिया है न!'

एक बात और

दोस्तो, इन हलके-फुलके संवादों से हटकर दोस्ती या दुश्मनी की आड़ से आप वैद के क्रांतिकारी लेखन का जायज़ा लें तो घबराकर लिखने-पढ़ने से दूर किसी आर्ट गैलरी में जाकर पनाह ले लेना चाहेंगे ताकि आप कुछ देर तक तो ख़ामोश तसवीरें देख सकें।

वैद का लेखन बुनियादी तौर पर उस हाई इंटेंसिटी की अभिव्यक्ति है जो दिमाग़ से दिल का और दिल से दिमाग़ का 'नोटेशन' कर डालने की सामर्थ्य रखता है। नतीजा—आपके पास सनसनाहट और झनझनाहट का एक ऐसा शोर जिसे आप अपने पास रखना चाहें और न रख सकें। दूर होना चाहें और न हो सकें। वह शोर आपके होने के, जीने के शोर से कहीं ज़्यादा ऊँचा और गुंजाहटवाला है। इसीलिए वह सिर्फ़ ख़ुद वैद पर ही नहीं, उसके पात्रों और पाठकों पर भी बुरी तरह से हावी हो जाता है। हिंदी के लिखने-पढ़नेवालो, अगर आपकी शब्दावली कमज़ोर है या हाल ही में 'इनीमिक' लगने लगी है तो वैद-साहित्य पढ़ना न भूलिए, हिंदी और उर्दू दोनों का जादू आपके सिर पर चढ़कर बोलने लगेगा।

सरदार जग्गासिंह

अपना वास्ता लबे-सड़क रहनेवाले टैक्सी बहादुरों से आए दिन पड़ता रहता है। हम भी एक ऐसी मेजॉरिटी से ताल्लुक रखते हैं जो न अपनी कार जुटा सकते हैं न ट्रांसपोर्ट की बसों में धक्के खा सकते हैं और न स्कूटरों में हवा की मार और न क़दमों से रोज़ का सफ़र ही तय कर सकते हैं।

सो साहबो, पीली छतवाली कारों और उनके मालिकों की मेहरबानी से ही हम हर रोज़ अपने दफ़्तर का मुँह देखा करते हैं। बरसों से यही चक्कर है और यही सिलसिला। सो अब तक जिन-जिन टैक्सी-स्टैंडों पर अपनी आमदोरफ़्त रही है, वहाँ की ठेठ बोलियाँ और चेहरे, टैक्सी-सरदारों की चेहमा-गोइयाँ, सवारियों को लेकर कुछ खुफिया मज़ाक़ और मसखरियाँ, फिर 'ओए नंबर ओए' की आवाज़ पर बिचारी सवारी पर छींटाकशी; कुल मिलाकर टैक्सी-स्टैंड एक छोटे-मोटे ड्रामे का स्टेज-सा मालूम देता है।

हम भी हिंदुस्तान घूमे हैं पर साहबो, 'टैक्सी-स्टैंड' का यह नज़ारा दिल्ली की अपनी ख़सूसियत है। राजधानी में कुछ 'टैक्सी-स्टैंड' तो ख़ालिस अलबेले पंजाब के टुकड़े मालूम देते हैं।

ऐसे ही एक स्टैंड के टैक्सी बहादुर सरदार जग्गासिंह से जब हमने इंटरव्यू के लिए वक़्त लेना चाहा तब सरदार साहिब कुछ सोच में पड़ गए।

'साहिबजी, नंबर की आवाज़ कब पड़ जाए क्या पता! किसी वक़्त आपको छोड़ने-लेने जाएँगे तो हो जाएगी गल-बात।'

हम हशमत

आख़िर एक शनीचर सरदार जग्गासिंह की गाड़ी हमें दफ़्तर से 'उठाने 'आई तो हमने उनके मीटर-डाउन पर वक़्त ले लिया।

सबसे पहले पूछा—'ट्रांसपोर्ट अथॉरिटी के बारे में आपका क्या ख़याल है सरदारजी?' टैक्सी बहादुर हँस दिए—'काहे को अप्पन से कुछ कहलवाते हो जी! ये बातें हम टैक्सीवालों तक ही रहने दो।'

'फिर भी सरदार साहिब, ट्रांसपोर्ट से आपका दिन-रात का काम। यह बताइए कि आसानी से काम निकल जाते हैं?'

टैक्सी बहादुर हँसे—'छोड़ो जी, जब सभी महकमों में यह बीमारी फैल गई है तब हम अपनी ट्रांसपोर्ट के पोतड़े क्यों फरोलें।'

हम कुछ देर चुप बने रहे; सोचा, हो सकता है सरदारजी जोश में आकर कुछ और कह दें, पर सरदार जग्गासिंह अपने फ़ैसले पर अटल रहे।

'अच्छा यह बताएँ कि पीछे आपका गाँव कौन-सा है?'

'जी अप्पन हैं बट्ठलपिंड जिला होशियारपुर के।'

'आपका दिल्ली आना कैसे हुआ?'

'जी, हमारे कुछ बंदे थे पहले ही यहाँ काम पर लगे हुए, सो मदरसे की पढ़ाई छोड़ दिल्ली आन पहुँचे।'

'आपको यहाँ आने पर अपने गाँव और दिल्ली में फ़र्क़ मालूम हुआ?'

'फ़र्क़ तो आप जानो मानने का। बाक़ी समझो दिल्ली बड़ा शहर है।

खुला-डुला और फैशनदार!'

'किस लिहाज़ से यह शहर आपको फैशनदार लगता है?'

'हद हो गई जी! फैशन की बात अब हम क्या आपको बताएँ! फैशनपरस्ती तो आप लोगों का धंधा है। अप्पन तो मोटा खाने-पहननेवाले लोग हैं।'

कोई बात याद आ जाने पर सरदारजी ने अचानक मज़ा लिया—

'सच्ची बात कहें जी कि आज के दिन जिधर 'तक्क' मारो बस साहब ही साहब। और कुड़ियाँ, काकियाँ भी मिसाँ और मेसाँ बनी घूमती हैं। पहले तो ज़्यादा पिलपिली साहब होते थे, अब इतना फ़र्क पड़ा है कि साहबों ने असली साहबों को मात दे दी है।'

'सरदारजी, ज़रा खुलासा करके कहिए!'

सरदारजी ने अपना साफा 'टिच' करने के अंदाज़ में छुआ और मखौल-सा उड़ाते हुए कहा—'खुलासा हो तो अच्छी बातों का। बुरी बातों का खुलासा क्या करना! ढका ही रहने दो जी उन्हें। अप्पन ने तो जब से यह 'लाइन' पकड़ी है, यही उसूल बना रखा है। अपने लिए यह ज़रूरी भी है। फ़र्ज़ करो हम देखने लगे सवारियों की करतूतें। आप जानो सब क़िस्म की ही सवारियाँ मिलती हैं। तो या तो गाड़ी खड़ी कर उन्हें सड़क पर ठेल दें और या उन्हें ले जाएँ सीधे थाने। पर जी, हम क्यों करें ऐसा? जब पता है कि यह 'लाइन' ही कुत्ती है!'

अचानक कोई बात सोच सरदारजी की चुलबुलाहट लौटी—

'सही बात तो यह कि 'ड्रेवर' को अच्छी-बुरी की क्या ग़र्ज़! साहबजी, अप्पन तो गाड़ी चलाते हैं तो आगे देखते हैं—पीछे नहीं। काहे को देखना जी!'

'सरदारजी, यह बात सारी सवारियों पर तो लागू नहीं होती।'

'जी, हमको यह क्या बताते हो! सड़क पर से आती सवारी को दूर से पहचान लेते हैं कि कैसी है। सवारी टेशन की है या सिनेमा ठेठर की है। भई, यह सवारी रंग-तमाशे को जा रही है या बदफेलियाँ करने। आप जानो जी, अपनी लाइन जो हुई।'

'सरदार बहादुर, कभी-कभी तो टैक्सीवालों की कुछ हरकतों से सवारियाँ

भी बड़ी परेशान होती हैं!'

'कैसे जी?'

'ऐसे कि आपने हाथ दिया—ड्राइवर साहब ने पूछा—कहाँ चलना है जी...

'अपनी मंज़िल बताई कि टके-सा जवाब मिला—

'गड्डी उधर नहीं जाएगी।

'पर क्यों?

'कह जो दिया।

'कभी आप स्टैंड पर पहुँचे।

'ओए नंबर किसका!

'ओ ले जा ओए—ले भी जा—ओ उठा ले, उठा ले सवारी। तेरे घर की तरफ़ की है।'

'देखो जी, इतना तो आपको भी सोचना चाहिए कि नंबर में लगे घंटों हो जाएँ। फिर लंबे इंतज़ार के बाद बंदे का नंबर आया। सवारी को बिठाया, मीटर 'डाउन' किया तो पता लगा सवारी को पौन मील जाना है। अब आप ही बताओ कि जेकर सवारी से पूछा जाए तो उसे मिरचें क्यों लग जाएँ। बाक़ी रही बोली ठोली की बात, तो जी उसकी वजह यह है कि कोई ड्राइवर 'पिंड' का, तो कोई शहर का, तो कोई क़स्बे का। जट्ट-बूट की बोलियाँ ऐसी ही सुन पड़ती हैं।'

हमें लगा सरदार जग्गासिंह टैक्सीवालों की शिकायतें सुनने के मूड में नहीं, सो बात का रुख बदला—

'ड्राइवरों की एक-सी पोशाक के बारे में आपका क्या ख़याल है?'

'ख़याल तो बड़ा वाह-वाह और नेक है जी। चाहिए तो यह कि अथॉरिटी एक जैसी वज़नदार पोशाक सिलवाए और वाजिब दामों पर सब टैक्सी ड्राइवरों को दे और उसको पहनना भी लाज़िमी करे। तब तो बने कोई बात! नहीं तो जी, जो जिसके मन में आएगा, पहिनेगा। कोई छड़ा-छंद होगा तो 'टैरालीन' पहन लेगा। कबीलदार होगा तो मोटा-गाढ़ा कपड़ा पहन लेगा। जेकर हो सबका एक जैसा सूट, एक रंगी साफा या टोपी, और कोट पर हो बिल्ला और बिल्ले

पर ड्राइवर का नाम और उसकी गड्डी का नंबर। फिर आप देखिए रौनक़ दिल्ली की टैक्सियों की!'

सरदारजी का यह ख़याल अपने को बड़ा पसंद आया। सोचा सरदारजी काफ़ी रोशन-खयाल हैं। पूछा—

'सरदारजी, सियासी पार्टियों के बारे में आपका क्या ख़याल है?'

'जी, हम मज़दूरों को इन पार्टियों से क्या लेना-देना? हाँ, अप्पन इतना ज़रूर कहेंगे कि जिस पार्टी के पास जितने ज़्यादा बदमाश होंगे और जितने ज़्यादा पैसे होंगे, उतने ही 'चांस' उस पार्टी के जीतने के होंगे।'

'सरदार साहिब, कुछ पार्टियों के प्रोग्राम तो अच्छे भी होते हैं।'

'होते होंगे जी, हम तो तब जानें जब टैक्सी ड्राइवरों के लिए टैक्सी-स्टैंडों पर कोई शेड बने, गुसलखाना, नल-पानी हो, बैठने के लिए जुगाड़ हो। अब तो अपने भाई-बंद गर्मी-सर्दी खुले में पड़े रहते हैं। देने को सारे टैक्स देते हैं पर स्टैंड पर छोटा-मोटा आराम भी नहीं। सोचने की बात है साहब, जो बंदा इस 'ड्राइवरी' की लाइन को पकड़ेगा वह कोई शाह-साहूकार तो होगा नहीं। उनको छोड़िए जिनके ठेके पर गड्डियाँ चलती हैं। बाक़ी तो समझो सुबह से रात तक की ड्यूटी पर रहते हैं। उनके खाने-पीने का यह कि जहाँ फ़ुरसत मिली होटल-ढाबे पर चाय-पानी ले लिया।'

सरदारजी ने मिडल तक की पढ़ाई पढ़ी है, सो पूछा—'पढ़ने-लिखनेवाले लड़के-लड़कियों के बारे में आप क्या सोचते हैं?" सरदारजी ज़रा मज़ाक़ से हँसे—

'सच पूछो तो हमारे पास इनके प्रोग्रामों की हैंड-फस्ट ख़बर रहती है। जी, इनके मौज-मज़े ज़्यादा और पढ़ाई-लिखाई कम। शुग़ल चंगा है। कुछ तोते-मैना पढ़ जाएँगे। कुछ कमा खाएँगे। कुछ उड़ा जाएँगे। अजी क्या पूछते हो! किसी की टिकट बुक है—कोई 'पिक्चर' भागा जा रहा है—कोई लड़की को चाय पिलाने ले जा रहा है तो कोई किसी को होस्टल में मिलने जा रहा है। कभी-कभी इन खुले पंछियों को देखकर अपनी भी तबियत मचलती है। पर, सच पूछो तो आजकल के ज़माने में अच्छी पढ़ाई-लिखाई भी अमीरों के ही चोंचले हैं।'

'आप भी तो अपने बच्चों को पढ़ाना लिखाना चाहेंगे?'

'क्यों न चाहेंगे! अपने दो काके और एक काकी हैं। वाहगुरु किए ज़रूर भेजेंगे उन्हें पढ़ने। मन तो है कि अंग्रेज़ी स्कूल में भेजें, पर जी सौ-डेढ़ सौ रुपया एक-एक बच्चे की पढ़ाई पर खर्च करना मेहनत-मजूरीवाले का काम नहीं। अप्पन कर रहे हैं कोशिश, बन गई किसी वक़्त एक-दो गड्डी, तो पढ़ा जाएँगे अपने बच्चों को भी। बेशक पढ़ते रहें—स्कूलों में, कॉलेजों में—नहीं तो फिर किसी हाथ के काम की लाइन में डाल देंगे।'

'सरदारजी, यों तो आप लोगों की पब्लिक सेवा है...'

सरदारजी ने तीख़ी नाक से जैसे हमारा सारा सवाल सूँघ लिया। बीच में ही टोककर कहा—'देखो जी, सच कहें तो सेवा गुरु महाराज की। जेकर कहो कोई भी पब्लिक की सेवा करता है तो बात झूठी। टैक्सी-ड्राइवर तो ड्यूटी करते हैं, ड्यूटी भी काहे की—मजूरी कहिए—साहिबजी, अपना तो यह कहना है कि बंदा, इट के काम कर—कुनबे-क़बीले की ज़रूरतें पूरी कर—खा-पी और मौज कर।'

सरदारजी ने पेड़ के साथ लटकी नंबरवाली कापी की ओर नज़र मारी और बेताबी से कहा—'और हुक्म करो जी!'

'पुलिस से तो आपका रोज़ का ही...'

'बस जी, उसकी बात न हिलाओ। वह तो घर की ही गल्ल समझो,' सरदार जग्गासिंह एक बड़ी ही भेद-भरी हँसी हँसे—'पुलिस का क्या पूछोगे हमसे जी, ड्राइवर और पुलिस का तो ऐसा ही रिश्ता है जैसे घर के मर्द और घरवाली का। अब जो भी एक-दूजे के शिकवे-शिकायत हों वह दूसरों के सामने तो नहीं खुल सकते जी। समझे साहब। ये खुले और बात बिगड़ी।'

सरदारजी ने हमें इशारे से बताया कि अब 'टैम' की हरी बत्ती हो गई और अप्पन चले।

'—ओए नंबर ओए...'

सरदार जग्गासिंह ने मुस्तैदी से हमसे इजाज़त ली, एक नज़र सवारी पर डाली और पास खड़े साथी को आँख मार मीटर डाउन कर दिया।

शीला सन्धू

दोस्तो, आज हम आपसे एक ऐसी दोस्त की मुलाक़ात करवाते हैं जो न ख़ुद लेखक है न नाटककार, न कवि, न आलोचक, लेकिन इसके बावजूद हमारे अदबी हलक़ों में अपनी मौजूदगी को बड़ी अहमियत से रसाए-बसाए है।

आप ज़रूर इस जानी-पहचानी तसवीर से वाक़िफ़ होंगे। रंग गोरा। आँखें बड़ी-बड़ी। साड़ी अक्सर सफ़ेद या काली। या मिली-जुली, इन्हीं दोनों रंगोंवाली। क़ीमती मगर सादी। तौर-तरीके में गहरी आसूदगी। चाल में पुख़्तापन और अदा में काफ़ी महीन छलनी से छनी हुई ख़ुदपरस्ती।

हशमत एक बात पहले ही साफ़ कर दें कि हमारी और शीला सन्धू की लंबी दोस्ती के दरमियान न कभी तनाव और तेवर उभरे, न बेमतलब ही रंजिश और निकटता। दोनों तरफ़ के वाजिब ठंडेपन ने एक-दूसरे को उन ज़रूरी तल्ख़ियों से दूर रखा जो शायद एक-दूसरे की खरी और गहरी पहचान के लिए ज़रूरी होती हैं।

हर चेहरा एक आइना होता है और हर आइना ख़ुद में एक तसवीर। इसमें आप सिर्फ़ इसके मालिक को हीं नहीं देखते, उस शख़्सियत से जुड़े नाते, रिश्ते, कुनबे, क़बीले, दोस्त-यार और आस-पास फैले वे गिरोह, वे टीले भी देखते हैं जिन्हें अपनी मज़बूती या सहूलियत के लिए कामयाब लोग अपने इर्द-गिर्द सजाए-बनाए रखते हैं या वे ख़ुद ही अपने फ़ायदे के लिए उनकी ख़िदमत में ढुके रहते हैं।

दोस्तो, शीला सन्धू भी एक ऐसा ही आइना है लेकिन उसके आस-पास का जुगराफ़िया, उसकी ज़मीन ज़रा अलग है। ज़्यादा फैली है। उसके क़रीब लेखकों, कलाकारों और बुद्धिजीवियों की वह क़तार है, जिसे साहित्यिक ज़बान में प्रतिभाशाली कहा जाता है। उसके आस-पास जुटी यह भीड़ ज़रूरतमंद प्रार्थियों की नहीं जिनकी मौजूदगी ही आपमें एक ख़ास क़िस्म का ज़ालिमाना ज़ोम और जुर्रत भर दे। दान-पत्र और दान-पानवाले अंदाज़ और संस्कार से शीला ने अपने को 'लिबरेट' किया है। इस तरह की मुद्रा और मानवीय प्रेम का दुशाला ओढ़ लेने के सारे साज-सामान शीला के पास मौजूद थे, लेकिन उसकी 'बराबर हिस्सेदारी 'वाली कमिटमेंट्स ज़रूर इस दुमुँहे अंदाज़ से कहीं गहरी और मज़बूत रही होंगी।

दोस्तो, यूँ तो कोई भी प्रकाशक लेखकों का न सिर्फ़ दोस्त होता है न दुश्मन। वह लेखक का दोस्त भी है और दुश्मन भी।

लेखक की रचना का चुनाव कर जब प्रकाशक उसे प्रकाशित करने का निर्णय करता है तो वह लेखक की ओर दोस्ती का हाथ बढ़ाता है।

जब प्रकाशक किसी मसविदे को लौटा देता है तो दोस्ती आप ही आँखें चुरा लेती है।

जब प्रकाशित पुस्तकों की 'रायल्टी' कुल-जोड़ में हलकी पड़ती है तो दोस्ती की जगह दुश्मनी ले लेती है।

दोस्ती और दुश्मनी की इन्हीं बंदिशों में उलझा यह रिश्ता अजीबो-ग़रीब ढंग से अपने-अपने मतलबों को सहेजता है, समेटता है और उतराव-चढ़ावों के बाद कहीं-न-कहीं जाकर अटक जाता है। अगर ऐसा न हो तो, और दोनों तरफ़ से कोई भी चूक जाता है तो, फिर लेखक की निगाह में उसका प्रकाशक बूर्जा और ग़रीब लेखकों का शोषण करनेवाला समझा जाने लगता है। दूसरी तरफ़ प्रकाशक के नज़दीक लेखक की घटिया प्रतिभा और अधकचरे घटिया संस्कार के तज़किरे होने लगते हैं।

दोस्तो, हशमत क्योंकि सही मानी में सचमुच के लेखक नहीं इसलिए प्रकाशकों के साथ इन स्थितियों को बचा ले गए हैं। सच पूछिए तो उसी ज़रूरी तटस्थता को बरकरार रख सकने की गलतफ़हमी या ख़ुशफ़हमी में हमने जो तसवीर मादाम सन्धू की देखी, वह आपकी ख़िदमत में पेश है।

साहबो, तस्वीर उतारने के बेशुमार पहलू हैं। यह काम जोखिम का है। लाख आपके पास पैनी आँख हो। दूर देख सकती हो। लेकिन वक़्त का आगा-पीछा, दिल और दिमाग़ के बीच का हाशिया, इकाई की आबोहवा, उसके बनने-बढ़ने में लगी नई-पुरानी पूँजी का जायज़ा अगर आपकी पकड़ में नहीं तो तसवीर, तसवीरवालों की खींचेंगे और पूछनेवाले पूछेंगे तसवीर किसकी है। दोस्तो, यही वह पैंतरा है जिसे तकनीकी ज़बान में 'आउट ऑफ़ फोकस' हो जाना कहते हैं। हमने इसके हाथों बड़े-बड़े जुल्म होते देखे हैं। कैमरे से नाक-नक्शा उभारना ही काफ़ी नहीं, उसके अंदर की, उसकी आत्मा की एक झलक पकड़नी भी ज़रूरी है।

हाँ, तो हशमत की पहली मुलाक़ात मादाम सन्धू से एक ऐसे होटल के कोरीडोर में हुई जहाँ पहुँचकर हर बड़ा आदमी कुछ और बड़ा हो जाता है। और हर छोटा आदमी कुछ और छोटा।

उस शाम होटल के गलियारे में हशमत जब अपनी इकलौती महँगी पोशाक में, फ़िल्मों से उधार लिये हुए अंदाज़ में तरकीब से ओढ़ी हुई मध्यम वर्गीय चाल से क़ीमती कार्पेट का मज़ा ले रहे थे कि सामने से एक शायर दोस्त के

साथ एक चुस्त-दुरुस्त जोड़ा देखकर ठिठक गए। चाल-नज़ाक़त सब मुनासिब और क़ीमती! बस हशमत के सफ़ेदपोश दिमाग़ में यकायक आरामतलब तबकों का आर्थिक ग्राफ कौंध गया। ज्यों ही ऊँचाई-गहराई सामने आई कि दिल थाम के रह गए। किसी तरह दिल को क़ाबू किया और राजकमल की शीला सन्धू और उनके जँच रहे ख़ूबसूरत एस्कोर्ट की तरफ़ गौर किया। वाह! एक मर्द। एक औरत मिले-जुले क़दमों में एक लय। एक बंदिश। हशमत फ़ौरन नतीजे पर पहुँच गए कि गृहस्थी की उलझनों से पैदा हुई बेलुत्फ़ी और दरारों से जूझकर, किन्हीं मिले-जुले क़दमों में ऐसी ताज़गी, ऐसा जादू पैदा हो ही नहीं सकता। लिहाज़ा ये दोनों कोई भी हों, मियाँ-बीवी नहीं!

इधर हम यथार्थ के धरातल पर उतरे, उधर अपना बी. पी. ऊँचा चला गया और कान गरमाने लगे! या ख़ुदा, कहाँ हिंदी का बिचारा लेखक, कहाँ घोर आधुनिक, संपन्न, सुव्यवस्थित हिंदी का प्रकाशक। नक़्शा साफ़ होते ही लेखक और प्रकाशक के बीच का फ़ासला कम-से-कम पच्चीस किलोमीटर अलग लगने लगा। एक राज़ बता दें कि फ़ासले की तड़प ने ही हमें राजकमल की संचालिका को जानने-पहचानने पर मजबूर किया।

दोस्तो, हशमत नीचे से ऊपर और ऊपर से नीचेवाले सफ़ेदपोश वर्ग से ताल्लुक रखते हैं। यह भी एक अनोखी ट्राइब है। न अपनी जेब से गरम, न अपने मिज़ाज से ठंडी। नीचे देखें तो ग़रीबी का निगोड़ापन, देखकर आह भर ली। ऊपर देखा तो अमीरी का फूहड़पन, देखकर लानत भेज दी। फिर अपने को देखा तो मालिक को याद कर लिया—या रब्ब, हम भी तेरे बंदे हैं! हम पर भी रहम कर।

देखा साहिब, इस बेरहम मज़मून का असर! हशमत असली बात भूलकर कहाँ-से-कहाँ उतर आए! (दरअसल पटरी से ही उतर गए।)

जब आप ज़िंदगी में बहुत कुछ चुनने की सामर्थ्य पा लेते हैं तो आप अपने से बाहर फैली जिंदगी से या तो लापरवाह हो जाते हैं या बेरहम। शीला के बारे में इस तरह का सवाल पूछकर हमारा इम्तहान न ले डालिएगा। इसकी

जानें शीला के जिगरी दोस्त। हम तो ऊपर की ही बता सकते हैं कि नई या पुरानी अमीरी के सूचक आधुनिक साज-सज्जा या पुख़्ता तेवरवाले फर्नीचर, शैंडीलियर, असली-नकली मूर्तियाँ, क़ीमती चाइना क्रॉकरी, ऊँची क़ीमतों का ऐलान करते हुए कालीन, बदनों पर चमचमाते हीरे-जवाहरात—शीला के यहाँ हाजिर होकर भी ग़ैरहाज़िर हैं। रुचि में सुविधा और सादगी का आग्रह है!

ज़ाहिर है इस कमिटेड विराग की मंज़िल तक पहुँचने के लिए तमाम लक-दक और बाहरी ताम-झाम को अंदर सोख लिया गया है।

दोस्तो, हम जब कभी सन्धूज़ के यहाँ गए—चुपके-चुपके उनके मीनू पर नज़र रखते रहे। (प्रकाशक का रहन-सहन लेखक को बड़ा तड़पाता है!) हशमत इस नतीजे पर पहुँचे कि शीला साहिबा मेहमानों की 'क़िस्में' नज़र में रख ख़ास ढंग का मीनू बनाती हैं और दुबारा चेक करते वक़्त कोई एक आइटम काट दिया करती हैं! हमारे ख़याल में ऐसा इसलिए किया जाता है कि कुल मिलाकर चीज़ों और पकवानों का प्रभाव सुथरा और संयत हो। सच मानिए, हम शीला की इस बात पर फ़िदा हैं। उसके यहाँ हर मौक़े, हर मीनू में रस-मलाई और रसगुल्ले जोड़नेवाली तर्ज़ नहीं। बरफी, दालमोठ, दहीभल्ले, आलूछल्ले, चाट पकौड़ी, कुल्फी, आइसक्रीम (खाने में), मुर्ग मुसल्लम, मोतिया पुलाव, भुनी चॉप, टिक्का, तंदूरी मछली, शाही टुकड़ा, दाल या सूजी का हलवा एक साथ ही सजा नहीं दिए जाते। अच्छे मेज़बान की तरह मेहमानों के कमज़ोर जिगर और गुर्दों का बाक़ायदा ख़याल रखा जाता है।

दोस्तो, प्रगतिशील मूल्य और मान्यताएँ आपको ऐसा संयत और सुघड़ बना दें तो हम भी इसी खेमे में। सिर्फ़ एक बात हमें परेशान करती है कि मूल्य और आस्थाएँ जन्मते-पनपते कहीं और हैं और पनपकर उजागर कहीं और ही होते हैं। क्रांतियाँ जो चौराहों पर सिर उठाती हैं—किन्हीं टेढ़े-मेढ़े रास्तों से होकर अपने चौखटों में ही क़ैद हो जाती हैं। इंक़लाब की बात क्या करें—अपने यहाँ वह ठेकेदारों की मदद से बड़े-बड़े जुलूस निकालकर भी पैदा कर लिया जाता है।

दोस्तो, आपको बता दें कि हम मूलतः प्राचीन भारतीय संस्कृति की संतानें

हैं। कोई भी चौंकानेवाला, जड़ें हिलानेवाला राजनीतिक चिंतन हमारी सुरक्षात्मक भावना को चुनौती देता है।

खैर छोड़िए इस पचड़े को। इसके पीछे तो हज़ारों साल पुराना वह चिंतन है जिसने हर भारतीय को हर हालत में पुरानी परंपराओं से जोड़ा है। जीवित रखा है।

हम तो एक ही तमन्ना अपने दिल में छिपाए हुए हैं। अगर कभी लाटरी से या किसी की वसीयत के ज़रिए अपने को नावाँ मिल गया तो उसका इस्तेमाल हम शीला के तर्ज़-तरीके पर ही करेंगे। (उसकी तरह जिंदगी तो क्या ही ढाल सकेंगे।)

पहले हमें शीला-जैसी बीवी ही न मिलेगी। पैसे के ज़ोर हमने शीला के दर्जी-दुकान भी अपना लिये, कुछ ज़रूरी 'लिफ़ाफ़े' भी ख़रीद लिये तो भी दोस्तो, अपनी बीवी का शौहर हरदेव सन्धू कैसे बन सकेगा!

साहबो, हशमत बड़ी घिसी-पिटी बात कहने जा रहे हैं—कि इनसान जो सोचे, करना चाहे और कर सके तो उस पुरुषार्थ के लिए हज़ार बार वाह वाह! लेकिन दोस्तो, एक नक़्शा वह भी होता है जिसे आपसे बिना पूछे ख़ुद ख़ुदा बना डालता है। और आपको इस दुनिया में भेजने से पहले आपकी पीठ पर चिपका देता है। इस सिलसिले में आपने इनसानी जिंदगी से जुड़े दो शब्द ज़रूर सुने होंगे—तदबीर और तक़दीर।

विपरीत दिशाओं से जब एक ही लीक पर 'तक़दीर' और 'तदबीर' बढ़ी आती हैं तभी जिंदगी में शीला जैसी लड़की हरदेव जैसे लड़के से मिलती है। उससे साझी ज़िंदगी बनाती है और ख़ुदा उसे सलामत रखे, हर बरस अपने को सँवारती चली आती है।

शीला को हमने लगातार उगते, ग्रो करते देखा है। हमारा इशारा उसके हेयर स्टाइल या साड़ियों की बदलती कलर स्कीम की तरफ़ नहीं। सच तो यह है साहबो, जब अपने होने के पुरानेपन में कुछ नया, कुछ ताज़ा बराबर जुड़ता रहे तो वह आँखवाले के आगे उजागर होने से नहीं रहता। कुछ सीखते

रहना—अंदर जज़्ब करते रहना ही पुरानेपन से लड़ने की निशानी है।

बहुत पुरानी कड़ी से जुड़ी इनसानी नस्ल अपने-आपमें पूरी तरह आधुनिक कभी नहीं होती। वह हर दिन आधुनिक बनती चली जाती है।

लेखक-कलाकारों के अलावा शीला के दोस्तों में वामपक्षी क़द्रों और क़ीमतोंवाले वे रौशन-दिमाग़ साथी भी हैं जो ख़ास तरह के दिमाग़ी चौकन्नेपन के प्रतीक माने जाते हैं। बेशक इन बुद्धिजीवियों की मित्रता ने शीला की दिमाग़ी ख़ूबियों को तराशा है। तेज़ किया है।

हमने अनेक बार साफ़ देखा कि आँख की एक झपक, माथे पर की तुर्शी, ओंठों की बेरुखी या फ़ोन की ओर बढ़ा हाथ-सब मिलकर शीला की अपनी हस्ती उजागर करने की जगह सामने बैठे लेखकों की शख़्सियतों को कोण देकर उन्हें मुनासिब खाँचों में फिट कर देते हैं।

दोस्तो, इसे कहते हैं सामर्थ्य—ज़ालिम सामर्थ्य! दोनों तरफ़ का खेल-खिलवाड़ जब सही आदमी सही कुर्सी पर बैठकर इत्मीनान से खेल रहा हो तो उसकी सामर्थ्य का अंदाज़ आप जरूर लगा सकते होंगे। दोनों तरफ़ का मैदान जब इस हद तक आपके क़ब्ज़े में हो कि गेंद दूसरी ओर पहुँचाकर भी खेल के मालिक आप ही रहें तो बताइए मेज़ के दूसरी ओर बैठा क़लम का सिपाही क्या पैंतरा अख़्तियार करे!

सच तो यह है दोस्तो कि मेज़ के दोनों ओर की कुर्सियों में बुनियादी फ़र्क है। यह राज़ हम पर तब उजागर हुआ जब हमने अपने प्रकाशक बन गए दोस्तों को ऐसे ही मेज़ों पर बैठे देखा।

इधर शुरू हुई कामकाजी प्रकाशकीय बात, उधर झटके से जाग पड़ा एक अदीब, एक शायर, एक क़लम के सिपाही का 'अहम्'! 'मैं'।

दोस्तो, न तो लेखक-प्रकाशक विभिन्न रंग हैं न एक ही रंग के दो शेड।

और दोनों रंग मिल जाने से जो घोल तैयार होता है उसमें दोनों ही ख़ूबियाँ असलियतें गायब हो जाती हैं। न लेखक लेखक रहता है न प्रकाशक प्रकाशक! होता यह है कि 'किंग-मेकर' या लेखक बनानेवाला, प्रकाशक का

गुमानी अंदाज़ मेज़ के उस ओर बैठकर अपने लेखकों का प्रमोटर बनने के बजाय ख़ुद ही लिखाड़ियों का बाप बन जाता है। प्रकाशक तो वह होता ही है, फिर लेखकों का बाप और आलोचक भी बन जाता है।

लौट आइए शीला सन्धू की ओर जो अभी तक सिर्फ़ प्रकाशक है। (हाँ, लेखक बन जाने के पूरे आसार मौजूद हैं। अगर किसी दिन क़लम उठा ही ली तो उसे कौन रोक सकता है!)

एक कामयाब व्यावहारिक व्यवसायी के सब पैंतरों से लैस राजकमल की प्रकाशिका ने अपने यहाँ से प्रकाशित होनेवाले साहित्यकारों के आपसी संबंधों का ख़ुलासा आत्मसात कर रखा है। मिसाल के तौर पर किसको किसके साथ कितने वक़्त के लिए सौंपा जा सकता है।

किसको किस तरकीब से कितनी दूर रखा जा सकता है। शायस्तगी से या मामूली रुखाई से किसे कहाँ तक काटा जा सकता है।

आचार्य हजारीप्रसाद द्विवेदी को कौन-सी मिठाई पसंद है।

नामवर साहिब का दिलपसंद जर्दा (दोस्त नहीं) कौन-सा है।

निर्मल वर्मा को किस शेड की कार्डराइ पसंद है।

भगवतीचरण वर्मा के लिए किस छाप का पान मसाला।

किस बुझे हुए लेखक को चाइनीज़-लंच खिलाकर लिखने को उकसाया जा सकता है।

किस उतरे हुए मिज़ाज को मेडन्स के लंच पर ऊपर चढ़ाया जा सकता है।

किस बिगड़े-दिल लेखक के लिए नाटक के टिकट मँगवाए जा सकते हैं। किस ज़रूरतमंद लेखक को मेहमान-घर में ठहराया जा सकता है।

दोस्तो, दोस्ती के हक़ तो यक़ीनन बहुत बड़े होते हैं लेकिन लेखक अपने इस प्रकाशक के इन ख़ूबसूरत अहसानों का बदला क्योंकर चुकाए!

हम अपने एक दोस्त से इसका ज़िक्र कर बैठे तो बड़ी अजीब हँसी हँसे, यार, प्रकाशकों की इन नफ़ासतों को गंभीरता से न लो। दौलतमंद कमिटेड इंटलेक्चुअल्स की यह भी एक निशानी है। तुम्हारे ख़याल में हम जैसों का

दरमियाना दर्जा क्या इस तर्ज़ की तमीज़ नहीं रखता! वह बिचारा करे तो क्या करे। वह पैसे की कमी में बारिश में सब्ज़ा पैदा करने की बार-बार कोशिश करता है, लेकिन ख़ुदा क़सम, मिट्टी साथ नहीं देती!

हम कहना चाहते रहे कि दोस्त, इस तरह के छोटे-छोटे ख़ूबसूरत टुकड़े इनसानी रिश्तों के लिए बेहद क़ीमती होते हैं। दोस्तों का एक ख़त, एक फ़ोन, नई किताब का ज़िक्र, मौसम बदलने की मुबारक, पहली बरसात का सदका—न सिर्फ़ ये ख़ूबसूरत लम्हे ही बन जाते हैं, कभी हाथ बनकर उदासी में डूब जाने से भी बचा लेते हैं।

यह महज़ इत्तफ़ाक़ नहीं कि शीला अपने दोस्तों को अक्सर याद कर लेती है। हम ख़ूब जानते हैं कि शीला जैसी इकाई भावात्मक स्तर पर किसी दोस्ती पर निर्भर नहीं होती। यह ज़रूरत अधूरे-आधे और अकेले लोगों की होती है। शीला इस दायरे के बाहर है।

हाँ, एक शिकायत शीला के ख़िलाफ़ हम अपने दिल में ज़रूर पाले हुए हैं। वह यह कि शीला के नज़दीक सफ़ेदपोश 'सेन्सिबिलिटी' के कोई अर्थ नहीं! इसके अभाव, उलझनों और झमेलों के जंगल को शीला ने दूर से देखा है। वह मज़दूरों, कामगरों और पिछड़े लोगों को समझने की कोशिश करती है, मध्यमवर्गीय प्राइवेशन को नहीं। अगर आप शीला से यह कहें तो वह ज़रूर तेवर चढ़ाकर मशविरा देगी कि यह वर्ग क्योंकि अपने से ही साक्षात्कार करते चले जाने का आदी हो गया है, ख़ुद अपनी ज़रूरतों को पहचानने से इनकार करता है, इसके अपने हक़ में होगा कि या वह अपने को कामगरों के साथ नत्थी करे या डटकर मेहनत करे और नीचे से ऊपर पहुँचने के लिए दर्रा पार करे।

दोस्तो, यह सुनकर हशमत शीला से सैकड़ों मील दूर हो जाते हैं। हिंदुस्तान के हर वर्ग की तहें और दूरियाँ एक-दूसरे से मापी जाएँ तो कुल फ़ासला हज़ारों मीलों का हो जाएगा।

हमारे एक अजीज़ दोस्त ने समझाया—देखो यार, यह सारा-का-सारा मामला सियासी है। एक वर्ग पनपता है तो दूसरा वहीं पहुँचने की तैयारी करता है और

तीसरा उसी नुक्कड़ पर इंतज़ार।

हशमत चुप लगा गए। सूँघ लिया कि मज़मून ख़तरनाक है और अपना गुरदा कमज़ोर। इस हालत में अपने पास गुरु मंत्र यही कि सच को सच न कहना चाहो तो सिर हिला दिया, झूठ को झूठ न कहना चाहो तो भी सिर हिला दिया। किसी को क्या मालूम कि अगला किसे सच और किसे झूठ समझ बैठा है। दोस्तो, यह खालिस हिंदुस्तानी अदा है। यहाँ तक कि इसे बहुत-से लोग भारतीय मानस की विशेषता मानते हैं! विशेषता!!

दोस्तो, आप अगर लेखक हैं और प्रकाशक की खुल्लमखुल्ला खुशामद न कर सकें तो एक ख़ुद्दार लेखक होने के नाते आपका संघर्ष सरमायादारों के हाथों मार खा गया न! जब लड़ने-झगड़ने की गर्मी ही ख़त्म हो गई तो आपके सैद्धांतिक मूल्य क्या बच रहे!

दोस्तो, नतीजा निकालने की जल्दी न कीजिए, अभी हशमत की दास्तान बाक़ी है!

क्या ज़माना था वह भी। हमारी प्रतिभा उन दिनों पूरे जोबन पर थी! सुबह कविता। शाम कविता। रात कविता। यहाँ तक कि छः महीनों में अप्पन ने एक महाकाव्य पूरा कर डाला! हमारी पांडुलिपि जब चार-छः प्रकाशकों से लौट आई तो हम सोच में पड़ गए। करें तो क्या करें। घंटों कॉफ़ी हाउस में बैठे-बैठे सोचा करते कि महाकाव्य मास्टर-पीस है। कोई नामी-गिरामी प्रकाशक ही मिले तो बात बने। इधर आलम यह कि इनकार पर इनकार आते चले गए। अब हमारे सामने दो ही रास्ते थे। या हम ख़ुद अपने खिलाफ़ फ़तवा देकर हार मान लें और प्रकाशकों के शोषणवाले हथौड़े से अपने 'अहम्' पर चोट करें। दूसरा रास्ता यह कि प्रकाशकों का भंडाफोड़ करें!

साथियो, हमने बड़े सोच-विचार के बाद यही मुनासिब समझा कि लेखक-कलाकार के लिए अपने को ही सज़ा देनेवाला रुझान किसी भी हालत में ठीक नहीं। अपने अहम् को अभी से ही क्यों खंडित होने दिया जाए! अभी तो इस अहम् को प्रमोट करने के बड़े-बड़े मौके आएँगे। अपनी सृजनात्मक प्रतिभा

के हक़ में इसे सलामत रखना ज़रूरी है।

उस शाम पहली बार शीला सन्धू को होटल में देखा तो कुछ हिम्मत बढ़ी। सोच लिया ऑफिस में एक दिन मिला जाए! इस बीच एक और दिलचस्प क़िस्सा हो गया! अपने किसी साहित्य-प्रेमी कारखानादार की कार में हम एक शनीचर अलवर की सिलिसेढ झील पर जा पहुँचे। अपनी कविता की क्वाँरी पंक्तियाँ गुनगुनाते हम कभी झील की लहरें देखें तो कभी आसमान के तारे-वाह-वाह, क्या जगह है! क्या रूमानी जड़त! अचानक हशमत क्या देखते हैं सामने शीला सन्धू खड़ी हैं और साथ वही उस शामवाले साहिब।

हूँ, तो यह बात है!

दोस्त ने टोका—'कहाँ हो यार!'

हम दोस्त को एक कोने में ले गए और कान में फुसफुसाकर कहा—

'राजकमल प्रकाशन की संचालिका है।'

'होने दो न—हमें क्या मतलब!'

हमने हाथ पर दबाव दिया—

'पता तो लगे साथ कौन हैं!'

हम दोनों दोस्त नज़र से पीछा करते रहे। वे दोनों रेलिंग पर हाथ रखे चुपचाप ख़ामोशी से झील में आँखें गड़ाए थे। आस-पास के लोगों से बेख़बर। (बाद में इसी शाम से उठाई हमारी कविता—'एकांत के जादू में वे दो'—कवि-सम्मेलनों में बहुत मशहूर हुई!)

दोस्तो, जैसे ही हमने इन दोनों की थाह पाई, हमारा दिमाग़ रोशन हुआ, उधर हमारे मुँह का पान फीका पड़ा। झट चाँदी की डिबिया निकाल जर्दे की चुटकी ली और ताज़ा जोड़ा मुँह में ले लिया। कुछ दम आया तो अपनी आँखों के आगे अपने महाकाव्य की पंक्तियाँ लहराने लगीं। दिल की साध थी कि मियाँ हशमत, कोई-न-कोई सूरत निकलेगी ज़रूर! हमने आठ रत्ती का सच्चा मोती और मूँगा पहन रखा है। हमारी जन्मपत्री में भी इस बरस साहित्यिक बुलंदियों को छूने का महायोग है।

हम हशमत

कारखानादार दोस्त ने चुटकी बजा हमें झकझोरा—

'पैट्रोल फूँककर आए हैं, कुछ जगह और वक़्त की ख़ुशनुमाई तो करो दोस्त!' हशमत क्या कहते कि इस वक़्त तो अपने दिल पर अपने महाकाव्य के पन्ने फड़फड़ा रहे हैं! हमारी जान को सामने प्रकाशिका खड़ी है। महाकवि यह रहा पर पंडितजी के कहने के मुताबिक़ राहु-केतु का प्रभाव कि फ़ायदा ही उठाया नहीं जा सकता।

ख़ैर साहिब, बुध की सुबह हम आख़िरकार राजकमल जा पहुँचे। अंदर नाम भेजा। फ़ौरन बुला लिये गए।

शीला सन्धू ने आँखें उठाईं—'कहिए, आपके लिए क्या कर सकती हूँ।'

हशमत ने हिंदी लेखकवाली सख़्ती और रुखाई से कहा—

'आप चाहें तो बहुत-कुछ कर सकती हैं।'

'क्या मतलब!'

हमने जवाब देने से पहले इधर-उधर देखा, कमरा-कुर्सी-मेज़ सब वाज़िब आकार के। न जान-बूझकर बड़े किए गए, न छोटे। हमने भाँप लिया, अहम् को उठाने सजानेवाले चोंचले यहाँ गैरहाज़िर हैं। इसलिए अपना जतन जारी रखो। उठा लो क़दम। अगर यह कमिटेड प्रकाशक है तो...तो हम भी कुछ कम कमिटेड लेखक नहीं। बराबरी से बात करो—हाँ।

'देखिए, हमने एक महाकाव्य लिखा है। आलोचकों का कहना है कि 'निराला' के बाद हमारी ही साख सौ साल तक चलनेवाली है। राजकमल से प्रकाशित हो जाए तो दोनों का गौरव बढ़ेगा। यूँ प्रकाशकों की हमें कमी नहीं—'

शीला सन्धू ने हमें दिलचस्पी से देखा। माथे पर उनके एक शिकन-सी उभर आई।

इसी एक लम्हे में हशमत ने सोच डाला कि अगर मादाम ने हमें नया लेखक समझकर बेरुखी दिखाई तो हम भी बातों ही बातों में सिलिसेढ का ज़िक्र कर देंगे। हाँ!

लेकिन दोस्तो, इसकी नौबत न आई। शीला सन्धू ने संजीदगी से कहा—

'क्या पांडुलिपि साथ लाए हैं?'

हमने फ़ौरन 'महाकाव्य' आगे बढ़ा दिया।

'ठीक है। इसका निर्णय महीने भर में आप तक पहुँच जाएगा—'

और इशारे से ही (हाथों से नहीं, आँखों से) हाथ जोड़ दिए। मुलाक़ात ख़त्म।

(काश, हशमत उस कुर्सी पर होते और शीला सन्धू कवयित्री बनी अपना पहला कविता-संग्रह लेकर यहाँ आतीं!)

ख़ैर दोस्तो, हम इस मुलाक़ात से नाख़ुश न थे सो सीधे कॉफ़ी हाउस पहुँचे। महाकाव्य के प्रकाशन हेतु श्रीगणेश कर डालने की ख़ुशी में हमने यार लोगों को कॉफ़ी पिलाने का फ़ैसला कर लिया।

साथ के टेबल पर भी कई नए-पुराने लेखक जुमलेबाज़ी में मसरूफ़ थे। किसी ने कहा—

'यार, राजकमल से प्रकाशित होना ज़रा टेढ़ी खीर है। पूछकर देखो...'

'किसी पुराने लिखाड़ी ने भड़ास निकाली—

'अमाँ यार, ज़रूरी नहीं कि प्रकाशक के पास अगर बड़ी-बड़ी आँखें हैं तो साहित्य को परखनेवाली सामर्थ्य भी हो ही।'

एक नए लेखक ने, जिसका उपन्यास हाल ही में राजकमल से छपा था, कहा—

'क्या कुर्सी है साहिब, मादाम सन्धू की भी! हिंदी का विशिष्ट प्रकाशन-गृह हथियाकर पूरे इंटलेक्चुअल गिरोह पर हकूमत कर रही हैं।'

'छोड़ो यार, सन्धू साहिब के पास सामर्थ्य थी, कुर्सी खरीद दी। कहना पड़ेगा राजकमल के रख-रखाव या व्यवहार में फ़र्क़ नहीं आया।'

'यार, तुम नहीं समझते। यह वामपक्षी अदा है। गंभीर संयम से काम लिया जाता है। ये लोग बड़ी दूर की मार करने में माहिर होते हैं। पूरी व्यवस्था इस ढंग की कि आनेवालों पर किसी क़िस्म का रौब ग़ालिब न हो। निहायत ढंग और ढब से दफ़्तर का फ़न ज़ाहिर हो और क़लमदार आदमी उनके खेमों से आ जुड़ें। इसे कहते हैं कमिटेड कामरेडी अदा!

दोस्तो, झूठ क्यों बोलें, हशमत का महाकाव्य न राजकमल से प्रकाशित होना था, न हुआ। लेकिन जो हुआ वह यह कि हमें बेख़बरी में ही राजकमल दफ़्तर के चक्कर लगाने की आदत पड़ गई। और इसी बहाने एक सीधी-सादी पहचान हमारी शीला सन्धू ले चल निकली। बेशक इसमें कभी गहरी दोस्ती के मुकाम न आए, मगर ख़ुदा गवाह है कि एक-दूसरे से मुँह मोड़ने की नौबत भी कभी नहीं आई। यहाँ तक कि हमने मादाम को अपना महाकाव्य प्रकाशित न करने पर भी माफ़ कर दिया।

दोस्तो, शीला के चौकन्नेपन में न आपको महानगर का बनावटी शातिरपन मिलेगा, न क़स्बोंवाला काइयाँपन। आप इनका नंबर मिलाइए। फ़ोन पर जवाब मुख़्तसर और सीधा। और रिसीवर नीचे रखने की जल्दीवाला। जब कामकाजी आवाज़ पीछे छूट जाती है तो शीला की आवाज़ उनकी मनचाही ज़िंदगी से बँध जाती है। फिर उसमें एक सगापन, थर्राहट और जिंदगी से कुछ-न-कुछ ढूँढ़ लेनेवाली एक बेचैनी उभर आती है।

अपने यहाँ के अदबी हंगामों और एक-दूसरे पर किए गए छिपे खुले वारों की ख़बर वह बराबर रखती हैं। वह साहित्यिक उठा-पटक को हिकारत से नहीं देखतीं। अपने वक़्त और सहूलियत के मुताबिक़ वह इनमें से छोटे-मोटे मज़े भी उठा लेती हैं।

कभी सुनते थे कि राजकमल के प्रकाशन-संबंधी फ़ैसले राजकमल की सलाहकार समिति किया करती है। करती होगी मगर दोस्तो, हमने कई मामलों में खालिस शीला के फ़ैसले और उसके बाद की तल्ख़ियाँ भी देखी हैं। यह भी कि हिंदी में हस्ताक्षर करने से शुरू कर अब प्रकाशिका साहिबा साहित्य के पूरे अखाड़ों की जानकार हो गई हैं, हिंदी के तौलनेवाले समूचे संस्कार से वाक़िफ़ हो गई हैं।

राजकमल से प्रकाशित होनेवाले अपने दोस्तों का कहना है कि राजकमल द्वारा चुन लिये जाने पर आप सुरक्षित महसूस करते हैं। यह ठीक है कि राजकमल ने अपने लेखक-परिवार को सहज मित्र-भाव दिया है।

कभी यार लोगो ने टी-हाउस में उड़ा दी थी कि जिस हिंदी पुस्तक को अकादमी पुरस्कार मिलना होता है उसे राजकमल प्रकाशित कर लेता है। यूँ तो इस अफ़वाह में कोई तुक न थी, फिर भी हशमत ने कई तरकीबों से इसे टटोला-उकेरा तो मालूम हुआ कि राजकमल से प्रकाशित आधी दर्जन से ज़्यादा कृतियाँ अकादमी पुरस्कार पा चुकी हैं।

दोस्तो, यूँ तो इनाम के पूरे मसले को पाक-साफ़ कहना परले सिरे का भोलापन है, मगर इतना ज़रूर कह दें कि राजकमल एक अच्छी रचना को अमूमन हाथ से नहीं जाने देता।

साहित्य में नैतिकता के जोखिम भरे प्रश्न पर राजकमल का रुख साफ़-सीधा और घिसी-पिटी मान्यताओं और मूल्योंवाला नहीं है। हाँ, किसी भी अच्छी रचना को दरमियाने से ऊपर की मोहर अगर लग ही जाए तो उसके बाद उसे बड़े सूफ़ियाना अंदाज़ में उसकी नियति पर छोड़ दिया जाता है। कुछ क़दम तालमेली नहर के किनारे चलाकर, रचना चौराहे पर पहुँच गई तो फिर हाथ पकड़कर पार करवा दिया जाता है। (बस इतना ही!) इस 'प्रोसेस' और 'प्रोसीज़र' को आप जो भी नाम देना चाहें।

दोस्तो, हमारा कहना तो यह है कि जहाँ हर छोटा-बड़ा, कमज़ोर-बलवान, बीमार-सेहतमंद अपनी-अपनी बिसातें बिछाने में लगा हो वहाँ आप प्रकाशक से कोई दूसरी उम्मीद क्यों करें।

यूँ तो हमने शीला को दस साल पहले भी देखा था पर आज अचानक फिर उसे दस साल छोटी अदा में देखा। वह अपने किसी अजीज़ दोस्त के लिए फ़ैज़ का कलाम (यूनेस्को संस्करण) खरीदकर लाई थी।

प्यारे दोस्तो, जब किताबों से आपके लगाव ठंडे पड़ने लगें तो समझ लीजिए दुनियादारी और कारोबारी झमेलों ने पूरे पंजे आपकी तरफ़ बढ़ा लिये हैं। और आप अपने दिल-दिमाग़ को अमीर बनाने की जगह अपनी अलमारियाँ भरने लगे हैं।

किताबें भी अपनी जिल्द और रूह से अनोखी लहरें पैदा करती रहती हैं।

वही लहरें आपसे टकराकर प्यार के-से करिश्मे से आपको गुंजान रखती हैं। वक़्त और मौसमों को थामे रखती हैं। अगर आपने उन्हें महसूस करना बंद कर दिया है तो जान रखिए—आपके दिल और दिमाग़ के जवान दिन ख़त्म हो चुके!

दोस्तो, शीला अभी जवान है। उसको अपनी किताबें नहीं भूलीं। उसे अपनी मनपसंद नज़्मों की पंक्तियाँ नहीं भूलीं। दरअसल उसे वह अदा ही अभी नहीं भूली जिससे जिंदगी से ताज़गी उठाकर अपनी आँखों से लगा ली जाती है। चश्मेबद्दूर!

हमारी जानकारी से शीला के मिज़ाज में जो संजीदगी और करीना पनपा है वह उसके कम बोलनेवाले और साहित्यिक सभाओं में कभी न दिखनेवाले जनाब हरदेव साहिब की संगत-सोहबत में। हमने कई बार शीला के रंग-ढंग में, व्यवहार में एक ऐसे रंग का मिश्रण देखा जो उसकी अपनी सीख से अलग होते हुए भी उसके सोचने का अभिन्न अंग बन चुका है।

जो ज़मीन और नज़र हरदेव साहिब ने शीला को दी है या यूँ कहिए जो दोनों ने दोनों को दी है वह ज़रखेज़ है। उसमें अच्छी क़िस्म के बीज डाले गए हैं। मेहनत हुई है। फ़सल अच्छी और भरपूर क्यों न होगी!

दोस्तो, एक लतीफ़ा भी सुन लीजिए!

एक शाम हशमत शीला के यहाँ हो रही कविता-शाम में पहुँचे तो वहाँ सिलिसेढवाले उनके एस्कोर्ट को मेहमानों की खातिर-तवाज़ो करते देख सकते में आ गए।

हिम्मत बाँध शीला से पूछ ही डाला—

'इन्हें दो-चार बार आपके साथ तो देखा है, पर पहचानता नहीं! कौन साहिब हैं!'

शीला अजीब नटखटपन से हमें उनके पास लिवा ले गई और हँसकर कहा—

'हशमत पूछ रहे हैं कि आप कौन साहिब हैं?'

हरदेव साहिब ने ख़ामोश शरारती नज़रों से शीला को देखा, फिर हँसकर कहा—

'आप परेशान न होइए हशमत साहिब, मैं तो इनका पुराना ख़ादिम हूँ। इस जिंदगी में तो इनका साथ निभाने का फ़ैसला कर ही रखा है। क्या करें, मजबूरी है। आप देख रहे हैं न, अब दोनों तरफ़ कोई दूसरी गुंजाइश बाक़ी नहीं।'

दोनों पुराने दोस्तों की तरह एक-दूसरे को तरेरकर हँसने लगे।

दोस्तो, मिली-जुली हँसीवाले उस एक लमहे में हमने बड़े फ़लासफ़राना अंदाज़ में अपनी पुरानी क़दमोंवाली गलती को सुधार लिया जब पहली बार हमने होटल के कोरीडोर में इस जोड़े को साथ-साथ देखा था। हमने फ़ौरन ही एक सूक्ति गढ़ ली—

इकसार और तरावट में रसी-बसी हँसी में एक खनक पैदा हो ही नहीं सकती अगर किन्हीं दो ने साझेदारी में जिंदगी का मीठा कडुवा एक साथ न चखा हो! सूखे हल्क तरोताज़ा हो रहे थे और महफ़िल जमने को थी। हशमत अपनी आदत से मजबूर शीला और हरदेव के बच्चों की पहचान में लग गए जिनके नाक अपने पापा-जान पर पड़े हैं और शीला की नाक से कहीं ज़्यादा तीखे और तराशे हुए हैं।

युवराजसिंह

एक पुरानी शाम। हशमत नई दिल्ली के अपने मनपसंद रेस्तराँ में दाखिल हुए कि ऐन पहली टेबल पर अफ़सानों के अब्बाहजूर कृशनचन्दर को दो साहित्यिक-शातिर उस्तादों से घिरे पाया।

कृशन को देख लेना अपने आपमें एक करिश्मा है। उसने इतना लिखा है, इतना लिखा है कि उसे उसकी पहनने की पोशाक में देख जो तसवीर उभरती है वह सिर्फ़ उसकी अपनी शख़्सियत की नहीं—अफ़सानों के ढेर से बने पहाड़ की तलहटी में खड़े किसी इनसान की। पहाड़ उनकी कारदारी का और हज़ारों-हज़ार कहानियों और अफ़सानों को लिख डालनेवाले ख़ुद कृशन पहाड़ से छोटे, मगर पहाड़ से बड़े।

हमने एक नज़र टेबल पर डाली और एक ही आँख में पूरी साहित्यिक-स्ट्रेटजी समझ लेनी चाही।

इधर कृशनचन्दर ने हमें दिलचस्पी से देखा तो कृशन के मेज़बान राकेश ने तबीयत से हमें मेज़ पर शामिल होने की दावत दे दी। हम यह क़बूल करेंगे कि हमें इस निमंत्रण से कुछ उलझन हुई। अपना मिज़ाज उस दिन कुछ ऐसा था कि तेज़-तर्रार गुफ़्तगू रास न आती और देख हम यह रहे थे कि दोस्त नंबर एक और नंबर दो कंधे से कंधा लगाए चहक रहे हैं। हँस रहे हैं। क़हक़हों के छिपे राज़ एक-एक करके मेज़ पर बिछा रहे हैं। सो हमने कृशन के साथ कुछ देर बिताना चाहते हुए भी माफ़ी माँग लेनी चाही।

कृशन के मेज़बान इस बीच जैसे मन-ही-मन जमा चुके थे कि हशमत को ज़ोर देने में कोई नुक़सान नहीं, क्योंकि कुछ और नहीं तो क़हक़हे लगाने की एक वजह तो मेज़ पर मौजूद रहेगी।

हशमत बैठे। साहित्यिक मिज़ाज-पुर्सी के दरिया को अबूरकर एक-दूसरे को खींचने का साज-सामान तैयार कर ही रहे थे कि टेबल के पास एक सजी-सँवरी लड़की फ़ोन करने जा पहुँची। फ़ोन का नंबर मिलाने को कुछ ऐसे अंदाज़ में खड़ी हुई कि किसी को ज़िबह करना हो।

इधर राकेश और कमलेश्वर, नंबर एक और नंबर दो शातिर एक-दूसरे को दाद देने में मशगूल थे। हम कृशन की ओर मुड़े मगर कान टेलिफ़ोन पर लगे रहे।

लड़की अपने दोस्त को यह इत्तला दे रही थी कि वह उसका इंतज़ार न करे और यह भी कि उसकी तबीयत नासाज़ है, आराम में है, और उसको डिस्टर्ब करना बेकार होगा।

लड़की पास से गुज़र दूर मेज़ पर जा बैठी तो हमने और कृशन ने क़रीब क़रीब एक साथ उधर नज़र घुमाई। हम दोनों जैसे अचानक ही उस ग़ैरहाज़िर आशिक़ के लिए हमदर्दी से भर उठे। सामने टेबल पर जिस तगड़ी तसवीर ने लड़की का हाथ थामा उसे देखकर जान लिया कि फ़ोन पर बीमारी की इत्तला पानेवाले हज़रत बाज़ी हार चुके हैं और उनकी जगह लेनेवाले पुराने खिलाड़ी मालूम देते हैं।

हमने देखा कृशन के चेहरे पर माथे पर और चश्मेवाली आँखों में एक कहानी धीरे-धीरे सरसरा रही है। फिर हमने अफ़सानों के उस्ताद को, आँखों से उठाकर कहानी को दिमाग़ में रखते देखा। यह देख सकने के लिए हशमत का कृशन के दोनों दोस्तों पर लाड़ उमड़ आया। तबीयत हुई दोनों की पीठ थपथपा दें।

कृशन ने हमें गहरी निगाह से देखते पाया तो मेज़ का 'बैलेंस' करने को अपने मेज़बान की ओर मुड़े।

हम हशमत

नंबर दो दोस्त कोई लतीफ़ा गढ़ने के सरूर में थे...नंबर एक ने चुटकुले की नोक लगने से पहले ही क़हक़हा लगा दिया।

हशमत हँसे नहीं।

सो नंबर एक को शक हुआ कि हो—न—हो मज़ाक़ हमारी समझ के बाहर था।

नंबर दो को एक आँख मारकर बड़ी हलीमी से हमें पूछा—

'हशमत साहब, कुछ और सोच रहे थे क्या?'

हशमत यह अदा समझते हैं सो तराजू तोल दिया—

'जी नहीं, जो आप फ़रमा रहे थे हमने उसी को दिल-दिमाग़ की खूँटी पर टाँग रखा था, पर क़सम ख़ुदा की, कोशिश हज़ार की मगर हँसी न आई। क्या थी उसमें हँसी की बात!'

हम कृशन की ओर झुके और कहा—

'असल में दोस्तो, लतीफ़ा 111 डिग्री का था, नहीं तो क़हक़हे हम भी लगाया करते हैं...सच पूछो तो मज़ाक़ में पानी न हो, सिर्फ़ धूल-मिट्टी हो तो दोस्ताना गला भी क्या करेगा?"

हमारे कहने की देर थी कि मेज़ पर से शाम गुल हो गई।

ग़लत हुआ मगर मजबूर थे।

कृशन ने दोनों प्यारे दोस्तों का ख़याल बदलने में अपने को लगाया और हमने इस बीच तमीज़ से इधर-उधर ताक-झाँक करनी शुरू कर दी।

पास खड़े वेटर को गौर से देखा तो पाया कि वहाँ कोई एक पहचान है जो रोज़ टेबल पर आ बैठनेवालों की पहचान से अलग है।

वेटर साहिब मुस्तैदी से चौकन्ने हो वहाँ खड़े रहे, ख़ामोशी से सर्व करते रहे और वहीं जमे रहे।

हम मेज़ पर थे, मगर मेज़ के बाहर भी, सो इस अरसे में दिमाग़ का स्विच आन रखा।

एकाएक एक ख़याल कौंध गया कि हो न हो यह वेटर शक्ल-सूरत से

वेटर नहीं लगते।

शायद 'इंटेलीजेंस' की ओर से तैनात हों!

साहबो, वह शाम तो जैसे-तैसे गुज़र गई, कोई नई बात न थी। लिखाड़ी और खिलाड़ी में ज़्यादा फ़क्र नहीं। एक ओर हाथ-पाँव की और दूसरी ओर दिमाग़ी उठा-पटक।

ख़ैर, अगली सुबह अकेले ही कॉफ़ी के लिए हम फिर उसी रेस्तराँ में पहुँचे। इत्तफ़ाक़-वही टेबल और वही वेटर साहिब।

कॉफ़ी मेज़ पर लगाकर वेटर साहिब ज़रा झुके—

'गुस्ताखी माफ़, यह जानकर कि आप भी लिखते हैं—बड़ी ख़ुशी हुई।'

'आपको यह ग़लतफ़हमी कैसे हुई?"

वह हँस दिए—

'आपके कहने से क्या होता है साहिब, आपकी किसी कहानी की बहुत तारीफ़ हो रही थी।'

हमने किसी खुफ़िया रिकॉर्ड का पन्ना फड़वा देने को कहा—

'आपको ग़लती लग रही है, ज़िक्र कृशनचन्दर का होगा।'

वेटर साहिब ने बड़ी तमीज़ से सिर हिलाया—

'जी नहीं, कृशन तो कृशनचन्दर हैं ही, पर साहिब, आप भी कम नहीं।'

यूँ तो अपनी तारीफ़ सुनने में ख़ुद-ब-खुद कान खड़े हो जाते हैं, पर झूठ न बोलेंगे, उस दिन कान हमारे हमारी आँखों पर लग गए।

शक पक्का हो गया कि हो न हो हज़रत ज़रूर किसी 'मिशन' पर हैं।

'साहिब एक अर्ज़ थी—

'एक उपन्यास लिख रहा हूँ—फुरसत हो तो एक नज़र देख जाइए। आपके तजुरबे से कुछ मैं भी हासिल कर लूँगा।'

हमने टालने के ख़याल से काफ़ी दूर की तारीख़ दी।

इस बीच लगातार हम उसी रेस्तराँ में जाते रहे, मगर अक्सर उन्हें वहाँ न पाया। उपन्यास लिखनेवाले 'वेटर', अनहोनी बात नहीं तो अनोखी बात

ज़रूर थी। पूछने पर मालूम हुआ उनका नाम युवराजसिंह है और अब नीचे से बदलकर ऊपर 'बार' पर तैनात हैं।

हमने बुलाने के लिए इत्तला भेजी—

'कहिए क्या हुक्म है?'

'आपसे इंटरव्यू करना चाहते हैं। परसों वक़्त होगा?'

युवराजसिंह साहिब ने कोई हैरानी ज़ाहिर नहीं की—

'ज़रूर वक़्त निकाल सकूँगा। हाँ, हुक्म करिए—आप कहाँ मिलना पसंद करेंगे।'

हमने जगह बता दी। नज़दीक ही दूसरा रेस्तराँ-वक़्त शाम साढ़े पाँच। मुकर्रर दिन और जगह पर हम पहुँचे। बैठे ही थे कि मालूम हुआ हमारे लिए फ़ोन है।

'जी, युवराजसिंह अर्ज़ कर रहा हूँ। जिन साहब को अपनी ड्यूटी पर छोड़कर मुझे आना था—वह अभी पहुँचे नहीं। मुझे कुछ देर हो जाएगी। माफ़ कीजिएगा।'

युवराजसिंह साहिब दस मिनट के बाद तशरीफ़ ले आए। दाखिल हुए तो ठीक टेबल पर सही चेहरा पहचान लिया।

'माफ़ कीजिएगा, ज़रा देर हुई। हाँ साहिब, आप क्या लेना चाहेंगे?

'शुक्रिया युवराजसिंह साहिब! आज आप हमारे मेहमान हैं?'

'आप ज़ोर दे रहे हैं नहीं तो हमें ख़ुशी होती।'

ऑर्डर दे हमने युवराजसिंह साहिब की शख़्सियत को रोशन करने के लिए टार्च फेंकी—

'आप ज़िंदगी के जिस मुक़ाम पर इस वक़्त हैं, क्या वहाँ से अपनी मंज़िल देख सकते हैं?'

'अर्ज़ यह है कि मैं किसी स्टेशन पर रुका हुआ नहीं हूँ। मैं मुतवातर सफ़र कर रहा हूँ और जानता हूँ एक न एक दिन मंज़िल पर पहुँचूँगा ज़रूर।'

हमने थाह लेनी चाहीं—

'अपना मंज़िले-मक़सूद बताने की मेहरबानी करिए...'

युवराजसिंह, जो अपनी ड्यूटी के दरमियान मेज़ों के क़रीब खड़े रहते हैं, इत्मीनान से जमकर बैठ गए।

'मेरा 'अल्टीमेट एम' राजनीति में दाखिल होना है।'

हमें एक दिलचस्प तसवीर का कोना दीख गया। मन-ही-मन हिसाब बिठाया—माडरेट क़िस्म की राजनीति में इनका फिट होना ज़रूर मुश्किल होना चाहिए।

'आपने क्या इसी बात को मद्देनज़र रख यह पेशा अख़्तियार किया?"

'साहिब, मैंने यह नौकरी इस ख़याल से चुनी कि मैं हाथ का काम कर रोज़ी कमा सकूँ और अपनी दिमाग़ी ताक़त इंटलेक्चुअल काम के लिए महफ़ूज़ रख सकूँ। यही मैं करता भी हूँ।'

'आपके ख़याल में आप इसमें कामयाब हुए हैं?'

'ज़रूर हुआ हूँ साहिब! मैं दिन में 'वेटर' बना रहता हूँ और बाक़ी वक़्त में मेरे लिए ढेरों काम हैं। बहुत कुछ है जो करता हूँ—बहुत कुछ है जो करना चाहता हूँ और अपनी हिम्मत के मुताबिक़ किए चला जाता हूँ।'

अब तक हशमत अपना 'एंगिल' सही कर चुके थे।

'आप ये सब काम करने से पहले क्या किया करते थे—यह बताने की तकलीफ़ कीजिए।'

'आपका मतलब है कि मैं रोज़ी के लिए क्या किया करता था?'

'जी हाँ।'

'तो सुनिए, बंदा 'स्पैकूलेशन' किया करता था। खाँड-गुड़ और सरसों का।'

'फ़ायदा हुआ कि नुक़सान?'

'पहले फ़ायदा, बाद में भारी नुक़सान। सट्टे का यही रंग है। हमने साहिब हापुड़, दिल्ली, कानपुर, आगरा सभी जगह क़िस्मत आज़माई और आखिरकार छोड़ना पड़ा।'

'क्या नुक़सान बहुत बड़ा था?'

'था और नहीं था। मानता हूँ रुपए का नुक़सान हुआ लेकिन साहिब, एक

फ़ायदा ऐसा हुआ जिसकी कोई क़ीमत नहीं और जो मेरी जिंदगी का सबसे क़ीमती नफ़ा है।'

'वह क्या, ज़रा खोलकर बताइए।'

'वह है अपने को, अपने आस-पास की जिंदगी को 'डिस्कवर' करने का। तजुबे से सबक़ ले आज ट्रेड यूनियनिस्ट बन गया हूँ। साहिब, मैंने हज़ारों का सट्टा खेला, रुपए रोज़ की दिहाड़ी भी की—सिनेमा की गेटकीपरी भी—बुकिंग क्लर्क भी रहा और आख़िरकार रेस्तराँ का यह धंधा।'

ख़याल हुआ हम इस प्रोग्रेसिव थिंकिंग की घुंडी ही पकड़ लें। पूछा—'आप जहाँ-जहाँ काम करते रहे, क्या कभी किसी 'मैनेजमेंट' से आपकी कोई खींचातानी हुई या इनकी ओर से कोई ज़्यादती हुई हो?'

'साहिब, इसके मुत्तलिक तो यही कहना चाहूँगा कि आज तक कभी चार्जशीट नहीं हुआ और न ही किसी की ख़ुशामद करने की ज़रूरत पड़ी।'

यह आवाज़ हमें एक सेहमतंद आदमी की लगी।

युवराजसिंह के ख़ानदान पर हमारा ध्यान अटका।

'आप कहाँ के रहनेवाले हैं?'

'डिस्ट्रिक्ट बुलंदशहर...मगर आजकल मेरठ में रहता हूँ। वहीं से हर रोज़ सुबह गाड़ी से आता हूँ और शाम को लौट जाता हूँ।'

'घर में कौन-कौन हैं?'

'पिता हैं

'दो माताएँ हैं 'एक छोटा भाई है

'बच्चे हैं।'

आगे जोड़ा—'साहिब, अपने तरीक़े से अपनी क़ाबिलियत के मुताबिक़ जितना कुछ कर सकता हूँ, कर रहा हूँ। चाहता हूँ—जितना सोचता हूँ, कम-से-कम उससे आधे को तो अंजाम दे सकूँ। नोट कीजिए—

'ट्रेड यूनियन का सेक्रेटरी हूँ।

'किसान-यूनियन चला रहा हूँ।

‘अंधविश्वास-उन्मूलन के लिए प्राकृतिक समाज का आयोजन कर रखा है। यह संस्था, साहिब, लखनऊ में रजिस्टर्ड है। और इसका रजिस्ट्रेशन नंबर है 806। इसके अंतर्गत एक योजना मेरे पास तैयार है, प्राकृतिक विश्वविद्यालय स्थापित करने की।

‘एक और भी चीज़ मेरे दिमाग़ में थी, पर उसे कोई शक्ल नहीं दे सका हूँ अभी तक।’

हम चौकन्ने हो उठे—‘वह क्या?’

‘पचास परिवारों को ‘रिहैबलिटेट’ करने की स्कीम थी।

‘हाँ, एक इन्फॉर्मेशन सेंटर भी चला रहा हूँ।

‘पावलोव-दिमाग़ी इलाज-घर भी।’

हमने हैरत से युवराजसिंह को देखा—‘वह क्या जगह है साहिब, ज़रा रोशनी डालिए।’

युवराजसिंह ने चश्मे में से जैसे अपने आगे नहीं, पीछे देखा हो।

‘जी, इस सेंटर में मैं ‘साइकेट्रिस्ट’ की हैसियत से लोगों को मानसिक परेशानियों और व्याधि के लिए सलाह-मशविरा देता हूँ।’

हमारे चेहरे पर परेशानी के तेवर हैं, यह बात युवराजसिंह फ़ौरन समझ गए (आख़िर साइकोलॉजिस्ट ठहरे!)।

‘साहिब, सन् ’56 में अलीगढ़ यूनिवर्सिटी से साइकोलॉजी में एम.ए. कर चुका हूँ।’

हम चौंके।

‘एम. ए. करने के बाद आपने कम्पिटीशन में बैठने की क्यों न सोची?” युवराजसिंह कहाँ हार माननेवाले थे!

‘साहिब, सोचा और किया भी। नोट करिए—

‘राजस्थान पी. सी. एस. सन् 53-54।

‘उत्तर प्रदेश पी. सी. एस. सन् 53-54।

‘मध्य प्रदेश पी. सी. एस. सन् 54-55 रहा होगा।

'और हाँ, आई.ए.एस स्पेशल रिकरूटमेंट में भी हमने एक चांस लिया था।'

'पर नहीं हुए।'

'हुए नहीं, पर दिल में कोई मलाल नहीं। होते भी तो क्या होते-एक कुर्सी ही तो मिलती!

'साहिब, एक उपन्यास लिखना शुरू किया था। पर अब आइडिया ड्राप कर दिया है। आपसे पहले भी ज़िक्र किया था। नाम था...और थकान चढ़ गई।'

हमने अपने चश्मे के पूरे नंबर इस्तेमाल कर लेखक युवराजसिंह को देखा। समझ में न आया आख़िर कि इन्हें उपन्यास का यह नाम कैसे सूझ गया। दरअसल इन हज़रत पर तो दूर-दूर किसी भी थकान, नाउम्मीदी या नाकामयाबी का असर नहीं है।

'आइडिया ड्राप करने का क्या सबब?'

'इसलिए कि मैं जो आज लिख रहा हूँ, वह कहीं बीस साल पुराना न हो। दुबारा हाथ में लेने से पहले पिछले कुछ सालों में जो 'मॉडर्न' लिखा गया है...पहले उसे स्टडी करूँगा।'

हशमत ने मन-ही-मन पहले अपने पर लानत भेजी। वक़्त की कमी नहीं—लिखने को काग़ज़ों के ढेर हैं, क़लम है, पर आज तक एक उपन्यास लिख डालने की हिम्मत न हुई।

युवराज साहिब ने कहना जारी रखा—

'साहिब, साहित्य का शौक़ तो अपने को बलवन्त राजपूत कॉलेज के दिनों से लगा। ज़्यादा कमाता तो नहीं हूँ, पर जेब से कई पत्र-पत्रिकाओं को चंदा भेजता हूँ। और साहिब, जब कभी वक़्त पाता हूँ तो शब्द-पहेलियाँ सुलझाता हूँ। इसके लिए दो-एक रिसाले भी कन्सल्ट कर लिया करता हूँ।'

'युवराजसिंह साहिब, एक बात बताइए—आपका नाम किसी ज़मींदार-परिवार की याद दिलाता है। ग़लत तो नहीं कह रहे न!'

युवराजसिंह हँसे।

'जी नहीं, आपका कहना बिलकुल दुरुस्त है। यह समझिए, एक छोटे-

मोटे ज़मींदार-परिवार की पैदाइश हूँ। पिताजी ने ख़ासा लाड़-चाव किया और कहने की हिमाकत करूँ कि अपने ही ढंग से मैं भी जिंदगी में कुछ बनकर उन्हें दिखाना चाहता हूँ।'

युवराज साहिब ने जैसे यहीं से कोई बड़ी बात सोच ली हो—

'साहिब, पुरानी मान्यताएँ इस वक़्त दम तोड़ रही हैं। कुछ पुराना ख़त्म हो रहा है, कुछ पिघल रहा है। जो पिघल रहा है—वह नई शक्ल में ढल रहा है और साहिब, आपकी इजाज़त हो तो यह कहना चाहूँगा कि मैं उसकी जीती-जागती मिसाल हूँ।'

अमज़द भट्टी

दोस्तो, इत्तफ़ाक़ ही समझिए कि एक दुपहर हशमत सब काम-धंधा छोड़ राजकमल जा पहुँचे।

राजकमल की शीला सन्धू के पास कुछ वक़्त था—कुछ हमारे पास—हम दोनों ने बस मिलकर पहले तो कॉफ़ी की रस्म अदा की। अदबी हलक़ों में घूम-घाम यादों के शॉर्ट-कट से पुराने वक़्तों और पुराने वतनों को जा पहुँचे।

अब्दुल्ला हुसैन की 'उदास नस्लों' का ज़िक्र हुआ। सामने शेल्फ पर भीष्म साहनी की 'तमस' अपनी मौजूदगी से रावलपिंडी पर ठिठकी थी।

कॉफ़ी का दूसरा प्याला। हमने अपने को झकझोरा—अमाँ छोड़ो भी, हर नए साल पर पुराने मौसमों की गर्द झाड़ने लगते हो! जो छूट गया सो छूट गया!

शीला ने बाक़ायदा हमारे ज़ेहन में बसी इस तराश-खराश को हमारी आँखों में पढ़ा और कुरेदकर पूछा—

'बँटवारे के बाद कभी जाना तो न हुआ होगा!'

'न!'

हशमत को कुछ याद हो आया—'काफ़ी देर से 'पंजदरिया' देखना चाहते हैं। क्या आपके पास इस रिसाले का पता होगा? मिल जाए तो देखें—उधर के पंजाब में क्या लिखा-पढ़ा जा रहा है!'

'पंजदरिया' ने शीला को चौकस कर दिया। हाथ बढ़ा अमृता प्रीतम का फ़ोन मिलाया।

हशमत शीला की यह ताज़ी अदा देखते रहे।

'इमरोज़, लाहौर से निकलनेवाले 'पंजदरिया' का पता हो तो बताएँ'-फ़ोन पर अमृता नहीं, इमरोज़ थे।

'अचानक आज 'पंजदरिया' की ज़रूरत क्या पड़ गई!'

'भई हशमत को वहाँ का पता चाहिए-कुछ चिट्ठी-पत्री डालनी होगी!'

'बादशाहो, अगर बहुत ही ज़रूरी हो तो कुछ किया जा सकता है। लीजिए, बात करिए 'पंजदरिया' के एडीटर जनाब अमजद भट्टी से।'

शीला के चेहरे पर रावी बहने लगी। खिलकर कहा—

'पंजदरियाओंवाले, नजूम तो हमने नहीं लगवाया, समझो इलहाम ही हो गया हमें कि आप दिल्ली में तशरीफ़ रखते हैं। यह बताओ इस वक़्त कर क्या रहे हो?'

'गुस्ताखी माफ़—इस वक़्त तो आपसे फ़ोन पर बात कर रहा हूँ।'

शीला हँसने लगी।

'देखिए क्या वक़्त पर आपके 'पंजदरिया' की याद आई। इधर नाम लिया, उधर आप शहर में मौजूद!'

'दिल से दिल को राह है...'

इस शरारत पर शीला ने घुड़क दिया—

'शायरी बाद में, यह बताइए कि मुलाक़ात किस वक़्त और कहाँ हो!'

'शीला साहिबा, फ़ोन नीचे रखिए और सीधे अमृता के यहाँ चली आइए। मैं फाटक पर इंतज़ार में खड़ा रहूँगा।'

'भई, अपनी मेज़बान से तो पूछ लो—'

'ओहो, चार दिन के मेहमान को कौन टोकनेवाला है। फिर अमृता...बस आप बेफ़िक्र और बेख़ौफ़ चली आइए!'

शीला सन्धू जाने को उठ खड़ी हुईं—'चलिए हशमत साहिब, आपका काम तो बन गया। अमृता के यहाँ चल रहे हैं हम!'

हम हौज़ ख़ास पहुँचे। इमरोज़ ने जिस ख़ूबसूरत नौजवान से तआरुफ़

करवाया, वही थे 'पंजदरिया' के एडीटर अमज़द भट्टी। नाक-नक़्श तीखे, डील-डौल रौबीला और रंग गोरा। चेहरा-मोहरा ऐसा जाना-पहचाना कि न अमृता-इमरोज़ अमज़द के मेज़बान लगें, न अमज़द अमृता इमरोज़ के मेहमान।

'मौक़ की बात, आज हम ठीक वक़्त पर...'

अमज़द ने टोक दिया—

'हशमत साहिब, बंदा लाहौर से आ रहा है...आज तो अपनी ज़बान में बात हो जाए...'

इमरोज़ ने खींचा—'हशमत मियाँ, अमज़द ख़ालिस लाहौरी आदमी हैं। इनके साथ हिंदी-उर्दू में नहीं पंजाबी में बात करिए।'

शीला ने लाहौरी अंदाज़ में पूछा—

'कब से आए बैठे हो दिल्ली में? फ़ोन न करते तो हमें पता ही न लगता।'

'कैसे न लगता। हम दिल्ली आएँ और दोस्तों को पता न लगे!'

हशमत ने पूछा—'किस सिलसिले में हिंदुस्तान आए हैं?'

'जालंधर में होनेवाली पंजाबी लेखक सभा में शामिल होने!'

'पंजदरिया' उर्दू में निकलता है न!'

'जी, लिपि उर्दू और ज़बान पंजाबी।'

हशमत को पाकिस्तान की इस पीढ़ी से कोई वाक़िफ़ियत नहीं, सो पूछा—'अमज़द साहिब, 'पंजदरिया' के एडीटर तो आप हैं ही-क्या लिखते भी हैं! इमरोज़ शरारत पर उतर आया—

'बता यार अमज़द, हिंदीवाले हशमत पर ज़रा पंजाबी शायरी का रौब तो डाल!'

अमज़द और इमरोज़ दोनों मिलकर हँसने लगे।

'चलो जी, फिर कुछ हो जाए!'

अमज़द ने तरेरा—'जो होना था सो हो गया, अब क्या बाक़ी है। अब तो नई बात करो!'

'अच्छा जी?' इमरोज़ ने तेवर चढ़ाया।

'जी, नया वक़्त है। नया दौर है। पासपोर्ट बना-वीसा मिला और समझौता एक्सप्रेस से बंदा यहाँ आन पहुँचा।'

'हाँ साहिब, ग़ैर-मुल्कों में तो ऐसे ही पहुँचा जाता है।'

शीला और अमृता ने इस हँसी का मज़ा लिया और कमरा ठहाकों से गूंजने लगा। अमज़द ने शीला को पंजदरिया के कुछ परचे भेंट किए।

'कुछ ख़ास नंबर हैं ये, कुछ किताबें भी।'

प्रकाशक होने के नाते शीला ने किताब ही जो सूँघ ली...अमज़द ने भाँपकर कहा—

'पढ़कर देखिए, अगर पसंद आए तो आप हिंदी में तर्जुमा करवा सकती हैं।' शीला सन्धू शायद इसी तरह की कोई बात सोच रही होंगी—

'तर्जुमा तो हम करवा ही सकते हैं, मगर हिसाब-किताब में मुश्किलें पेश आएँगी।'

'हमारी तरफ़ से आपको खुली छूट है। हम न माँगेंगे आपसे कुछ भी। बस।' शीला हँसने लगीं मगर इमरोज़ ने खींचा—

'यार, यूँ ही रौब डालना चाहते हो? भला पूछो जो छापेंगे वे पैसा क्यों न देंगे।' अमज़द संजीदगी से बोले—

'असल बात तो एक-दूसरे के लेखन को जाँचने-पढ़ने की है—बाक़ी तो सब होता ही रहेगा।'

'जालंधरवाली कॉन्फ्रेंस कब हो रही है?'

'किसी हेरफेर में हफ्ता-भर का फ़रक़ हो गया। पहली तारीख़ कुछ और थी। हम उसी के मुताबिक़ चल पड़े घर से। क्योंकि कस्टम पार कर चुके थे सो सोचा चलो इसी बहाने कुछ ज्यादा वक़्त मिल जाएगा।

'यह सब राहदारी के टंटे हैं'—इमरोज़ ने उकसाया।

अमज़द ने झट भाँप लिया—

'फिर क्या हुआ यार, हम कौन-सा तुम्हें उलाहना दे रहे हैं!'

'भई दोगे कैसे-क़ायदे-क़ानून तो तुम्हारे वहाँ भी यही हैं—'

अमज़द ने दहला फेंक दिया—'बराबर। पर इमरोज़ यार, तुम्हें क्या चीज़ परेशान कर रही है। अपना मुल्क वहीं है जिसमें तुम लोग रह चुके हो!'

हशमत ने हड़बड़ाकर देखा-अमृता का कमरा लाहौर पहुँच गया है। शीला और अमृता अपनी-अपनी छतों पर खड़ी हैं। सामने अमज़द और इमरोज़ पतंग उड़ा रहे हैं। पेच लड़ा रहे हैं!

हशमत ने अमज़द से पूछा—'क्यों साहिब, आप तो पहले से ही लाहौर में थे न!'

'जी नहीं, हमारा ख़ानदान अमृतसर से उखड़ा था।'

'नुक़सान हुआ होगा!'

अमज़द उस ख़ौफ़नाक हादसे के बाद की पीढ़ी है। तीखी आवाज़ में कहा—'ज़रूर हुआ होगा। क्या आपका नहीं हुआ था?'

हशमत की आँखों के आगे पुराने शाहआलमी की तसवीर आ खिंची—'कब से खड़े हो—क्या मच्छी लेने आए हो।'

'तो और क्या—तुम्हारे ख़याल में मच्छी की ख़ुशबू लेने आया हूँ!'

'यार-झट बुरा मान लिया—मैं तो यूँ ही पूछ रहा था!'

'बेबात की छेड़छाड़ मुझे पसंद नहीं।'

'छोड़ो जी यह बहसबाज़ी—कोई दो-चार टुकड़े तलने को लेने हों तो लेकर आगे बढ़ो। दूसरे गाहक भी आएँ—'

वह रूखे खुरदरे प्यार-भरे अंदाज़! ज़बान अक्खड़, लहज़ा खुश्क और दिलों में चश्मे मुहब्बत के।

'लाहौर बहुत फैल गया होगा?'

'जी हाँ गुज़री सदियों में तीस साल और जोड़ लीजिए।'

लाहौर के लिए हशमत का दिल तड़पने लगा—अनारकली, माल, भुजंग, जेल रोड, फिरोज़पुर रोड, निसबत रोड, बीडन रोड।

सामने देखा अमज़द की आँखों में, अपने दिल में पलती हसरत का कोई अक्स, कोई साया न था।

हमें नौजवान अमज़द भट्टी से रश्क होने लगा। क्यों न हम भी पैदा हुए बँटवारे के कुछ सालों बाद। नए और पुराने के बीच कोई दरार न होती। कोई दूरी न होती।

अमज़द के माथे पर तूफ़ानों के बादवाला इत्मीनान है।

'बँटवारे के वक़्त आपके वालिद क्या अमृतसर में थे?'

'जी हाँ। यूँ कहिए हमारे दादा साहिब के भी बहुत पहले हमारा ख़ानदान वहाँ जमा था। शायद आपने नाम सुना हो—हमारे दादा साहिब मियाँ मौलाबक्श कुश्ता वहीं पले, बड़े हुए। इनकी ग़ज़लों का दीवान 1903 में छपा था। इन्हीं की लिखी 'पंजाब दे हीरे' आपके यहाँ पंजाबी एम.ए. में पढ़ाई जाती है। दादा साहिब का हीर राँझा कुश्ता भी मशहूर है।'

हशमत दादा साहिब के पोते को देखने लगे जिसे विरासत में 'अदब' मिला है। पूछा—'क्यों अमज़द साहिब, आप शायरी कब से कर रहे हैं?'

अमज़द इस सवाल पर ख़ुश हुए।

'हशमत साहिब, पूछिए यह कि शायरी करता कब नहीं था! मिसरे मिलाने का शौक़ तो खाकसार को बचपन से है।'

हमारी फ़रमायश पर अमज़द भट्टी ने अपनी डायरी खोली और बिना शायराना लटकों के पढ़ना शुरू कर दिया।

कौन दस्सेगा

अस्सी रात जागनेवाले सुत्ते लोग
सुत्ते लोग कि जेहड़े वरंया तो
उनदिरयाँ जगरातयाँ तो नंघदे होए
झट लई अक्खाँ मीट के सुत्ते
पर सुत्ते लोग ज़रूरी नहीं कि सुत्ते होन
जागनवाले ज़रूरी नहीं है कि जागदे होन
सौन जागन—जागन सौन दा सिट्टा कौन बड्डेगा।
सारा कुछ रता मिल गया ए

सुत्ते जागदे नन्दिरे जगराते नींद बेहोशी
कोई तां सिट्टा कड्डो—
कोई की वे किस हालत विच ए
कोई दस्सेगा।

पहला सुफना

इकल्ला रुख खजूर दा
दूरों दिस्से लाल
दर्द विछोड़ा यार दा
शीशे दे विच वाल
शामां वेले देखया
इक गवाचा लाल
सुफना डिट्ठा प्यार दा
खबरे किदे नाल

दिल दी गल

चेहरा जिसदा नज़र न आवे
जिसनू वेख न सका
फेर वी ओस कुड़ी दे घर वल्ल
आन्दा जान्दा ताँ।
कदे कदे जिस बारी ओले
रंग दा झौला पैन्दा
ओदे परदे जालियाँ, शीशे
वेख वेख न थक्काँ
नी हीरीये मैं तैयों न अक्काँ।

'हशमत साहिब, मेरे पास सैकड़ों लिखी हैं...कितनी सुनिएगा!

हम तसल्ली से अमज़द भट्टी को देखते हैं। उम्मीदें खुल रही हैं—ज़िंदगी रंग उठा रही है। इमरोज़ और अमज़द में मज़ाक़ जारी है।

'हमत को सोहणी आँखोंवाली बात सुना दो अमज़द!'

'छोड़ो भी...'

'नहीं-नहीं...सुना दो...'

'बचपन की बात है। बहुत छोटा था। स्कूल जाने को पब्लिक बस में बैठा। सीट पर साथ आ बैठी एक सयानी औरत। वह रह-रहकर मेरी ओर देखे और मैं शरमाऊँ! मैं खिड़की के बाहर देखने लगा तो बोली—बच्चा, तेरी आँखड़ियाँ बड़ी सोहणी हैं!—सुनकर मैं बड़ा खुश हुआ! और बेझिझक नज़र उठा उसकी ओर देखने लगा।

'फिर सिर पर टनोका लगाकर लाड़ से बोली—बच्चा, दिल तो करता है तेरे से शादी कर डालूँ...

'हशमत साहिब, मेरी दादी बराबर औरत...मैं तो शरमाकर सिर डाले बैठा रहा और पूरी बस हँस-हँस दोहरी होती रही।'

'अमज़द साहिब, कुछ अपने घर-परिवार की कहिए।'

'जी, भरा-पूरा परिवार है। अपनी बस अभी वह नहीं जिसके लिए आप यह सवाल पूछ रहे हैं।'

'कैसी पसंद करिएगा?"

'जिसे अदब से उतनी ही दिलचस्पी हो जितनी मुझे है। जो लिखूँ उसे समझ सके। और शक्ल-सूरत से भी...'

आँखें उठा सबने अमृता की ओर देखा। शक्ल-सूरत और अदब एक साथ।

हमने दिल ही दिल दुआ की—

ख़ुदा करे अमज़द भट्टी को भी मनचाहा साथी मिले।

शीला ने पूछा—

'उर्दू में लिखनेवाले लेखक क्या पंजाबी में लिखना पसंद करते हैं?'

'क्यों नहीं! हमें अपनी जड़ें मज़बूत करनी हैं अपनी ज़बान की मदद से। इसे ही मद्देनज़र रख हम 'पंजदरिया' को निकाल-सँवार रहे हैं। हमारे अदीबों ने भी इसकी अहमियत को पहचान लिया है। फ़ैज़ साहिब पंजाबी में लिखने

लगे हैं। क्यों न लिखें, उनकी मादरी ज़बान है।'

हमने जानना चाहा 'पंजदरिया' में लिखनेवाले कौन-कौन-से लेखक हैं।

'हशमत साहिब, एक लंबी फेहरिस्त बन जाएगी-अहमद राही, शरीफ़ कुजाई, क़तील शफ़ाई, आसिफ खाँ, नज़्म हुसैन सैयद, फ़ैज़ अहमद 'फ़ैज़', मुनीर नयाज़ी, फ़कर ज़मान।'

'क्या यहाँ के लेखक भी वहाँ पढ़े जाते हैं?'

'जी, कर्त्तारसिंह दुग्गल, अमृता प्रीतम, प्रभजोत कौर, गुरुमुखसिंह, दर्शनसिंह। कह सकता हूँ कि वहाँ और भी बहुत कुछ पढ़ने की चाह ज़िंदा है। हम 'पंजदरिया' के कई विशेषांक निकाल चुके हैं। कहानी अंक, नवी नज़्म अंक, फ़कर ज़मान अंक।'

'फ़कर ज़मान साहिब की कुछ रचनाओं के नाम लीजिए...'

'सात ग्वाचे लोग, चिड़ियाँ दा चम्बा, वन दा बूटा, कंसो वेले दी—फ़कर ज़मान साहिब के टी. वी. प्रोग्राम 'वेले दी गल्ल', 'जग-झाती' पाकिस्तान में बहुत लोकप्रिय है।'

'नए लेखकों में आप किनके नाम गिनवाना चाहेंगे?'

'नाम तो बहुत हैं। हुसैन शाद, मुहम्मद मंशा याद, आसिफ शाहकार, नसरीन अंजुम भट्टी, शाइस्ता हबीब, सरवत सुल्ताना, शाही नाज़लीं, शफकत सुल्ताना, नज़्मा शाहज़ाद-हशमत साहिब, आपको जानकर अच्छा लगेगा कि क़तील शफ़ाई और उनकी बेटी समीना क़तील भी पंजाबी में लिखने लगे हैं।'

'अमज़द साहिब, आपके परचे में लिखनेवालों को 'पंजदरिया' कितने से कितने तक देता है?"

'पचास से पाँच सौ तक!'

हशमत कुछ हैरान हुए! भट्टी साहिब ने झट भाँप लिया—

'हम इससे भी ज़्यादा देना चाहते हैं। यक़ीन रखिए, देंगे भी! भला देंगे क्यों नहीं। जो अपनी ज़बान में लिखेगा वह ज़रूर इसका हक़दार होगा। सच पूछिए तो इसके क़द्रदान होने चाहिए। ज़माना था जब हमारे यहाँ सिर्फ़ उर्दू का

बोलबाला था। पंजाबी का नाम लेना भी गुनाह था। अब हालात बदल गए हैं। अब अपनी ज़बान को दुहरा लिया गया है। आप ही बताइए भला अपनी ज़बान कोई भूल सकता है! फिर पंजाबी का पुराना इतिहास है। उसकी अपनी जड़ें हैं। अपना रंग है। इसे पंजाबी जिंदगी से क्योंकर अलग किया जा सकता है!'

'अमज़द साहिब, आप जो पढ़ते हैं—हम कुछ वह भी जानना चाहेंगे।'

'क्या-क्या पूछिएगा हशमत साहिब, इतना कह दें कि पंजाबी में जो भी लिखा जाता है, हरचंद कोशिश रहती है कि उसकी जानकारी रहे। रखता हूँ।' दोस्तो, अमज़द भट्टी से मिलने में एक ताज़गी है। उनकी बानगी में बनावट कम और सादगी ज़्यादा है। वह अदबी लटकों से ही अपनी शख़्सियत सजाए हुए नहीं हैं। उनकी खासियत है साफ़गोई। हो सकता है पंजाबी-जैसी खुरदरी और ठोस ज़बान का यह जादू हो।

उठने से पहले हशमत फिर लौट-पलटकर लाहौर पर आ जाते हैं।

'लाहौर की रौनक़?'

'बराबर क़ायम हैं।'

'ठंडी हवाएँ?'

'ख़ूब चलती हैं और ख़ूब सेहत बनाती हैं।'

'और जी, लाहौरियों के जोश-भरे गर्म दिल...'

अमज़द हमें एक गहरी नज़र देते हैं—

'हमेशा की तरह बरकरार हैं हशमत साहिब!'

हम कुछ और भी पूछना चाहते हैं कि अचानक अमज़द की आँखों के आस-पास हमें नए मुल्क का नया झंडा दीखने लगता है।

हशमत अजीब-सी हड़बड़ाहट में पूछ लेते हैं—

'क्या सरसों का साग और मक्का की रोटी वहाँ भी...'

अमज़द भट्टी यकायक दस साल ओढ़ लेते हैं और अब्बाजानवाले अंदाज़ में कहते हैं—

'हशमत साहिब, आप जो पूछना चाहते हैं वह समझता हूँ। उसे छोड़िए,

हाँ, इतना बता सकता हूँ कि सरसों का साग और मक्का की रोटी दोनों तरफ़ एक ही तरह पकाई जाती है और एक ही तरह चुपड़ी जाती है।'

हशमत अमृतसर से उखड़े भट्टी ख़ानदान के इस अमृतसरी-लाहौरी लड़के को लाड़ से देखते हैं और हँसकर कहते हैं—

'बेटा अमजद, और तो हम क्या ही पूछेंगे...बस अब एक तुम्हारी तसवीर चाहिए!'

अमज़द जी खोलकर हँसने लगते हैं—'वाह साहब, कमाल कर दिया... कुछ और ही माँग लिया होता। लीजिए हाज़िर है तसवीर भी...'

हमशत उठ खड़े हुए। अमज़द भट्टी से हाथ मिला—

'अच्छा बादशाहो, जाओ अपने वतन को आबाद रखो। याद रह जाए तो हमारा सलाम कह देना...कभी हम भी वतनी थे उसी वतन के...।'

दावत में शिरकत

हशमत एक ऐसी शाम की दावत में शिरकत करने जा पहुँचे, जहाँ राजधानी के मशहूर, कम मशहूर और ज़्यादा मशहूर लेखक एक साथ एक लॉन में मौजूद थे।

लिबास अलग, चेहरे अलग। मिज़ाज अलग अंदाज़ अलग। हाँ, एक बात जो क़रीब क़रीब सबमें एक जैसी थी—वह यह कि हर लेखक दूसरे लेखक द्वारा पहचान लिये जाने की कोशिश में, खाने-पीने में कुछ इस भोलेपन से मसरूफ़ था कि देखनेवालों को इस सादगी पर न हँसी आए न रोना। सिर्फ़ हैरत ही हो। हशमत इस मसले पर गौर करने लगे तो खुद-ब-खुद राज खुलते चले गए।

मिसाल के तौर पर किसी एक 'सीनियर' लेखक को 'इगनोर' मारने के लिए छोटे क़द के एडीटर रघुवीर सहाय, लंबे क़द के एडीटर मनोहर श्याम जोशी की चश्मेवाली आँखों में झाँककर कोई सन् पचास का चुटकुला सुनाने में मशगूल हो गए।

पास खड़े दो आकाशवाणी ब्रांड ढीले कुरते कुछ इस तरह भीग-भीगकर हँसने लगे मानो दूसरों के मुँह से अपनी लिखी कविता के मिसरे सुन रहे हों।

हशमत ने टोका—'साहबो! इस हँसी-ठट्ठे और मज़ाक़ का अता-पता इस खाकसार को भी दो। कम-से-कम यार लोगों की हँसी में शरीक तो हो सकें।'

एडीटर नंबर एक ने प्लेट में की कार्रवाई जारी रखते हुए कहा—

हम हशमत

'हशमत मियाँ! यह पुरानी तर्ज़ का व्यंग्य है। ऐसी 'ह्यूमर' का चलन एक ज़माने में उत्तर प्रदेशी साहित्यिक बंधुओं में बहुत था।'

हशमत टके-सा जवाब दिया ही चाहते थे कि देखते क्या हैं—एक कवि सम्मेलनीय गीतकार रघुवीर सहाय का हाथ बराबर खींचते चले जा रहे हैं—

'अमाँ यार, छोड़ो बेकार की यह क़िस्सागोई, आ भी जाओ!'

रघुवीर सहाय ने मजबूरी की हालत में अपने डायलॉग पर 'कौमे' की जगह फुल-स्टाप लगा लिया और गीतकार दोस्त के साथ घिसटने लगे।

हशमत नज़र से इन दोनों का पीछा करते रहे—आखिर हज़रात का टारगेट है तो है किधर। देखते क्या हैं कि दोनों झिलमिलाती साड़ियों की भीड़ से बाक़ायदा कतराकर एक वीरान कोने में फिट हो गए हैं।

लानत इन एडीटरों पर ख़ूबसूरत लड़कियों का जमघट है, पर इन सबसे बेख़बर ये दोनों कमबख़्त साहित्यिक-चुगलखोरी में मसरूफ़ हैं।

एक और साहब इस सारे भीड़-भड़क्के से बेख़बर लगातार झाड़ियों के पार देखे चले जा रहे हैं। इस खोई-खोई अकेली तसवीर को देख बड़ी तकलीफ़ हुई। मुमकिन है इनकी दोस्त को आज शाम का निमंत्रण न मिला हो।

एकाएक सुनते क्या हैं-हज़रत पास खड़े किसी दोस्त से कह रहे हैं—'आती ही होंगी। भतीजे का अन्न-प्राशन था, सो कल से भाई के यहाँ ही हैं।'

तो उस्ताद टकटकी बाँधे अपनी बीवी का ही इंतज़ार किए चले जा रहे

थे। (खुशक़िस्मत बीवी!) भरे-पूरे मजमे में जिनके शौहर एकमन हो अपनी भारी-भरकम लक्ष्मी का ही इंतज़ार किया करें—दोस्तो, बीवी के जन्म-जन्मांतरों के पुण्य का ही फल समझिए।

वैसे तो अपने यहाँ बीवियों की तरह अपनी दोस्तों और महबूबाओं का इंतज़ार करने का चलन नहीं। अक्सर ऐसा इंतज़ार प्राइवेट तौर पर दिल-ही-दिल में कर लिया जाता है।

एक बार नहीं, साहित्यिक जमघटों में हमने अनेक बार देखा कि नीम इंटलेक्चुअल भाई अपनी दोस्तों को दूर से आते देख शिद्दत से साहित्य और साहित्यिक मूल्यों पर बहस करने लगते हैं। मज़मून में ऐसे खो जाते हैं कि बिचारी दोस्त मन मसोसकर आलोचना के मापदंड भी आत्मसात कर लेती है।

कभी-कभी तो एक तीसरा, जो आम तौर पर लेखक, एडीटर या शायर का जिगरी दोस्त होता है, निहायत सादगी से देवरनुमा इशारा करके धीरे-से कहता है—

'कब से आई खड़ी हैं यार, ज़रा मिल तो लो!'

दोस्त अनुसना कर ढिठाई से नई कहानी का जायज़ा लिये चले जाते हैं। फिर अचानक मौक़ा ताड़कर जैसे हैरानी हुई हो—

'अरे आप?'

दो आँखें उलाहने भरीं। एक मुसकराहट, फिर एक और छिपी मुसकराहट अंतर की व्याकुलता में डूबी-डूबी। उसके बाद वही एक-दूसरे को देखा-अनदेखा कर बचना, कतराना और लोगों के सामने खीसें निपोरना। इस मामले में हमारे कलाकार दोस्त कहीं ज़्यादा ख़ुशक़िस्मत हैं।

सच कहें दोस्तो, साहित्यिक व्यवहार और शिष्टाचार का यह स्तर देखकर हमारा तो दिल जलने लगता है। इंटलेक्चुअल जिंदगी को खुली हवा, खुली साँस की बड़ी ज़रूरत होती है। आने दीजिए हवा और धूप अपने इर्द-गिर्द और पनपने दीजिए कलाकारों और लेखकों की बिरादरी में एक ऐसा खुला मगर विशिष्ट व्यवहार जो मुक्त चिंतन के लिए सिर्फ़ कॉफ़ी-हाउस या गोष्ठियों

में ही परिचर्चा का गुलाम न हो।

सिर्फ़ छुटभइयों के बड़े भाईवाले रामायणी रिश्ते ही अगर हिंदी-साहित्य समाज में क़ायम रहे तो सारी विदेशी कल्पनाओं और परिस्थितियों की असलियत के बावजूद 'आधुनिक परिवेश' आलोचना में ही धरा रह जाएगा।

देखते क्या हैं मेज़बान लक्ष्मीचन्द्र साहिब के गेट पर एक झुंड-सा बँध गया है। कुन्थाजी की पीली साड़ी के साथ एक उजली पोशाक नज़र आई। 'बच्चन' और साथ ही 'बच्चन' की तेजी।

झूठ न बोलेंगे—तबीयत ख़ुश हो गई। एक साथ कवि और उसकी कल्पना। एक साथ गंभीरता और चुलबुलाहट! हमारे आर्टिस्ट दोस्त हमें माफ़ करेंगे—एक छोटा मगर बड़ा-सा सच कह देने की गुस्ताख़ी के लिए। यह कि आमतौर पर लेखक और कवियों की काल्पनिक और असली प्रेरणाओं में बड़े ज़ोर का फ़र्क़ होता है। क़रीब-क़रीब वही फ़र्क़ जो सूती लट्ठे और झिलमिलाते रेशम में होता है।

(दोस्तो! बुरा न मानिएगा—हशमत ख़ुद भी इस साजिश के शिकार हैं—इसलिए इस दर्द को पहचानते हैं।)

मौक़ा देख हम 'बच्चन' के पास जा बैठे। उम्र से छोटा दीखनेवाला चेहरा। बढ़िया शेरवानी और चूड़ीदार। हम मन-ही-मन यह तसवीर आँकने लगे कि अगर 'बच्चन' इस राजकीय जामे की जगह शेरवानी के साथ ढीला पजामा और नियागरा पहनें तो उनकी यह तसवीर उनके पाठकों को कहीं ज़्यादा भाएगी।

'बच्चन' के हाथ में दूध का गिलास। (याद रहे यह शाम सूखी थी और इंतज़ाम सिर्फ़ चाय-कॉफ़ी का था।) बच्चन के हाथ में बदले रंग को देखकर दिल में एक दर्द-सा उठ आया। वक़्त है जो बहा चला जा रहा है—बहे जा रहा है और बदल रहा है।

सुना, शान्तिप्रसाद साहिब बच्चन से कुछ कह रहे हैं—

'तो जनाब आप यहाँ हैं! पर आपको बता दूँ मैं आपको नहीं ढूँढ़ रहा हूँ, मैं तो असली 'बच्चन' की तलाश में हूँ।'

हशमत समझ गए, इशारा लोगों के सिरों पर से क़द निकाले बच्चन के साहबज़ादे की ओर है।

एक-दूसरे पर खीझ और जवान न रहने का उलाहना—हमने देखा बच्चन गंभीर हैं, फिर यह भी कि उन्होंने सिर हिलाकर इस वार को झेल लिया है।

हशमत इस अदा को पहचानते हैं। दो साथी—आमने-सामने खड़े बीत गए किसी पुराने वक़्त को जिंदा कर रहे हैं, क्योंकि वह वक़्त अब है नहीं।

मगर दोस्तो, फ़िकर नहीं, 'बच्चन' हैं और रहेंगे।

सेंगर हशमत की ओर मुड़े—'ज़्यादा लिखने से कम लिखना कहीं ज़्यादा मुश्किल है साहब!'

हमने इनकार में सिर हिला दिया—

'जी नहीं, इस मामले में हम आपसे मुत्तफिक न होंगे सेंगर साहिब! हम तो अपने दोस्त 'अश्क' के फ़ैसले की क़द्र करते हैं जो अक्सर कहा करते हैं कि दोस्त, जिंदगी में लेखन शुरू करने के पहले मियाँ अश्क ने तहैया किया था कि हिंदुस्तान की हर लायब्रेरी में 'अश्क-साहित्य' की शेल्फ मौजूद रहेगी—और वक़्त गवाह है कि आज छोटी-बड़ी लायब्रेरियों में 'अश्क-साहित्य' पाठकों को बरबस घूरता है।'

ज़्यादा लिखने के सिलसिले में हम सत्यार्थी का भी एक दिलचस्प क़िस्सा बयान करें।

हुआ यह कि एक शाम सत्यार्थी अपनी नई कहानी (जो शायद वह चार बार हाथ से लिख चुके थे—सही करने और सँवारने के चक्कर में गोंद से कई चेपियाँ भी लगा चुके थे) सुनाने आन पहुँचे। सत्यार्थी का पुलिंदा देख हशमत का दिल बैठ गया। सत्यार्थी ने कापी खोली, फिर क़लम उठा एक कार्ड पर हशमत का नाम लिख आगे कर दिया। सोचा शायद नई किताब के प्रकाशन के लिए कोई आयोजन हो—

मगर इबारत पढ़ी तो सकते में आ गए।

अगले दिन सत्यार्थी की साहबज़ादी की शादी थी।

हम हशमत

दोस्तो, इसके पहले कि हम कुछ कहें, सत्यार्थी ने ताबड़तोड़ अपनी कहानी पढ़नी शुरू कर दी। हमने टोका—

'मियाँ, कल तुम्हारे यहाँ लड़की की बारात आनी है और आज इस बनावटी कहानी के चक्कर में क्यों सिर खपा रहे हो!'

सत्यार्थी मात खानेवालों में से नहीं। बड़ी संजीदगी से बोले—

'सारा इंतज़ाम तो घर से ही कर रही हैं, पर हशमत साहिब, यह कहानी तो मेरे दिलो-दिमाग़ पर ऐसी छाई हुई है कि रात से पहले पूरी कर लेना चाहता हूँ।'

दोस्तो, हमें लगा सत्यार्थी ख़ुद अपनी लड़की से होड़ लगाए हुए हैं। एक जीती-जागती सच्ची कहानी शादी की शक्ल में कल उनकी बच्ची को बनानी है तो एक बनावटी कहानी उससे पहले लड़की के अब्बाजान को भी बना डालनी है। ख़ुदा जाने बचपने की हद थी या लिखने का सरूर।

कहने का मतलब यह कि लिखने के मामले में अगर ऐसे-ऐसे सिरतोड़ और क़लमतोड़ लेखक मौजूद हों तो कम लिखने की बात करना तो लेखक को गाली देने के बराबर है।

मेज़ की ओर बढ़े तो देखते क्या हैं—जैनेन्द्र खड़े हैं। वही गाँधीवादी अदा और ख़ुद को जैनेन्द्र समझने की सर्वोदयी भंगिमा। साथ खड़ी हैं खादी की साड़ी में जैनेन्द्रजी की पत्नी, जिसने जैनेन्द्र के मौन-महत्त्वाकांक्षी कैरियर को अपनी मज़बूती से ईंट दी है।

काले लिबास में सजी-ढकी एक ख़ातून कोक की फ़रमाइश कर रही थीं। पूछने पर मालूम हुआ मादाम सोबती हैं।

ऐसे मज़मे में इन्हें क्योंकि पहली बार देखा था, इसलिए जाँच-पड़ताल के लिये हशमत पीछे-पीछे हो लिये। जिस असलियत पर दमखमवाला यह खोल है, पता तो लगे आख़िर चीज़ है किस पाए की। काठी कड़ियल और गुफ़्तगू शाइस्ता। हशमत जल्दी ही समझ गए कि इस व्यक्तित्व के नीचे ढका गुमान बड़ा ख़तरनाक क़िस्म का होना चाहिए। निगाह कुछ ऐसी कि सभी

उनकी रियाया हैं। बेइख़्तियार तबीयत हुई कि उनके कान में जाकर कहें—

'रियासतें तो ख़त्म हो गईं हुज़ूर! थोड़ा मिज़ाज और अंदाज़ बदलिए।' शोरगुल में ख़बर उभरी कि अंदर संगीत का प्रोग्राम शुरू होनेवाला है। पहुँचे कि एक साथ इतनी सजी-सँवरी महिलाएँ, क़ीमती पोशाकें और हीरे-मोती—

हशमत अपनी बेगम के लिए तड़प उठे। हमेशा यही सोचा किए कि साहित्यकार को चमक-दमक से क्या लेना-देना, पर देखते तो यह हैं कि साहित्य के प्यारों को भी इस मुलम्मे की कुछ कम ज़रूरत नहीं।

काश, हशमत अफ़साना-निगार न होते और कोई छोटा-मोटा बिजनेस या व्यापार कर रहे होते या कोई फैक्टरी ही चला ली होती, तो कम-से-कम बेगम की सुडौल पतली नाक पर हीरे की लौंग तो जड़ सकते! ज़ालिम कैसा ज़माना है कि जिसके पास ख़ुद्दारी है, क़लम है, उसके पास दौलत और ज़ेवर के नाम पर सिर्फ़ घटिया सिगरेट का डिब्बा है।

संगीत का प्रोग्राम शुरू होने से पहले कवयित्री इन्दु जैन ने खुशगवार (टेलीविज़नी) लहज़े में हारमोनियम के सामने बैठी गायिका का परिचय दिया—पुष्पा अवस्थी।

गानेवाली के अच्छे गले के बावजूद उस शाम हमने जान लिया कि 'निराला', 'प्रसाद' और 'महादेवी' हलकी शामों में नहीं गाए जा सकते। हाँ, रमानाथ और पुष्पा अवस्थी की हलकी-फुलकी कविताएँ ज़रूर गाई जा सकती हैं।

बेगम अख़्तर की शागिर्द अंजली बैनर्जी काश उस शाम कोई चुस्त ग़ज़ल चुनतीं! लय धीमी और बोल ढीले। शाम उभरते-उभरते रह गई। सिर्फ़ अंजली बैनर्जी की काली ताँत की साड़ी ढिठाई से फ़िज़ाँ में बनी रही।

बैठे-बैठे कुढ़ते रहे। कुछ तो दिलबहलाव की चीज़ होती। मन मसोसकर सुने जा रहे हैं क्योंकि सुनना है। सुनना इसलिए कि संगीत हो रहा है। सच बताएँ, हमें शादी से पहले होनेवाले 'लेडीज़-संगीत' की याद हो आई जो होना होता है इसीलिए होता रहता है।

हमने खिसकने के लिए कुछ हिलना-डुलना शुरू किया ही था कि देखा—लौ

रंग की साड़ी में रमाजी 'निराला' को सुनने की कोशिश में किसी दूसरे ही संगीत में खो गई हैं। एक मुन्ना बेटा उनके पास सिमट आया। उसका मोज़ा ठीक किया, क़ीमती सफ़ेद लिबास में बैठी अपनी ख़ूबसूरत बहू को एक तृप्ति की निगाह दी और गाने से बेख़बर हो गईं। संगीत का प्रभाव प्रत्यक्ष था। श्रोता अपने अंदर से लौटकर बाहर की ओर आ जाए तो समझिए संगीत नहीं—हारमोनियम हो रहा है।

मुर्शिदाबादी सफ़ेद साड़ी में श्रीमती निहाररंजन रे को देखा तो पल-भर के लिए तो हशमत ठिठक गए। हू-ब-हू शरतचन्द्र की नायिका।

ऊबे हुए कमरे में कुछ हलचल के साथ एक ख़ूबसूरत जोड़े की आमद हुई। रत्नम् तशरीफ़ लाए हैं। मियाँ-बीवी के आते ही कमरा छोटा दिखने लगा। शिष्टाचार में एक खुली सुघराई, व्यवहार में ताज़गी और नपी-तुली हँसी। देश-विदेश की राजदूती रंगीनी और चकाचौंध में रहकर भी रत्नम् के पास अपने-अपने चेहरे हैं।

नपी-तुली और खुली हँसी के सिलसिले में हशमत की आँखों में, दोस्तों के हँसने में अलग-अलग अंदाज़ तैर आए हैं।

ख़ामोश हँसीवाले प्रयाग शुक्ल। नटखट हँसी से चौंकानेवाला उदयभान मिश्र। हँसी को इनसानी हमदर्दी बना देनेवाले अशोक सेक्सरिया।

हँसते-हँसते, हँसना चाहते हुए भी न हँसकर रह जानेवाले कमलेश। एक साथ परंपरावादी तर्ज़ में प्रगतिशील हँसी मिलाकर हँसनेवाले नामवर सिंह।

हमारे कुछ दोस्त खोखली हँसी और पुरज़ोर ठहाके लगाने में भी मशहूर हैं।

मिसाल के लिए-उपेन्द्रनाथ अश्क, कृष्ण बलदेव वैद, नरेश मेहता और राकेश। कमलेश्वर की हँसी में एक ख़ास क़िस्म की तुर्शी और जिंदादिली है। राजेन्द्र यादव को हमने हँसी पर टोक लगाकर फिर अचानक खुलकर हँसते देखा है।

शानी बड़ी तमीज़दार हँसी के मालिक हैं। (हाल ही में हमने उनकी बोलचाल में अमरीकी लहजे की टोह ली।)

हाँ, भीष्म की हँसी हमें एक साथ बचपन और सयानेपन का अहसास देती है।

बच्चों की-सी निथरी हँसी सत्येन्द्र शरत् की। सही चेहरे पर सही हँसी-गिरिराज किशोर की। निर्मल की हँसी कुछ दबी दबी मगर अनोखी।

अपने दो लिखाड़ी दोस्तों को हशमत कैसे भूल सकते हैं जो हँसते तो खड़ी बोली के दबे-ढके अंदाज़ में हैं मगर असर पैदा करते हैं पंजाबी का। 'काले कोस' के लेखक सरदार बहादुर बलवन्तसिंह इलाहाबादवाले।

और सरदार महीपसिंह 'संचेतना' वाले।

कहीं दोस्तों को मुगालता न हो जाए कि यह किसी पार्टनरशिपवाली फर्म साझीदारों के नाम हैं।

सच तो यह है कि दोनों बड़े ज़ोर से लिखनेवाले उपन्यासकार और कहानीकार हैं।

पंजाबी कवि तारासिंह साहिब हँसते हैं तो लगता है गन्ने के खेत पर से कोई मुरगाबी फड़फड़ाकर निकल गई है।

वक़्त को पीछे धकेलनेवाली हँसी आप श्रीकांत के सलोने चेहरे पर पाएँगे। गोविन्द मिश्र की हँसी ऐसी कि या आप उन पर फ़िदा हैं या वह आप पर। गंगाप्रसाद 'विमल' की हँसी से पहाड़ों के चेहरे देखे जा सकते हैं।

हमें एक और अजीज़ दोस्त कहानीकार प्रबोधकुमार की याद हो आई है, जिनके हँसने का ढंग निहायत उनका अपना है। ऐसा कि वह हँसें और आपको उनकी हँसी दिखाई न दे। आप सिर्फ़ महसूस करें कि वह हँस रहे हैं और आप ख़ुद भी हँस दें ज़रा-सा।

ख़ूबसूरत नाक-नक़्शवाले चेहरों पर हँसी अक्सर लापरवाही से ढके दर्प की झलक मारती है—

अमृतराय की हँसी हमें कुछ ऐसी ही लगी।

आस-पास के माहौल से बेख़बर हो जो अपने में गहराई से हँसे और दूसरों को मुखरित कर सके—

ऐसी हँसी है श्रीपतराय साहिब की।

हमारे एक और दोस्त रक्षत की बीवी मीनाक्षी पुरी जब अपने संयत दक्षिणी अंदाज़ में उत्तर का खुलापन भर लेती हैं तो एक साथ चेहरे पर नमकीन और मीठा असर पैदा होता है।

एक और हँसी जो बरबस हमारे कानों में खनक गई है वह है ख़ालिस बनारसी अदावाले पाठकजी की हँसी का तोड़ा।

कहाँ-से-कहाँ बहक गए हशमत। ये रहे सामने चन्द्रगुप्त और मन्मथनाथ गुप्त। ऐसे पास-पास खड़े हैं गोया एक दफ़्तर की दो कुर्सियाँ।

श्रीमती चन्द्रगुप्त सारींग और कुरते में बहुत छोटी दीख रही हैं। जिस ख़ूबी से उन्होंने पंद्रह साल पोंछ डाले हैं—वह बाक़ायदा एक करिश्मा-सा मालूम देता है।

काश, हमारे दोस्तों की ढीठ बीवियाँ इस अदा से कुछ सीखतीं! जिनके बच्चे अभी नर्सरी में दाख़िल हैं, उनमें से कुछ ऐसे बुझे-बुझे रंग चुनकर पहनती हैं कि देखनेवालों को ऐसी लगें कि बेटे-बेटियों की शादी-ब्याह करके सुर्ख़रू हो चुकीं।

और बिचारे साहित्यकार खाविन्द की आँखें जवान रंगों को तरस जाती हैं। या इधर-उधर ताक-झाँक करता है या फिर कल्पना के ज़ोर से वे सारे शोख़ रंग अपने लेखन में भरता चला जाता है जो बीवी की साड़ियों के गुच्छे में उसे कभी दीखते ही नहीं।

(हमारे बहुत से ऐसे दोस्तों की कहानियों में नायिकाएँ अक्सर आसमानी, गुलाबी, संतरी और फीरोज़ी रंगों की साड़ियों में बिजलियाँ गिराती हैं।)

कविवर अजित कुमार की कवयित्री पत्नी स्नेहमयी चौधरी को जब-जब हमने देखा, मौन गंभीरता में ही खोए पाया। इनसे कहना चाहते रहे कि बहिना, इतना चुप न रहा करो कि लोगों को तुम्हारे दूल्हा बातूनी लगने लगें।

सुरेश और इन्दुजा अवस्थी को हम कई बार मिले मगर नमस्कारम की सीमा न लाँघ सके।

साहित्य अकादमी अगर किसी अंतर-भारतीय साहित्य का दर्पण है तो उसमें हमेशा एक ही चेहरा दीखता है—प्रभाकर माचवे का! (क्या वजह है?)

विष्णु प्रभाकर की खादी की पोशाक हमें हमेशा परेशान करती है। लेखक को सज़ा ओढ़ा देने का हक़ ख़ुद लेखक को नहीं है।

इधर कुछ अरसे से इन साहित्यिक भीड़ों में अमृता प्रीतम को कम देखा है। अमृता किसी भी कमरे को सजा देनेवाला वह जीता-जागता चेहरा है जिसे देखकर हर आँख जिंदगी पर रीझ जाए।

इन्हीं की तरह इस हलचल से दूर रहनेवाला एक और चेहरा है कवयित्री कान्ता का। दो-एक बार उनसे लंबी बात करने के बाद हम यही सोचते रहे कि कान्ता को फूलों की ज़रूरत है। रंगों की। सफ़ेद, वैरागी-वेश की नहीं।

इन साहित्यिक जमघटों में जिन हँसमुख तस्वीरों से आप हमेशा मिलना चाहते हैं वे हैं—बिंदु भारतभूषण, माया गुप्त, अनीता राकेश, निर्मला जैन, श्रीमती गंगाप्रसाद विमल, श्रीमती मनोहर श्याम जोशी और मन्नू भण्डारी।

मन्नू से बात करने और उसका मज़ा लेने का ढंग यह है कि इन्हें राजेन्द्र यादव से ज़रा दूर ले जाइए। नहीं तो रौ में आकर अपने शौहर की ही काट करने लगेंगी!

गिरिजाकुमार और उनकी बीवी शकुन्त जब-जब हमें दिखाई दिए, ऐसे जोड़े की याद आई जो किसी भी पार्टी में सिर्फ़ एक-दूसरे पर रीझा रहे और ख़ामोशी से एक-दूसरे को अंतरंग वायदों की याद दिलाता रहे।

इसी तरह अपने एक और शायर दोस्त की बीवी (नाम-पता बताना ख़तरे से खाली नहीं, मगर बता डालते हैं), कैलाश वाजपेयी की प्रेयसी पत्नी का नाम रूपा है, जो अपने को कवि की कल्पना, साधना और प्रतिभा का स्रोत समझती हैं और सही मायनों में इसकी हक़दार हैं—शीला सन्धू के यहाँ एक कविता-शाम में, कवि-पति को अपने दायरे में घेर पूरा वक़्त उस पर ऐसे हावी हुई रहीं कि ख़ुद कवि और उसकी कविता इस 'घेराव' के सामने नफ़ी लगने लगे।

हशमत मज़ा लेने को उनके पास जा बैठे तो देखते क्या हैं—हर वह पंक्ति जो कवि-मुख से निकली, जागरूक पत्नी ने उस पर कमेंटरी दी। कब लिखी गई थी, कब पूरी हुई—'इमेजरी' के लिए ख़ास अल्फ़ाज़ क्यों इस्तेमाल किए गए हैं—वगैरह वगैरह। कुछ देर को तो 'हशमत' रौब में आ गए। लेकिन बाद में बीवी का यह रुख देख बड़ी कोफ़्त हुई। लगा बीवी ने मियाँ पर अपने प्राइवेट क़ानून के मुताबिक़ नज़रबंदी दफ़ा 109 लगा रखी है। शायर की बीवी कुछ ऐसा जता रही थीं गोया शायर की ज़बान से निकला हर लफ़्ज़ उनकी गोद से उभरा हो, वहीं पला हो और वहीं पनपा हो।

इस बीच हमने छिपी नज़र से देखा—शीला सन्धू के शौहर हरदेव साहिब जो आमतौर पर अपनी ख़ामोशी से बूर्ज्वा साहित्यकारों की भीड़ को क़त्ल किया करते हैं—ज़रा-सा, बिलकुल ज़रा-सा मुसकराकर कोई खुफ़िया पैग़ाम अपनी बीवी तक पहुँचा रहे हैं। हशमत ने निगाह लौटा ली। मियाँ-बीवी के इस 'रूहानी सिगनल 'में तीसरे की हिस्सेदारी कैसी!

यूँ हम अपना गुनाह क़बूल करेंगे कि हम बराबर मन ही मन उस खुफ़िया-कोड को 'डीकोड' करने की कोशिश करते रहे तो इबारत कुछ यूँ बनी—

'मेरी जान, तुम्हारी अक़्लमंदी और ख़ूबसूरती का यह आशिक़ जिंदग़ी-भर तुम पर शेर कहता, क़सीदे लिखता तो भी इस तरह का 'जनाना—घेराव 'बर्दाश्त न करता। (फिर चाहे अपने कलाम की पब्लिशर भी तुम ही क्यों न होतीं!) 'हमने देखा शीला सन्धू एकाएक अपनी बेटी लगने लगी है। वक़्त किनारे हो गया है और दो जोड़ी ताज़ी आँखें एक-दूसरे को देख झिलमिलाने लगी हैं। दोस्तो, हशमत को भी अपनी कम पढ़ी-लिखी बीवी पर लाड़ उमड़ आया। बेगम बेचारी हमारे पढ़ने-लिखने को नहीं समझती-न समझे। कम-से-कम उस्तानी बनी लिखने के मामले में हमें सलाह-मशविरा दे-देकर बोर तो नहीं करती।

बेगम की बात सोचते-सोचते सब गोरे-साँवले मुखड़े बेगम की ओढ़नी में गुम हो गए। और शाम-भर की चकाचौंधी साड़ियाँ बेगम के सादे लिबास में। घर पहुँचकर खुशामद से कहा—'क्या सिर्फ़ चाय-पानी पर शाम इतनी

लंबी होती!'

हशमत ने दिन-भर से पहना अपना अदबी लबादा उतारकर खूँटी पर लटका दिया और बेगम को चिढ़ाने के लिए सरूर-भरे अंदाज़ में कहा—'सच कहें, बड़ा याद किया तुम्हें। क्या तो पिस्ते की लौंज थी और क्या थी खस्ता कचौड़ी!' बेगम बिफर गईं—'अरे उस मुई 'लालपरी' का नाम क्यों नहीं लेते जिसे ढाल-ढाल इत्ती देर शायरी करते भये।'

अच्छा दोस्तो, थोड़ी देर के लिए माफ़ी-हशमत फिर हाज़िर होते हैं। (बेगम से सुलह-सफ़ाई हो जाने के बाद मन-ही-मन...)

नेमि को हमने अक्सर अकेले ही देखा, रेखाजी साथ नहीं होतीं। लक्ष्मीनारायण लाल की बीवी बड़े मीठे लहजे में फ़ोन पर बात करती हैं, कमबख़्त ने कभी मिलाया ही नहीं।

तीन पीस सूट में राकेश किसी फर्म के खुशहाल पार्टनर लगने लगे हैं। और तीखी नाकवाली शोख अनीता उसके बच्चों की माँ।

बरबस कर्त्तारसिंह दुग्गल की बीवी का चेहरा आँखों में तैर गया है। निर्मल की यह हालत कि दिल कहीं, दिमाग़ कहीं। निर्मल देश में होते हैं तो दिमाग़ विदेश में। निर्मल विदेश में होते हैं तो दिल इस प्यारे देश में।

भीष्म की बीवी भीष्म के कंधे से कंधा ऐसे मिलाए रहती हैं कि जैसे मुतवातर अपने को याद दिलाती हों कि वह और भीष्म दोनों बराबर हैं। बराबर!

शिवदानसिंह चौहान और विजय चौहान मियाँ—बीवी नहीं-एक साथ लेखन में जुटे हुए दो साथी कामरेड मालूम देते हैं।

महेन्द्र भल्ला दिल्ली छोड़ लंदन से चिपक गए। मादरी ज़बान हिंदी को क्या इंतज़ार के लिए उस पंजाबी ढाबे पर छोड़ गए हैं जहाँ से अक्सर वह अपनी कहानियाँ उठाया करते थे!

रामकुमार की बीवी में एक सहज स्वाभाविक सादगी। और श्रीकांत की बीवी साहित्यिक मज़मों में बहुत कम दीखती हैं! शायद उनके साहिबज़ादे अभी छोटे हैं।

रामकुमार की नज़र उठती है तो लगता है कैमरे का 'अपरचर' खुल गया है। रामकुमार और हुसैन के नाम एक-दूसरे से कुछ ऐसे जुड़े हैं कि एक ही मालूम होते हैं।

एक बार दिल्ली के बड़े होटल में जहाँ रामकुमार और हुसैन की नुमाइश लगी थी, दोनों को एक साथ देख, उनकी दोहरी प्राप्ति के बोध से सहमकर हशमत ने बरसों के लिए लिखना बंद कर दिया।

जतन से सँवारी दाढ़ी में सौ फीसदी इंटलेक्चुअल शख़्सियत। प्रबोध साहिब को विदेश कुछ ऐसा भा गया है कि वहीं घर बसाए हुए हैं।

विदेश से लौटने के बाद कैलाश वाजपेयी के चेहरे पर एक ख़ास तरह का निखार आ गया है।

इन्हीं के साथ हमने श्रीलाल शुक्ल और सर्वेश्वर को भी देखा था। श्रीलाल शुक्ल कुछ भारी हो जाने की फ़िक्र में थे। (मुमकिन है इस ओर इशारा करनेवाली कोई 'रागदरबारी' की प्रशंसिका हो।)

रमेश बक्षी और सुदर्शन चोपड़ा को हमने कई बार साथ-साथ ही देखा। (क्या फिर किसी छोटी-मोटी बग़ावत की तैयारी है?)

'नंदन' वाले राजेन्द्र अवस्थी साहित्य में कुछ नए गुल खिला रहे हैं! इनके अलावा हमारे बहुत-से बैचलर दोस्त कॉफ़ी-हाउसों के सिर पर ही अपनी जिंदगियाँ गुज़ार रहे हैं। हमें मालूम है कहवा-खाने न सिर्फ़ साहित्य-संगत और साहित्य-सृजन में लेखक की मदद करते हैं, उसके साहित्यिक चौखटे की शुरुआत भी करते हैं। दोस्तो हमारी नज़र में कलाकारों की ज़रूरतों के लिए कुछ दूसरे कारगर नुस्खे भी हैं। (हम नाम नहीं ले रहे इस डर से कि कहीं 'अनैतिक-शिक्षा' के आरोप में हमारा चालान न हो जाए।) लेकिन हममें से हर कोई जानता है कि गाय-भैंस के दूध-घी से कौमों की सेहतें बनती हैं, लेकिन इंटलेक्चुअल दिमाग़ इससे थुलथुला जाते हैं। प्रतिभा मुटिया जाती है!

हम अपने दोस्तों के लिए दुआ करते हैं कि वह वक़्त रहते अपने-अपने साथी ढूँढ़ लें! कहना हम यह भी चाह रहे हैं कि जो दोस्त आज़ादी से

कहवा-घरों में जमकर बैठते हैं वही लेखक-बिरादरी के सच्चे सूरमा हैं। हममें से कौन नहीं जानता कि कलाकार-मिज़ाज की मौज-मस्ती (जिनसे अक्सर अच्छी-अच्छी रचनाएँ जन्म लेती हैं) घर-बाहरी हो जाने से दिल के बटुए में क़ैद कर ली जाती है। मियाँ के वक़्त का अर्क निकाल लेनेवाली बीवियाँ बड़ी होशियारी और बेरहमी से मुतवातर उससे कुछ इस तरह जूझती रहती हैं गोया यह भी कोई 'फ्रंट' हो और जिस पर हर हालत में बीवी को अपना चहुँमुखी हक़ बनाए रखना है।

सच तो यह है कि मियाँ के दिल और दिमाग़ के छोटे-से चोर रोशनदान पर भी बीवी अपना ही चेहरा जुड़ाए दूरबीन से देखा करती है—मैं ही इनकी उस कहानी की नायिका हूँ। मेरी ही उस साड़ी का ज़िक्र है। मेरी आँखें ही नीली झीलें हैं। मुझे ही अँधेरे में टटोलते हैं। मेरी ही आत्मा के ज़रिए वह अपने लेखन से साक्षात्कार करते हैं।

आन्छीं—बड़ा ख़तरनाक मज़्मून है दोस्तो—हम अपने पर रोक लगाए लेते हैं। दोस्तों की बीवियाँ हमें पास तक न फटकने देंगी।

याद आया अज्ञेय की-सी हँसी हमने एक और चेहरे पर भी देखी है—जनाब रामसिंह। हमने जब-जब इन्हें देखा तो लगा रामसिंह साहिब कहीं-न-कहीं वात्स्यायन हैं और वात्स्यायन कहीं-न-कहीं रामसिंह।

ख़ुदा जाने हमारे ज़ेहन में इस ओवरलैपिंग का क्या सबब रहा होगा!

भारती और कमलेश्वर दोनों होशियार तजुर्बेकार एडीटरों की क़ाबिले तारीफ़ मिसाले हैं।

कमलेश्वर चुस्त-दुरुस्त।

भारती संजीदा। नोक-पलक से मँजे हुए।

शरद जोशी खुशदिल और गंभीर।

हाँ, फ़िराक़ ऐसे शायर हैं जो मिज़ाज के गुलाम नहीं। मिज़ाज उनका गुलाम है। जो सोच लिया कि यह सही है—बस फिर वही सही है।

हमें तो ख़ुशी यह है कि वह जो कहना चाहते हैं-वह कह लते हैं।

हिंदीवालों की भीड़ में यहाँ तक भी कि हिंदी शहराती ज़बान नहीं। इसमें देहातीपन है। यह भदेस है।

एकतरफ़ा होकर काटने की फक्कड़ अदा इलाहाबाद, लखनऊ के क़रीब-क़रीब सभी साहित्यिकों में थोड़ी कम मिक़दार में मौजूद है। यशपाल ज़रूर इसके अपवाद हैं। (यशपाल के साथ उनकी बीवी प्रकाशवती का नाम न लिया जाए तो हमारी ज़्यादती होगी। बिलकुल उसी तरह जिस तरह अश्क और कौशल्या अश्क। भगवतीचरण वर्मा और सुनन्दा वर्मा।) साहित्यकारों की ये सुपरबीवियाँ महबूबाओं की चमक-दमक से टक्कर लेती हैं। इस सिलसिले से साहित्य के पुराने आशिक़ द्वारका कल्हण और उनकी बीवी प्रमिला कल्हण को जब-जब हशमत मिले, ज़ेहन में एक साथ एक तेज़ तूफ़ानी नदी और उस पर बँधे बाँध की तसवीर उभरी। ऊँचे क़दवाली प्रमिला कल्हण की चाल कुछ ऐसी कि एक के बाद एक फ्लाइट लेती जाएँ और दुनिया-जहान मापकर द्वारका कल्हण के सामने पेश कर दें!

बरबस भगवतीचरण वर्मा की दो-टूक कहने की अदा भी याद हो आई है जो अक्सर सुननेवालों पर नश्तर का काम करती है।

मालूम यह होता है कि किसी ज़माने में ऐसे रवैए का ख़ास चलन था। साहित्यकार से ऐसी ही टंकार की अपेक्षा हुआ करती थी।

टंकार से हमें रामधारीसिंह 'दिनकर' की हुंकार याद हो आई है।

यह वही पीढ़ी है जो या तो जनता के सामने हुंकारती है या फिर सोचने की मुद्रा बना लेती है।

सागरमुद्रा। कभी, एक शाम हमने अज्ञेय के कमरे की दीवार पर बच्चों के खेलने की रंग-बिरंगे काग़ज़ों की चरखरी देखी थी।

अपने-आपमें यह अज्ञेय की कविता की एक पंक्ति थी।

कविता की दूसरी पंक्ति कपिला! सफ़ेद लिबास में कपिला।

इसी सिलसिले में हम केशव मलिक का ज़िक्र करना न भूलेंगे। इनसे बात करना सुशिक्षित साहित्यकार से बात करना है (प्राध्यापक से नहीं)।

प्राध्यापक-साहित्यकारों की एक अपनी जमात है, जो साहित्य के शास्त्रीय विवेचन के सामने मौलिक-लेखन को विद्यार्थियों की प्रतियोगिता समझते हैं। (उनका 'डायलॉग' अपनी समझ के बाहर है।) इनके ख़िलाफ़ नहीं-इनकी तारीफ़ में यह कहा जा रहा है।

हाँ, दिल्ली में हर साल अलग-अलग स्टेजों पर अपने दोस्तों को तरह-तरह के सौ-सैकड़ों, पंजहज़ारी और लखपतिया इनाम पाने पर हशमत उन्हें मुबारकबाद ही दिया करते हैं। इनाम पानेवाले ज़रूर ख़ुशक़िस्मत साहित्यकार हैं मगर उनसे ज़्यादा ख़ुशक़िस्मत हमारे वे दोस्त हैं जो कभी इस दौड़ में हिस्सा न लेंगे।

दोस्तो, यह हशमत की जाती राय है—इसे हम किसी दूसरे पर लादना नहीं चाहेंगे, लेकिन हमें यक़ीन है कि हमारे साथ चाहे लेखकों की बड़ी भीड़ न हो—तो भी कुछ इने-गिने साहित्यकार ज़रूर होंगे।

हम सब अपनी सामर्थ्य-भर कम अच्छा, ज़्यादा अच्छा और बहुत अच्छा, जो भी लिख रहे हैं, अपने लिए। लेखन के लिए।

दोस्तो, हर लेखक अपने लिए लेखक है। अपने किए लेखक है। वह अपने चाहने से लेखक है। अगर वह संघर्ष में जूझता है, परिस्थितियों से टक्कर लेता है—तो उसका अहसान किसी दूसरे पर नहीं, सिर्फ़ उसकी अपनी क़लम पर है।

कोई भी अच्छी क़लम मूल्यों के लिए लिखती है। मूल्यों के दावेदारों के लिए नहीं। अगर ऐसा नहीं है तो लेखक और कलाकार शामियानों और विज्ञान भवनों की शोभा बनकर रह जाएँगे।

(हम आपके कान में यह भी कहना चाहते हैं कि लेखक के चिंतन और लेखन को हड़प जाने का ख़तरा सब ख़तरों से बड़ा है।)

याद आया हशमत अपना कैमरा लेकर अभी दिल्ली के 'टी-हाउस' और 'कॉफ़ी-हाउस' में नहीं पहुँच सके। हम जानते हैं वहाँ बैठी एक नई पौध, (जो अक्सर इन इनामी हंगामों में नहीं दीखती।) एक नई क़तार दे सिगरेट पर

सिगरेट फूँक रही है, पर हमें यक़ीन है, वह कुछ सोच भी रही है।

क्या सोच रही है—इसका ब्यौरा हम आपकी ख़िदमत में ज़रूर पेश करेंगे। अब इजाज़त दीजिए...।

महेन्द्र भल्ला

रंग गोरा। चेहरा-मोहरा किसी भी पंजाबी लड़के का। अंदाज़ सेल्स एग्जीक्यूटिव का। आँखें शरारती। गाल भरे हुए। क़मीज़ दूधिया। उजली। ऐसे चमकारवाली कि उसे दिखाकर सफ़ेदी का विज्ञापन किया जा सके।

इसके पहले कि आप पूछें—यह कौन है? आपसे मिला दें—आप हैं 'दूसरी तरफ़' के मशहूर लेखक महेन्द्र भल्ला साहिब!

दोस्तो, हमारा कहना यह है कि महेन्द्र भल्ला साहिब को 'दूसरी तरफ़ 'लिख डालने के फ़ौरन बाद इंटलेक्चुअल दिखने के लिए दाढ़ी रख लेनी चाहिए थी। उनकी सुथरी शख़्सियत ज़रा ज़्यादा ही सुथरी है। पहली मुलाक़ात में उनमें चौंकानेवाले कलाकारी अंदाज़ की कमी खटकती है। मगर यह तभी तक जब तक आप उनसे बातचीत न कर पाए हों!

बरसों पहले जब हमारी इनसे मुलाक़ात हुई तो लगा हज़रत ज़रूर फरीदाबाद में कोई छोटी-मोटी फैक्ट्री लगाए बैठे होंगे। फैक्ट्री लगाने और उसे कामयाबी से चलाने की सब ख़ूबियाँ महेन्द्र भल्ला के पास हैं। मगर साहिब, अगर आप इनकी तरह जिंदगी में लेखक बनने का इरादा कर ही डालें तो हमें नहीं मालूम कौन-सी दफ़ा लगाकर इन-जैसों की क़लम छीनी जा सकती है। कुछ छोटे-मोटे ख़तरे इनकी क़लम पर भी पैदा होते रहे लेकिन दोस्तो, जो एक साथ दोनों तरफ़ों को देखने का आदी हो, उसे शौक़िया ही हिरासत में ले लेना ज़रा मुश्किल काम है।

हम हशमत

(हमारी ख़ाम-ख़याली ही समझिए वरना मुश्किल तो कुछ भी नहीं!)

महेन्द्र भल्ला अपनी पहली चर्चित किताब 'एक पति के नोट्स' लिखने से अलग 'फाइबर ग्लास कंपनी' में काम करते हैं। वह कई कामयाब, अच्छी और चौंकानेवाली कहानियाँ लिख चुके हैं।

इंग्लैंड से लौटने के बाद महेन्द्र भल्ला ने अपने पाठकों के लिए अपना नया उपन्यास 'दूसरी तरफ़' के नाम से पेश किया है।

एक शाम अचानक कॉफ़ी-हाउस में उनसे मुलाक़ात हो गई। ज्यों ही हम लोगों ने एक-दूसरे को पहचाना, गर्मजोशी से हाथ मिलाया। इंग्लैंड-पलटवाली ऊँची अदा से न भल्ला ने नज़र फिराई, न किसी से मिलने जाने का ज़िक्र किया, न घड़ी को देख ख़ामोशी से अपनी मसरूफ़ियत का ऐलान किया। पुराने दोस्तों की तरह बैठे तो बातों-ही-बातों में दुपहर निकल गई। कॉफ़ी ताज़ी होती रही और भल्ला के इंग्लैंड-प्रवास की याद ताज़ा।

हमें लगा, इंग्लैंड में गुज़ारा वक़्त ज़रूरत से ज़्यादा भल्ला के दिल और दिमाग़ पर हावी है। लौट आने के बरसों बाद भी वह एक बेरहम बोझ को कंधों पर उठाए हुए हैं।

हमने बड़े ढंग से मसले को कुरेदा तो इस नतीजे पर पहुँचे कि पराए मुल्क में नाकामयाबियाँ कुछ इस तरह की खरोंचें छोड़ जाती हैं जो गहरे ज़ख़्मों की तरह देर तक भरने में नहीं आतीं। दिल-दिमाग़ पर जुनून की तरह एक

ही सवाल कि ऐसा क्यों हुआ! कुछ और हो सकता है, मगर नहीं हुआ। यह परेशानी क्या सिर्फ़ महेन्द्र भल्ला की ही रही होगी? नहीं, यह उलझन शायद हर प्रवासी भारतीय की है, जो जीविकोपार्जन के लिए विदेश को अपना देश बनाने का फ़ैसला करता है।

एक महेन्द्र भल्ला—हिंदुस्तानी।

एक महेन्द्र भल्ला—हिंदुस्तानी प्रवासी।

एक महेन्द्र भल्ला—लेखक, अपने से पराए।

अकेले मगर बुरी तरह अपने से बँधे हुए। तीनों अपने-अपने ढंग से अंग्रेजियत से नहीं, अंग्रेज़ों की तहज़ीब-याफ़्ता तड़ी से लड़ते-जूझते और ज़ख़्मी होते। ज़ख़्मों को छुपाते और अपने दिल की खिड़कियों पर बार-बार स्वाभिमान के परदे खींचते। 'पब' में पहले ऑर्डर देने के बावजूद ऑर्डर की तामील देर से—क्यों? इसलिए कि वह उस मुल्क के पैदाइशी बाशिंदे नहीं।

ट्रेन की या बस की ख़ाली सीट पर—कालों के साथ, 'आउट साइडर्स' के साथ न बैठने की क़सम।

महज़ हरकत नहीं—चुनौती!

किसी क़िस्म का प्रोटेस्ट करने का अफ़सोस कर इज़हार-भर (सिर्फ़ मौखिक शिष्टाचार), लेकिन हरकत में फिर वही ढिठाई—आपको अपनी हैसियत बताने की बुनाई। वही क़ायदा, वही इंतज़ार बियर का। वही देर ऑर्डर तामील होने में।

शाम के अँधेरे में हाई स्ट्रीट पर चलते हुए एक हिंदुस्तानी दिल—एक आम दिल—क्यों सहमकर दहशत में तेज़ी से धड़कता है?

इधर झुंझलाहट! बौखलाहट! हलकापन!

उधर गुमान! अभिमान! दिमाग़ी साम्राज्यवाद!

वह क्या है जो एक इंगलिस्तानी को एक हिंदुस्तानी से जुदा करता है! एक काले, ब्राउन को गोरों से अलग करता है! क्या यह उन सदियों का दुराव है जो अपने-अपने हिंदुस्तान की हुकूमत के दरमियान अंग्रेज़ों ने, इसका हाकिम होने के नाते, दिल-दिमाग़ में उगाया था और बड़े क़ायदे-करीने से अपने

जीवन-दर्शन में ढाल लिया?

महेन्द्र की आवाज़ में हमने एक गहरा तनाव, तड़प, रोष और अफ़सोस महसूस किया। यह दुराव, यह दूरी ठंडी नफ़रत, गोरी आँखों से टपकती हुई हर एक हिंदुस्तानी, पाकिस्तानी के स्वाभिमान को, ख़ुद्दारी को काटती हुई निकल जाती होगी, जो इस दुश्मनी की ख़ामोश ज़बान को पढ़ सकता है।

ज़रूर पढ़ सकता होगा वह हर प्रवासी, जो अच्छा खाने-कमाने पर भी इस जिंदगी से कटा हुआ महसूस करता है, जो उसके चारों ओर फैली है। क्या सचमुच ही ख़ुदा ने उसे गहरा रंग देकर उस पर नंबर दो चिपका दिया है?

नहीं। यह खालिस साम्राज्यवाद की अदा है।

हिंदुस्तानी प्रवासी वहाँ के लैंडस्केप पर एक 'चेपी' की तरह लगा रहता है और दूर से कहीं से भी पहचाना जा सकता है।

अचानक महेन्द्र भल्ला का लेखक सिर उठाता है। उसकी आँखों में अब एक नया रंग है। वे कुछ ऐसा देख रही हैं, जो हशमत नहीं देख पाए। हमने साफ़ देखा, इस बार उनकी निगाह में एक झुरझुरी है और आवाज़ में लर्जिश।

'हशमत साहिब, वहाँ का पतझड़ मेरी आँखों में रमा है। वह वतन मेरा नहीं फिर भी वह मौसम, वे पेड़ मेरे दिल पर हमेशा के लिए खुबे हैं। उन्हें प्यार करता हूँ पर सोचता हूँ, रंग बदलते पत्तों के नन्हें-नन्हें बेशुमार मुखड़े—काश, वहाँ के बाशिंदे भी इन पत्तों की तरह बिना आँखों के होते! उनके घूरने से, आमना-सामना हो जाने से, प्रवासियों के जवान ख़ून में इतनी तिलमिलाहट, इतनी बेबसी, इतनी कुछ न कर पानेवाली विवशता-निरीहता न पैदा होती।'

इस बार हशमत के चौंकने की बारी थी। उस साम्राज्यवादी ठंडी नफ़रत को काटने के लिए क्या उतनी गहरी नफ़रत की ज़रूरत होगी, जो आँखवालों को अंधा करके ही दम लेगी?

इधर हमारे दिमाग़ में यह कौंधा, उधर महेन्द्र साहिब कह उठे—

'दोस्त, अगर यह ऊँच-नीच, घटिया-बढ़िया, काले-गोरे की बीमारी वहाँ न होती तो तहज़ीब और तमदुन में जितना भी परिष्कार आप वहाँ देखते हैं वह

न देख सकते। एक बार आपके कालेपन पर नज़र से चिनगारी जो आई तो फिर आप हमेशा सुलगते हैं। अंदर-ही-अंदर।

एकाएक हमें लगा, ज़रूर कोई एक खाई—एक दुशवारी महेन्द्र भल्ला के सामने आ खड़ी हुई होगी, जिसके कारण इंगलिस्तानी जिंदगी के सीमांत को पार नहीं कर सके—जिस पर हज़ारों-हज़ार हिंदुस्तानी पहले चल चुके हैं। चल रहे हैं। शायद चलते भी जाएँगे।

हम चौकन्ने हो गए। महेन्द्र कुछ महत्त्वपूर्ण बात कह रहे हैं—

'शायद हर प्रवासी को इस तरह की घुटन से गुज़रना होता है। इंगलिस्तान में बाहर से आए हर नए प्रवासी को इसी तरह घुटन और कोहरे से जूझना होता है। वह बाहर आना चाहता है और नहीं आ सकता। घूरती आँखों से बचकर निकलना चाहता है और 'बैशिंग' में पिटता है। पिटकर एक तरफ़ से दूसरी तरफ़ देखता है और हारकर घर के अंदर बंद हो जाता है और उपन्यास लिखने बैठ जाता है।'

हम ठिठककर महेन्द्र भल्ला के चेहरे को पढ़ने लगे। इस बार हमें उनकी आँखें छोटी लगीं। सिकुड़ने का अब सबब क्या है? अब तो वह अपने प्यारे देश में बैठे हैं!

दोस्तो, इस एक क्षण में महेन्द्र ने हमें मात दे दी। अजीब चौकस नज़र से हमारी तरफ़ देखकर कहा—'उन हादसों की याद से ही रूह कचोट उठती है।'

हमने अपना चश्मा साफ़ किया और महेन्द्र भल्ला के चेहरे पर आँखें गड़ाकर सही करने लगे कि ग़ैर-मुल्क की कश-म-कश ने हमारे दोस्त को एक नई 'डायमेंशन' दे दी है। देखने-सोचने की एक नई तर्ज़! निशानाबाज़ी की एक नई अदा! बात तो यह पहले भी उमड़-घुमड़ रही थी अपने दिमाग़ में, पर कॉफ़ी के ताज़े प्याले पर पूछ ही डाला—

'ईमानदारी से जवाब देना दोस्त, तुम्हारे इस गोरे-काले चिंतन के पीछे तुम्हारी कोई भावात्मक कश-म-कश या अंदर तक घर कर लेनेवाली घुंडी तो नहीं?'

महेन्द्र ने हँसकर सिर हिलाया—

'हशमत यार, जो पूछना चाह रहे हो, वह मैं समझता हूँ। दालान-दर-दालान फैली वही बीमारी उन कोनों में, उस खोह में भी मौजूद थी। सतह के नीचे वही ठंडी नफ़रत और कोहरे में लिपटी-सिमटी वह 'कमोडिटी' जिसे सरसरी तौर पर मुहब्बत कहा जाता है।'

हमने चुटकी भरी—'आबोहवा तो ठंडी है उस मुल्क की, पर इनसानी गरमाहट के सर्द हो जाने की क्या वजह...?'

महेन्द्र भल्ला के माथे पर तेज़ी से कोई विलायती सूरज कौंधा, मगर एक लंबी साँस लेकर जैसे उन्होंने उसे सीलन का गोला समझ अपने से बाहर फेंक दिया। हशमत जासूसी करने लगे कोई एक शख़्सियत, एक शक्ल, एक काया, कोई एक गरमाहट जज़्बातों की—

हमने छेड़ा—'ये सब तो बड़ी-बड़ी काले-गोरे के भेद-भाववाली गंभीर बातें हैं। जाने से पहले कोई रंगीन याद, एक ख़ूबसूरत तसवीर या कोई इनसानी रिश्तों को मज़बूत करता इक्का-दुक्का वाक़या ज़रूर बता के जाओ। नहीं तो अंग्रेज़ी के मुरीद होने के नाते हमारा विश्वास कॉमनवेल्थ-परिवार में ख़त्म हो जाएगा।'

महेन्द्र भल्ला का चेहरा एकाएक खुल गया। खिल उठा। आवाज़ तरल हो उठी—'बताने को तुम्हें कुछ भी गढ़कर बता सकता हूँ। जो उपन्यास लिखकर ख़त्म किया है, उसमें से कुछ भी दुहरा सकता हूँ, पर अगर सच पूछो तो वहाँ का सब्ज़ा है, हरी घास है, जो मेरे दिल-दिमाग़ में लिपटे पड़े हैं। क्या हरियाली! क्या तरावट! क्या-रंग! जब से लौटा हूँ, यहाँ उसे देखने को ये आँखें तरस गई हैं।'

'जिनकी ज़मीन में, धरती में, इतनी हरियाली है दोस्त, वे लोग दिल से इतने सूखे क्यों हैं?'

महेन्द्र भल्ला ने एक तीता-खट्टा क़हक़हा लगाया और नफ़रत की हलकी-हलकी आँच में पका हुआ एक जुमला हमारी तरफ़ फेंक दिया—

'यार, गोरे लोग सब्ज़ा उगाकर ख़ुद ही उसे देखते रहना चाहते हैं। काली नज़रें उसे देखें, सराहें—यह उन्हें बर्दाश्त नहीं!'

पलक झपकते हशमत ने भल्ला के नए उपन्यास 'दूसरी तरफ़' की जिल्द देख ली। यही वह 'दूसरी तरफ़ है, जहाँ महेन्द्र भल्ला अपनी मर्ज़ी से क़ैद हैं। उपन्यास लिख डालने के बाद क्या वह अब तक छुटकारा नहीं पा सके? मगर क्यों?

कॉफ़ी-हाउस से निकल हम लोगों ने क़रीब दो घंटे के बाद फिर हाथ मिलाया तो भल्ला ने हमें इनाम देने के अंदाज़ में धीरे से कहा—

'इन दिनों बंदा 'इस तरफ़' से जूझ रहा है। देखें यहाँ के गर्द-गुबार क्या रंग लाते हैं!'

हशमत ने बिना सोचे-समझे ऐन मौक़े पर इस मुलाक़ात की पहली चिकोटी काटी—'महेन्द्र यार, हर रोज़ क़लम ज़रूर धो डाला करो। यह न हो कि यहाँ-वहाँ के दोनों रंग एक-दूसरे पर चढ़ते जाएँ।'

महेन्द्र न हँसे, न ठहाका लगाया। बराबरी से देखा और दोस्ताना आवाज़ में कहा—'इतनी तल्ख़ बात कहने के लिए शुक्रिया। तुम्हारे कहे मुताबिक़ हर दिन इसे याद रखूँगा ज़रूर, मगर यह तो बता दो कि इतनी गहरी छिपी चोट तुम्हें मुख पर क्यों करनी पड़ी! आज तो मेज़ की तरफ़ जाने का मेरा जोश ख़त्म कर दिया दोस्त!'

हमने महेन्द्र के कंधे पर हाथ रखा—

'यार, तुम वहाँ से हारकर लौट आए हो, मैंने तुम्हें इसके लिए माफ़ नहीं किया।' महेन्द्र एकाएक दोनों मुल्कों के विशेष जानकर हो उठे। बड़ी दानाई से कहा—'दोस्त, गैर-मुल्क में किसी भी प्रवासी के हारने के, हार जाने के कोई अर्थ नहीं होते! वह वहाँ जीत सकता ही नहीं।'

रतीकान्त झा

चेहरे बेशुमार हों तो भीड़ बनती है। भीड़ बन जाती है तो चेहरे गुम हो जाते हैं भीड़ में। चेहरे-चेहरे और चेहरे। कई बार देखे ऐसे चेहरे जो भीड़ में छँटकर अलग हो जाते हैं लेकिन याद दिलाते हैं सिर्फ़ भीड़ की। कुछ ऐसे भी जो भीड़ में ही पहचाने जा सकते हैं, मगर भीड़ नहीं बन सकते। हशमत ने ऐसे चेहरे भी देखे जो ख़ुद भीड़ हैं मगर भीड़ में के नहीं हैं। कई बार बहुत बड़ी पंक्ति में बँधे चेहरे कुछ ऐसे उजागर होते हैं कि गिनती की सारी सामर्थ्य, विद्रोह और ताक़त उनकी शख़्सियत में देखे जा सकते हैं। अमूमन यही वे चेहरे होते हैं जो भीड़ से निथरकर ऊपर आते हैं। मुश्किलें अबूर करते हैं और भीड़ की रहनुमाई कर दिखाते हैं। भीड़ को सिर्फ़ एक चेहरा समझकर, एक-न—एक इंक़लाब तक कर डालते हैं।

यह कभी-कभार होता है मगर भीड़ बराबर बनी रहती है, बरक़रार रहती। पुरानी पीढ़ियाँ पीछे सरकती जाती हैं और नई उसी तरह, उसी जगह इकट्ठी होती चलती हैं।

साहिब, अपने तईं हमने भीड़ों को बहुत नज़दीक से जाना नहीं है। मगर हुआ कुछ ऐसा कि भीड़ का ख़याल लगातार अपने ख़यालों से बँधा रहा। आँखें पहचान में लगी रहीं। कोशिश सिर्फ़ इतनी कि जिन्हें देखें उन्हें पहचान भी डालें।

इस हफ़्ते जो चेहरा भीड़ में से उभरा-आपकी खिदमत में पेश है। जनाब का नाम श्री रतीकान्त झा। मैथिल ब्राह्मण, रहनेवाले जोगियार, उत्तर बिहार।

रंग साँवला। चेहरे पर नई दुनिया देखने की चमक। माथे पर सँजोया हुआ आत्मविश्वास जो राजधानी में पहुँचने के बाद उन्हें हर दिन ज़्यादा-से-ज्यादा मिक़दार में चाहिए।

हज़रत से हमारी मुलाक़ात एक लायब्रेरी के स्टैक-रूप में हुई। किताब के पन्ने पलटते-पलटते देखते क्या हैं, झा साहिब बड़ी तेज़ी से आस-पास के लोगों से बेख़बर फाइल पर नोट लिये जा रहे हैं।

कुछ और नौजवान चेहरे भी मेज़ पर आँखें गड़ाए बैठे थे मगर इन साहिब का अंदाज़ कुछ ऐसा कि मसरूफ़ियत में वक़्त को पी डालना हो!

हशमत ने गौर किया, किसी खुले आसमानवाली जगह का यह रंग यक़ीनन महानगर में अपने पाँव जमाने की कोशिश में लगा है। एक बात और तय है कि लायब्रेरी के साज़-सामान के बीच यह किसी ख़ालिस विद्यार्थी का पढ़ाकू अंदाज़ नहीं-एक ताज़ी गंभीरता है जो ओढ़ी नहीं जा सकती, यह सिर्फ़ जिंदगी के यथार्थ से पहली मुलाक़ात पर ही आती है।

दिल-ही-दिल तहैया किया कि पूछकर एक कहानी, एक जिंदगी, एक कोशिश सही करने में कोई हर्ज़ नहीं।

सो साहिबान, मौक़ा पाते ही हमने उनसे दो-चार छोटे-मोटे सवाल कर डाले!

जवाबों पर गौर किया तो उत्तर बिहार से पहली नौकरी पर आए रतीकान्त का चेहरा फैलकर एक नौजवान भीड़ का चेहरा बन गया। एक वर्ग, एक पीढ़ी, एक संघर्ष। आस्थाएँ, परेशानियाँ और महत्त्वाकांक्षाएँ!

उनसे गुफ़्तगू करने पर न हमें हैरानी हुई, न परेशानी। एक बात साफ़ होकर यह उभरी कि देश भर के दूर-दराज़ गाँवों से, क़स्बों से जो पौध महानगरों में जीविका के लिए चली आ रही है वह अपने साथ एक ख़ास क़िस्म की सादगी (पोशाक की नहीं, मिज़ाज की), व्यवहार में अपनापे की गंध और एक अछूता सहजपन उठा लाती है! यह और बात है कि महानगरों में पहुँचकर शहरियों के हथकंडों से बचने और मौक़ा पड़ जाने पर सामना करने के लिए, ये गाँव—कस्बों के बेटे अतिरिक्त चौकन्नेपन का घोल प्रस्तुत करने लगते हैं।

तौर-तरीक़े में कुछ ऐसा भी तेवर कि भैयन, शहर की चालाकी-बदमाशी हम सब समझते हैं। कुल मिलाकर यह लुनाई एक अजीब रंग पैदा करती है और आप क़रीब मील-भर से इसकी झलक पा लेते हैं।

इस रंग की झलक जोगियार के रतीकान्त झा में भी है। एक साथ कुछ नया बन जाने का उत्साह और किसी बीते हुए अतीत को दिल की गहराइयों में सँजोकर रखने की कोशिश भी।

गाँव की, बचपन की पुरानी यादें सिर्फ़ मन के एकांत में, सिर्फ़ दिल में-कहीं और तो वे बिलकुल बेमानी मालूम देती हैं!

रतीकान्त साहिब राजधानी में पहुँचे फ़रवरी '73 में। जोगियार से मैट्रिक पार कर गुहाटी से इंटर किया। आर्थिक उलझनों के कारण पढ़ाई बीच में छोड़ नौकरी ढूँढ़ ली! यू.पी.एस.सी. द्वारा आयोजित परीक्षा में बैठे, सफल हुए और चुन लिये गए। दिल्ली पहुँचे। नियुक्ति हुई। अब सवाल यह कि कहाँ ठहरें, कहाँ रहें!

एक गाँव-भाई से मुलाक़ात हो गई। साहब नारायणा में रहते थे और टैंपू चलाया करते! दो-चार दिन उनके साथ टिके।

रतीकान्त का कहना है कि जैसे ही कोई नया मुर्गा फँसता है, लोग उससे रुपया ऐंठना चाहते हैं। नारायणा छोड़ बिड़ला मंदिर की ओर मुँह किया। धर्मशाला में बरात डेरा जमाए थी सो वहाँ से भी उखड़े! दफ़्तर नया काम नया। सीट नहीं और रिहायश का इंतज़ाम नहीं।

यहाँ पहुँचे रतीकान्त की मदद को एक मद्रासी साहिब, जिन्होंने मेहमान जोगियार को हफ़्ता-भर घर पर रखा और घर ढूँढ़ने में इनकी मदद की।

इन मद्रासी साहिब के लिए रतीकान्त के दिल में बड़ी इज़्ज़त है और उन्हें यह मन-ही-मन बड़ा भाई मानते हैं।

दौड़-धूप करके मकान ढूँढ़ लिया गया। एक कमरा। बस्ती का नाम—अलीगंज! उन्हीं के शब्दों में—

'हशमत साहिब, दिल्ली को देखकर क्या कोई अंदाज़ा लगा सकता होगा कि अलीगंज-जैसी कोई बस्ती भी यहाँ होगी? नालियाँ, गंदगी, मक्खियाँ! फिर

भी शुक्रगुज़ार हूँ कि रिहायश के लिए कमरा है। चिट्ठियाँ पाने के लिए पता!'

हम मन-ही-मन कमरे का खाका बनाने लगे! पूछा—'कमरे में क्या-कुछ जुटाए हुए हैं?'

रतीकान्त हमारा मतलब फ़ौरन भाँप गए। (क्यों न हो, गुहाटी में पढ़े हैं। फिर जोगियार भी बहुत छोटी जगह नहीं!)

'जी, एक कपड़ोंवाला बक्स, बिस्तर चारपाई, कुछ किताबें, स्टोव और कुछ बर्तन!'

हमने उनके 'टेरीकौट' के कपड़ों पर नज़र मारी—'धुलाई वगैरह?'

'जी, मैं ख़ुद करता हूँ। कोई ज़हमत नहीं। आप चाहें इसे फैशन समझें पर इन कपड़ों से बहुत सहूलियत रहती है।

ज़रूर रहती है साहिब! हमने मन-ही-मन मज़ा लिया कि दोस्त, टेरीकौट पहनो और शहराती बनो! फिर महानगर के असली बाशिंदे हो जाने के बाद दुबारा शुरू करना मोटे-गाढ़े कपड़े।

हमने मन-ही-मन हिसाब लगाया कि पोशाक और सामान्य शिष्टाचार से अलग हटकर बाहरवालों को महानगरों के 'इलीट-स्तर' पर पहुँचने के लिए कितना वक़्त चाहिए होता होगा!

रतीकान्त साहिब ने यह कहकर हमें खुश किया कि वह अपने घर की सफ़ाई ख़ुद करते हैं। एक कमरे को झाड़ने-बुहारने के लिए वह बेकार में पाँच रुपया देना पसंद नहीं करते। हाँ, काम की चीज़ों के लिए खुले हाथ से ख़र्च कर लेते हैं। वह ढंग से अपना खर्च तो चलाते ही हैं, घर पर भी रुपया भेजते हैं। बड़े परिवार में वह सबसे छोटे भाई हैं।

हमारी तबीयत हुई कि हम रतीकान्त को शाबाशी दें मगर चुप रहे। मन में कहा—हिंदुस्तान के अच्छे बेटो, छोटे-मोटे विद्रोहों के बावजूद तुम्हारे सलूक अपने परिवारों से अब भी अच्छे हैं। सच तो यह है कि अपने यहाँ के बेटे काफ़ी गहराई से परिवार से जुड़े रहते हैं। लेकिन दूसरा पहलू—जुड़े रहने में बेबसी, तंगी। अनमेल विवाह और दहेज की माँग पर बुजुर्गों के सामने लड़कों की चुप्पी।

'हशमत साहिब, इस बार इतना पानी पड़ा कि खेती पर खर्चा बढ़ गया। माँ की चिट्ठी आई और रुपया तत्काल भिजवाना पड़ा!'

हमने टोहने के लिए पूछा—'परदेस में अचानक ऐसी माँग आने पर आपको परेशान होना पड़ा होगा?'

'जी नहीं, परेशानी का सवाल ही नहीं। यह काम तो करना ही था!'

'रुपया क्या मनीऑर्डर से भिजवाया करते हैं?'

'पहले मनीऑर्डर से, मगर अब नहीं। हर माह सौ रुपए भेजने पर साल भर में कितना ऊपर लगता! इस झंझट से बचने के लिए रुपया गाँव के पोस्ट ऑफिस में जमा करवा दिया है—हर महीने माँ पा जाती हैं!'

हमारी आँख के आगे रतीकान्त की माँ का अक्स झिलमिलाया। दिल्ली से कोई लड़की ब्याह ले जाने पर क्या रतीकान्त इस माँ के पास खुशी-खुशी हलके दिल जा सकते हैं!

एकाएक यह ख़याल कौंधा कि कौन जाने रतीकान्त की शादी पहले ही हो चुकी हो!

घुमा-फिराकर पूछा—'क्यों साहिब, आप अपनी पसंद से शादी करना चाहेंगे कि अपने परिवार की!'

रतीकान्त दहेज-प्रथा पर कुछ कहने लगे।

हमने मज़मून बदल दिया।

'हाँ, आपके खाने का क्या प्रबंध है? खाना ख़ुद पकाते हैं या किसी मेस में...?'

'बिहार के मैथिल ब्राह्मणों का प्रिय भोजन चिउड़ा-दही और चीनी खाता हूँ। रोटी की जगह चावल पसंद करता हूँ। बनाने में भी सुविधा रहती है। मकान मालिक के पास भैंस है, सो सुबह आध सेर दूध ले लेता हूँ।'

'दिन में चाय?'

'जी नहीं, बिलकुल नहीं। चाय-सिगरेट की आदत को मैं अच्छा नहीं समझता।' 'सुबह कुछ कसरत-व्यायाम करते हैं?'

'योग का अभ्यास करता हूँ। शाम को लंबी सैर। वैसे साइकिल पर आता—जाता हूँ।'

'पिक्चर-नाटक देखते हैं?'

'कभी-कभार। अक्सर नाइट ड्यूटी होने से इतना मसरूफ़ रहता हूँ कि वक़्त नहीं मिलता। आपसे क्या छिपाना, अभी नाटक कोई नहीं देख पाया।'

'आपके मनपसंद अभिनेता-अभिनेत्री?'

'आम लोगों से दिखनेवाले अमिताभ बच्चन और जया भादुड़ी। सच कहूँ तो अभी तो वक़्त का अच्छे ढंग से इस्तेमाल करना चाहता हूँ। एक ही तमन्ना है कि कुछ बन सकूँ।'

हशमत के कान खड़े हुए!

क्लर्क की सीट से कहीं भी पहुँचने के लिए कितने मीलों की दूरी है—यह क्या रतीकान्त साहिब को मालूम नहीं है! ज़रूर मालूम होगा, दफ़्तर में काम करते हैं।

'साहिब, यह तो बताइए कि आप जिंदगी में क्या बनना चाहते हैं? कहाँ पहुँचना चाहते हैं? कोई मंज़िल तो आपके ज़ेहन में होगी?'

रतीकान्त साहिब आत्मविश्वास से बोले—'हशमत साहिब, आप मुझ पर भले हँसें लेकिन मैं कम्पिटीशन में बैठना चाहता हूँ। क्लर्क की नौकरी कर लेने पर मेरे गाँव में कुछ अच्छी प्रतिक्रिया नहीं हुई। दरअसल मुझे एक अच्छा विद्यार्थी समझा जाता था। यह भी कि कुछ बनकर दिखाऊँगा। जानता हूँ—मेहनत करूँगा और आगे बढ़ूँगा। कम्पिटीशन में बैठूँगा ज़रूर!'

उस एक लमहे में हमने देखी हिंदुस्तानी मिज़ाज में धँसी अहलकारी और अफसरशाही।

नंबर एक पेशा—अफसरी, बाक़ी सब-दोयम।

इधर हशमत यह सोच रहे हैं, उधर रतीकान्त झा रौ में गुहाटी विश्वविद्यालय की छात्रा अनुराधा मजुमदार और इस बार आई.ए.एस. में टॉप करनेवाली किरण बतूरा का नाम ले रहे हैं।

हम अनमने-से रतीकान्त का चेहरा देखते चले। क्या रतीकान्त-जैसे हज़ारों

नौजवान जिंदगी में अपनी महत्त्वाकांक्षाओं को पा सकेंगे? योग्यता के बल पर मनचाहा भविष्य बना सकेंगे?

बातचीत के दौरान हमें बराबर लगता रहा कि माल अच्छा हो तो आप उसे कैसे भी ढाल सकते हैं।

'आप किस तरह का साहित्य पढ़ना पसंद करते हैं?'

'इतिहास मेरा प्रिय विषय है। जीवनियाँ पढ़ता हूँ। (रतीकान्त बी.ए. पार्ट-टू कर रहे हैं नौकरी के साथ-साथ)। पत्र-पत्रिकाएँ भी।'

'किस क़िस्म की पत्रिकाएँ पढ़ते हैं आप?'

'मैं मैगजीन क्लब का सदस्य हूँ। क़रीब आधा दर्जन पत्रिकाएँ नज़र से गुज़रती हैं...।'

हमने ख़ासतौर पर नोट किया कि रतीकान्त ने हिंदी पत्रिकाओं के नाम नहीं लिये। पढ़ते ज़रूर होंगे, उनका माध्यम हिंदी है।

'आपने कुछ हिंदी उपन्यास पढ़े होंगे?'

'बहुत पढ़े हैं पर इस वक़्त नाम याद नहीं। (हिंदी लेखक इस पर गौर करें, प्रकाशक भी!) हाँ, प्रेमचन्द सब पढ़ा है। नेपोलियन की जीवनी मुझे बेहद पसंद है। उसने अपनी जिंदगी में यह साबित कर दिया कि आप अगर किसी काम में लग जाएँ तो मंज़िल ज़रूर पा जाएँगे।'

'नेपोलियन की पराजय के बारे में भी क्या आप कुछ कहना चाहेंगे?'

'क्यों नहीं हशमत साहिब, नेपोलियन की पराजय दरअसल पराजय नहीं है। उसमें एक जी हुई जिंदगी की वह तड़प है जो आज भी जिंदा है, जिंदा रहेगी।'

दोस्तो, यह सुनकर एक बहुत बड़ी भीड़ के ख़्वाब निखरकर हमारे सामने आ गए।

कोरे आदर्श, थोथे नारे और झूठी उम्मीदों के नाम पर कौन पुरानी जिंदगी से चिपका रहेगा!

हम आप और रतीकान्त झा जिंदगी में सिर्फ़ सोचना नहीं चाहते, जीना चाहते हैं। काम करना चाहते हैं। कामयाब होना चाहते हैं।

ख़्वाब भी देखा तो ऐसा

घंटों बाद जब बिजली आई तब हमने किताब बंद कर दी और ऐन पंखे के सामने लेटकर आँखें मूँद लीं। बिजली का क्या एतबार-इस पल है और अगले पल नदारद। सो मियाँ हशमत, जब तक है सो लो, ठंडी हवाओं का मज़ा ले लो।

ज्यों ही आँखें मूँदी, बिना 'तीव्र-मुद्रिका' का टिकट लिये चाँद पर जा पहुँचे। ख्वाब भी देखा तो ऐसा ख़ुशगवार कि पच्चीस साल के बाद राजधानी की साफ़-शफ़्फ़ाफ़ बस सर्विस को हमने अपनी जिंदगी में ही देख लिया।

हमने देखा कि लायब्रेरी जाने के लिए डी. टी. सी. की मशहूर नंबर 210 के इंतज़ार में खड़े हैं। बस स्टैंड रंग-रोगन से लिपा-पुता। दोनों तरफ़ गुलदाउदी की लतरें। बदरंग ड्रमों में नहीं, बढ़िया सफ़ेद पत्थर के गमलों में। ताज्जुब कि गमलों में कत्थे के छींटे कहीं नहीं। छँटी-छँटाई बेलें हवा में झूलती-फूलतीं।

न पान की पीकें, न गंडेरियों के छिलके, न खँखार, न पेशाब की बदबू, न खंबों पर तेल की चिकनाहट। सच पूछिए तो हमें बार-बार यह शक हो कि में क्या वाक़ई हम हिंदुस्तान में हैं। लगता तो यह है कि किसी दूसरे मुल्क हैं।

दस-पंद्रह मुसाफ़िरों की क़तार बिना किसी हड़बड़ी और घबराहट के ऐसे इत्मीनान से खड़ी है, गोया अपने-अपने घर की गाड़ियों का इंतज़ार हो। न बहाने-बहाने दूसरे की जगह लेनी, न सरक सरक अपना नंबर आगे करना, न किसी भी बस की आवाज़ आते ही बदहवासी की हालत में दौड़-दौड़कर पटरी से नीचे उतरना, न बस के धुँधले-मद्धम बोर्ड पर लिखे बस नंबर के

लिए आँखें खपाना, न घबराहट में लोगों से पूछना—क्यों साहिब, कौन-सा नंबर है? कहाँ जाएगी?

लीजिए आ गई 210। वाह वाह, क्या बसं है! किसी प्राइवेट कंपनी की 'लक्जरी' बस मालूम देती है। ज़रूर ऐसी सजी-सजाई-सुथरी बसों में हवाई मुसाफ़िर बैठते होंगे।

हैरत तो हमें तब हुई जब बस को आते देख न कोई दौड़ा-न भागा। अलबत्ता हमने अपना पुराना इंतज़ारी-दिल ज़रूर थाम लिया। जो भी हो यह बस डी. टी. सी. की नहीं हो सकती। बस की काठी नई-नकोर, पालिश चमचम खिड़कियों के काँच साफ़, परदे इतनी तमीज़ और क़रीने से लटकाए हुए कि अचंभा हो। ड्राइवर साहिब अपनी वर्दी में मुस्तैद। मूँछों तक में एक सलीक़ा। फ़ुटबोर्ड पर खड़े कंडक्टर साहिब ढंग की वर्दी पहने बिलकुल टिच्च। सुबह की हजामत। न मुसाफ़िरों पर डाँट-फटकार, ताने-तिशने, न हीलो-हुज्जत। इतने में देखते क्या हैं कि बिना रेल-पेल के सब मुसाफ़िर सुभीते से 210 के अंदर। अंदर का आलम यह कि हैंडल चमचम, सीटें ऐसी साफ़ कि जैसे अभी ही बनकर आई हों।

फ़िर वही पुराना शक गुज़रा कि हो न हो, कहीं घपला ज़रूर है। न गर्द, न धूल, न रैक्सीन फटी हुई, न डनलप उखड़ा हुआ।

इस नई तसवीर ने हमारी सारी शिकायतों का अर्क ही खींच दिया। साहब,

डी.टी.सी. के नाम पर कहीं कोई इंक़लाब तो नहीं हो गया! 'परिवहन 'के इंतिज़ामात किसी दूसरी अंडरटेकिंग के हाथ में तो नहीं चले गए! सोचते-सोचते हशमत बीच ही में उतर पड़े। यह मालूम तो करें कि क्या सचमुच ही डी.टी. सी. में कोई नया दौर शुरू हो गया है। ज्यों ही हम स्टैंड पर खड़े हुए, यके-बाद-दीगरे बसों पर बसें निकलती चली गईं। वाह साहिब, वाह, क्या वक़्त की पाबंदी है! हमने दिल-ही-दिल फ़ैसला किया—101 लेकर भी देखो। लोगों की आँखों में धूल तो नहीं झोंकी जा रही। मुश्किल से दो-चार मिनट इंतज़ार किया होगा कि सामने बस आ गई। खड़े होने से पहले बस के पिंजर ने न घिसट-घिसट चीं-चीं आवाज़ की, न हमने ही कानों पर हाथ दिए।

क्या कहने हैं साहिब, सगुणों की नंबरवाली इस बस के! किसी तहज़ीब-याफ़्ता औरत की तरह ख़ामोशी से पास आकर खड़ी हो गई।

हमने टिकट लिया और आराम से जाकर सीट पर बैठ गए। अचानक फिर दिमाग़ में वलवला-सा उठा और हम उचक-उचककर देखने लगे। अभी भीड़ आएगी, औरतों को धक्के लगेंगे, मर्दों की जेबें कटेंगी—मगर साहबान, कुछ न हुआ।

किसी के ट्रांजिस्टर की हलकी हलकी धुन कोनों को सहलाने लगी। नग़मा तो बड़ा पुराना है। उन दिनों बहुत मशहूर था जिन दिनों हम लाल क़िले के बस-स्टाप पर खड़े हुआ करते थे।

क्या समाँ बँधता था वहाँ भी! खींच-मीच, चीं-पो, हाथापाई, बाँहों की खिंचाई, पाँव की मुड़ाई, जेबों की कटाई, बटुओं की उड़ाई—यह था दिल्ली का सरताज बस-स्टैंड लाल क़िला।

'अरे साहिब, मेरा पार्कर, मेरा बटुआ, अजी मेरी घड़ी, कंडक्टर साहिब, रोकिए, रोक लीजिए—वह भाग रहा है पाकेटमार! वह जा रहा है...' इतने में कंडक्टर साहिब सीटी बजाते—'उतर जाओ, उतर जाओ...इस झमेले में अपनी कोई ज़िम्मेवारी नहीं। आख़िरी बस है भाईजान, लोगों को पहुँचाने दो अपनी लुगाइयों के पास।'

वही धुन, वही स्टैंड। लाल क़िले पर उन दिनों बैंडवाले भी बार-बार यही धुन बजाते तो हशमत अक्सर सोचा करते कि हो-न-हो जेबकतरों के टोले ने ज़रूर बैंडवालों से साँठ-गाँठ कर रखी है। जैसे ही बस रुकती, धुन तेज़ होती, फिर हाथापाई और धक्के-मुक्के। बस के चलते-चलते लोगों की घड़ियाँ-चूड़ियाँ और मालाएँ साफ़ होती जातीं।

और आज, आज ज़मीन-आसमान का फ़र्क़। हमसे न रहा गया। बेइख़्तियार पूछ ही जो लिया—

'क्या कंडक्टर साहिब, क्या बसों की धुलाई-पुँछाई अब हर रोज़ होने लगी है?'

कंडक्टर साहब ने चौंककर देखा—'साहिब, यह तो रोज़मर्रा का रुटीन है, ऐसा सवाल क्यों!'

'कंडक्टर साहिब, किसी ज़माने में डी. टी. सी. की बसें इतनी गंदी रहा करती थीं कि इनकी झाड़-पोंछ बेचारी सवारियों की पोशाकों से ही हुआ करती थी।'

कंडक्टर साहिब ने, जिनकी लंबी क़लमें उनके चेहरे पर ख़ूब जँच रह थीं, हमें अजीब नज़र से देखा—'माफ़ कीजिएगा साहिब, किस ज़माने की बात कर रहे हैं। हमारी पूरी फ्लीट तो हर रोज़ रात को धोई-पोंछी जाती है।'

हशमत सोचने लगे अब और क्या हुज्जत करें कि देखा एक बूढ़ी अम्मा फ़ुटबोर्ड पर पाँव रख बस में चढ़ने की कोशिश कर रही हैं। कंडक्टर साहिब ने लपककर उन्हें सहारा दिया, बिठाया और शाइस्तगी से पूछा—

'अम्मा, कहाँ जाइएगा?'

'क्या बताऊँ बेटा, लड़के का आफ़िस किसी पुल के पास है। कोई अच्छा-सा नाम है, याद तो नहीं आ रहा...'

'शायद आपको इंद्रप्रस्थ इस्टेट उतरना है। देखकर तो जगह पहचान लेंगी न?'

'पहचान तो लूँगी—'

हशमत के दिमाग़ में ऐसी खलबली मची कि न पूछिए। क्या डी.टी.सी. का ठेका किसी प्राइवेट फर्म को दे दिया गया है! कि डी.टी.सी. के मुलाज़िमों

द्वारा इस्तेमाल होनेवाली जुबान पर सरकार ने कोई ऑर्डिनेंस जारी किया है।

साहिब, कहाँ औरतों को 'ओ माई, ओ बुढ़िया' कहकर आवाज़ें देना और कहाँ यह शाइस्तगी।

इंद्रप्रस्थ इस्टेट पर बस रुकी तो कंडक्टर साहब ने अम्मा को नीचे उतारा और किसी भले-मानस से ताकीद की—'भाई साहिब, इन्हें ज़रा पार करवा दीजिएगा।' खट् से ज्यों बस स्टैंड से चली—बिजली गुल और पंखा बंद। लीजिए हो गई शुरू दूसरी पारी पॉवर-शेडिंग की।

हशमत बौखलाए-से उठ बैठे। बाहर गर्दो-गुबार के आसार। पानी पीकर फिर किताब खोली कि कुछ देर पहले का हसीन वही ख़्वाब दिमाग़ को खटखटाने लगा।

क्या बसें थीं! क्या सफ़ाई! क्या कंडक्टरों की जुबान की मिठास! क्या चमक-दमक। पाँव के नीचे नायलोनियम के फ़र्श-खिड़कियों के परदे-छत पर पंखे।

यह ख़्वाब नहीं हो सकता, यह हक़ीक़त है, हक़ीक़त...

हशमत की खोपड़ी कुलबुलाने लगी और पाँव के तलवों में खाज होने लगी। फट्ट से चप्पल पहनी और घर के पासवाले बस स्टैंड पर जा खड़े हुए। भीड़ नहीं थी। 110 डिग्री गर्मी में कौन सिरफिरा बाहर जाएगा। कड़कती गर्मी में हशमत ने छाँह ढूँढ़ी तो शेड नदारद। पटरी पर धूल-ही-धूल, पास बहती गंदी नाली। उसी के किनारे बिकता गन्ने का रस।

दिल हुआ हशमत गला फाड़कर आवाज़ दें और गाली निकालकर कहें—अबे ओ हिंदुस्तान की औलादो, कुछ तो गंदगी और जरासीमों से डरा करो—कम्बख़्तो, तुम्हें क्या हर बीमारी से इम्युनिटी हो चुकी है!

अचानक देखते क्या हैं—सामने बेवा हो गई किसी पुरानी खातून की तरह नंबर 9 बस चली आ रही है। हमने बहुतेरे हाथ दिए, पर कंडक्टर साहिब शायद गर्मी में ऊँघ गए होंगे। न बस रुकी, न हम चढ़े।

मुँह बाए खड़े ताकते रह गए। क्या करते साहबो—नींद गई ख़्वाब गया, सफ़ाई की झलक गई। रह गए हम और पसीने में लथपथ हमारे कपड़े।

भुनभुनाते घर पहुँचे और किसी दिलजले समाज-सेवी की तरह काग़ज़ पर्चा निकालकर इश्तहार लिखने बैठ गए—

'ज़रूरत है डी.टी.सी. के अलग-अलग रूटों पर रोज़मर्रा सफ़र करनेवाले सफ़ाईपसंद मुसाफ़िरों की, जो छुट्टी के दिन अपने-अपने रूटों पर चलनेवाली बसों की सफ़ाई करने को तैयार हों।

'याद रहे, इस काम में सहयोग देनेवाले उत्साही कार्यकर्त्ताओं के नाम नगरपालिका के ज़रिए 'परिवहन-श्री' के लिए नामज़द किए जाएँगे।'

एक शाम

तारीख़ — 14 जून, 1975

मुक़ाम — शीला और भीष्म साहनी का घर

मुअज्जिज़ मेहमान — जनाब पी. ए. बारान्निकोव

मौजूद दोस्त — श्री और श्रीमती श्रीकान्त वर्मा
श्री और श्रीमती राजेन्द्र यादव (मन्नू भण्डारी)
श्री और श्रीमती अजित कुमार (स्नेहमयी चौधरी)
श्री निर्मल वर्मा
श्रीमती उषा प्रियंवदा (उषा नेलसन)
श्रीमती मीरा कालिया
श्री रोमी खोसला, श्रीमती कल्पना खोसला, इन दोनों के साहबजादे मार्तण्ड बहादुर और मार्तण्ड साहिब के निशानेबाज़ मामूजान श्री वरुण साहनी।

दोस्तो, गर्मी और उमस के बावजूद भीष्म के घर में यह शाम कुछ इतनी ज़िंदा रही कि हशमत ने ज़रूरी समझा कि इसका ब्यौरा आपकी ख़िदमत में पेश कर दिया जाए।

हाँ, आप लोगों को कहीं मुगालता न हो जाए कि इस पार्टी में हशमत किस हैसियत से थे, सो आपको असलियत बता दें।

हक़ीक़त यह कि अपनी बेगम की मुलाक़ात क्योंकि शीला साहनी से पुरानी है सो उन्होंने हम दोनों को भी दावत दे डाली। झूठ क्या कहें, हशमत दिल-ही-दिल सकुचाते रहे। इतने सारे अदबी दोस्तों का जमघट! साहिब, ऐसे साहित्यिक रौब में हमारे पसीने सूख गए। चौंकिए नहीं, जून के महीने में अमूमन तो सभी के पसीने बहते हैं, इस इंटलेक्चुअल तबके को देखकर घबराहट में हमारे पसीने सूखने की यही वजह थी।

हाँ, चाय को तरतीब दी शीला साहनी और भीष्म साहनी ने।

मोतीचूर के लड्डू, नमकपारे, नमकीन दाल—पतीसा और भुने हुए चने। चौंकिए नहीं, जनता के इस खाजे की किसी मेहमान ने न अवज्ञा की और न 'इगनोर' ही मारा।

हशमत ख़ुश हुए। यूँ तो ड्रिंक्स के साथ चने सर्व करने का चलन हमने कई प्रोग्रेसिव घरों में देखा, लेकिन चाय में शामिल कर शीला साहनी ने चने चबेने का रुतबा ऊँचा कर दिया।

सफ़ेदपोशी में शामिल करने के लिए भुने हुए चनों की बिरादरी और भड़भूजों की ओर से साहनी-दंपति को मुबारकबाद। एक ढंग से इसे जनता की ख़िदमत ही समझिए। हमें फ़ौरन सूझा कि अगर राजनीति में जाना पड़ा तो हम यही नारा जनता के सामने रख देंगे। जनता का चारा चना-चबेना!

लीजिए—चाय शुरू होने को है। हाथ अपनी-अपनी पसंद की चीज़ों के

क़रीब पहुँच रहे हैं। एकाएक प्लेटों में चमचों की खनक ठहाकों में गुम हो गई। मज़मून सुनकर हशमत सकते में आ गए।

बड़ी-बड़ी रौबीली आधुनिक बीमारियों के नाम कुछ इस ढंग से उछाले जा रहे थे मानो स्पोंडीलाइटस, कोलाइटस, गैस्टरोटाइटस बीमारियों के नाम नहीं इनाम हों—राज्य सरकारों, अकादमियों और छोटी-मोटी साहित्य परिषदों के। सच कहें दोस्तो, हम तो दिल-दिमाग़ दोनों से उखड़ गए। बीमारियाँ कोई साहित्यिक या व्यक्तिगत विज्ञापन नहीं, इनाम-पुरस्कार भी नहीं कि आप धड़ल्ले से चाय पर उनके चुनिंदा 'डीटेल्स' ब्रॉडकास्ट करते चलें। बीमारियों से बीमारियों की चोंच लड़ाते जाएँ।

राजेन्द्र साहिब यादव ने हँस-हँसकर श्रीकान्त साहिब पर फ़ब्ती कसी और हँसी के फव्वारों के लिए लोगों के चेहरे टटोलने लगे।

इसी बीच अजित साहिब ने किसी और 'आइटस' का नाम ले मारा।

साहबो, हशमत को शक गुज़रा कि यार लोग या तो कोई मेडिकल डिक्शनरी कंसल्ट करते रहते हैं या फिर अपने-अपने मेडिकल चेप-अप के कार्ड पर दर्ज नामों से आतंकित हो इस तरह की महफ़िलों में उनका तज़किरा करते रहते हैं। वरना क्या बीमारियाँ भी कोई दिलचस्प मज़मून हो सकती हैं हँसी-ठट्टे के लिए। हशमत कुछ देर को अपनी ख़ुद की उम्र भूलकर दोस्तों के चेहरों पर उनकी जन्म-तारीखें टटोलने लगे।

हाय, बढ़ती उमर!

कमरे में मौजूद सबसे छोटे नागरिक 5 महीने के मार्तण्ड साहिब, जिन्हें सन् 1994 में पहली बार अपनी वोट डालने का अख़्तियार हासिल होगा, को देखकर हशमत ने घबराहट से उम्रों का हिसाब ही बंद कर दिया।

उषा प्रियवंदा हलकी नीली चिकन की साड़ी में पीहर में आई ऐसी बिटिया की तरह लग रही थीं जिनके शौहर के घर लौटने के दिन क़रीब आ गए हों। वह उदास थीं—यह सोचकर और भी कि वह इस बार भारत-प्रवास में कुछ न लिख सकीं। हाँ, दो-एक बीमारियों में उन्हें कुछ सोचने-सँवारने

का मौक़ा ज़रूर मिला। हमें लगा, उषा जब विदेश होती हैं तो उन्हें अपने मायके की याद सताती है। जब स्वदेश आती हैं तो बाहर की—सफ़ाई और सुथरे लोगों की।

रूसी भाषा के विद्वान, अनुसंधान संस्थान के प्रसिद्ध भाषाविद् पी.ए. बारान्निकोव जो 'हिंदी पर बहु-भाषीय प्रभाव' पर काम कर रहे हैं, हम लोगों की गुफ़्तगू को बड़ी सरल संजीदगी से सुन रहे थे। चाय पीते-पीते बोले कि 'इस बार के भारत-प्रवास में बोलचाल की भाषा में बड़े दिलचस्प अनुभव हुए हैं। हिंदी भाषा तेज़ी से एक नया मुहावरा, एक नया रूप ले रही है।'

साहबो, हशमत के कान खड़े हो गए। पिछली कुछ देर में हमने यह ताड़ लिया था कि श्री बारान्निकोव की बातचीत में एक ख़ास क़िस्म का सरल व्यंग्य है और टोहनेवाली वह आँख भी है जिसकी मार बड़ी पैनी होती है।

'आप कुछ कह रहे थे!'

'सिर्फ़ इतना ही कि आप लोग न बत्ती बुझाते हैं, न गुल करते हैं। अब आप लाइट 'ऑफ़' करते हैं।'

(हिंदीवालों की ओर से सिर्फ़ खिसियानी-सी हँसी)

'आपको 'बसें' भी 'बाई-चांस मिलती हैं!'

'बाई चांस इसलिए कि 'रेगुलर' नहीं चलतीं!'

(राजेन्द्र यादव का जवाबी हमला—क़रीब-क़रीब मिसफ़ायर)

'आप निमंत्रण या दावतें 'अकसेप्ट' करते हैं या 'रिफ्यूज़' करते हैं। यह भी कहते सुना है कि 'पिछले महीने मेरी 'सिस्टर' की 'मैरिज़' थी।' 'मेरे 'अंकल' की 'डेथ' हो गई है।' 'आज मेरा 'अपॉइंटमेंट' डॉक्टर से है।'

'यह तो सही कह रहे हैं साहब, हमारी बोलियों में इस क़िस्म का प्रभाव जरूर परिलक्षित है।'

'नहीं, सिर्फ़ बोलचाल की भाषा में ही नहीं, साहित्य की भाषा में भी...'

'जहाँ तक मेरा अनुभव है, आनेवाली पीढ़ी में अंग्रेज़ी के प्रति आस्था कम हो रही है। अंग्रेज़ी साहित्य के विद्यार्थी तक यह चाहते हैं कि ज़रूरत महसूस

होने पर अंग्रेज़ी का 'टेक्स्ट' हिंदी में समझाया जाए।' (श्री अजित कुमार)

'ऐसा कहाँ होता है!' (मन्नू भण्डारी)

'आपसे मुत्तफ़िक नहीं हूँ साहिब! आप क्या मुल्क के समूचे ज़ेहन पर छाए पब्लिक स्कूल के मौसमी बुखार को इतनी आसानी से नज़रअंदाज़ कर सकते हैं!'

उषा प्रियंवदा ने, जो एक साथ हिंदी और अंग्रेजी की मिली-जुली तसवीर हैं, बहस में कोई हिस्सा नहीं लिया। ऊब, उदासी या मज़मून का पुरानापन।

हशमत को हैरानी ज़रूर हुई, लेकिन उन्हें उकसाना मुनासिब नहीं समझा।

काले चश्मे में तो राजेन्द्र यादव ने न जाने क्यों भड़ककर श्रीकान्त की तरफ़ एक छोटा-सा तमंचा फेंक दिया—'श्रीकान्त, इलाहाबादवाले फ़ैसले के बाद हिंदुस्तान का क्या होनेवाला है!'

श्रीकान्त हिंदुस्तान की सबसे अजीब हस्ती के खेमे की तरफ़ मुँह रखते होंगे। अजित साहिब ने बीच में ही यादव को टोक दिया—

'हिंदुस्तान का नहीं, वज़ीरे-आज़म का कहो!'

श्रीकान्त बड़े मँजे हुए खिलाड़ी की तरह न उभरे, न उखड़े। संजीदगी से कहा—'एक ही बात है। दोनों को एक-दूसरे से अलग नहीं किया जा सकता।'

सिगरेट पीते-पीते निर्मल वर्मा भी रौ में आ गए—'क्यों साहिब, एक ही बात कैसे है! लोकतंत्र में व्यक्ति के लिए सारे क़ानून और संविधान की लड़ाई को देश भर के लिए चुनौती की शक्ल देना सरासर नामुनासिब है।' (अंग्रेज़ी में)

श्रीकान्त ने इस फ़तवे का जवाब न देकर एक मँजे हुए अख़बारी नामाँनिगार की तरह पेशकश की—'क़ानून का 'क्राइसिस' पैदा कर पूरी राष्ट्र-सत्ता को संकट में डालना कहाँ तक मुनासिब है!'

'ये दोनों चीजें एक नहीं हैं। दो हैं। कोर्ट के फ़ैसले के बाद प्रधानमंत्री को कुछ सोचना नहीं था। सिर्फ़ अपना इस्तीफ़ा पेश कर देना चाहिए था। उन्होंने ऐसा न करके 'ज्यूडिशरी' पर सवाल लगा दिया है।' (निर्मल वर्मा)

'बिलकुल भी नहीं, उन्हें क़ानून की गिरफ़्त में लेने की एक पूरी साजिश है!' (श्रीकान्त)

राजेन्द्र साहिब (यादव)—'यार, कहीं तुम सी.आई.ए. का नाम लेने तो नहीं जा रहे!' (खड़ी बोली आगरा-अंदाज़)

'इस सिलसिले में बातें उभरेंगी और यक़ीनन ऊपर आएँगी।'

'मुझे तो पूरा 'कांड' नाटक मालूम देता है।' (मन्नू भण्डारी)

श्रीकान्त तजुर्बेकार राजनीतिज्ञ की तरह बड़े संयम से हँसे—

'यूँ तो यह भी कहा जा सकता है कि जिसकी शुरुआत राजनारायण की याचिका से हुई वह भी पूरा नाटक ख़ुद प्रधानमंत्री की तसवीर को उजागर करने के लिए ही उनके द्वारा पेश किया गया था।'

'आखिर साहिब, किसी भी मुक़द्दमे में एक मुद्दई, एक मुद्दालह और एक फ़ैसला...'

इस दोतरफ़ा नोक-झोंक में दो दलों का सोचना रफ़्ता-रफ़्ता साफ़ होता चला जा रहा है।

ठीक याद नहीं, किस दोस्त ने कॉफ़ी-हाउसवाला सवाल उछाल दिया—'जुलूस तो बड़े-बड़े निकल रहे हैं—क्यों न हो, जनता प्रधानमंत्री के साथ है।'

निर्मल ने ताज़ी सिगरेट सुलगाई और इंटलेक्चुअल क्रांतिकारी की तरह भड़ककर कहा—

'जुलूस बनाने के लिए सरकारी बसों का इस्तेमाल, इर्द-गिर्द के लोगों को इकट्ठा करने के इंतज़ामात...'

'इंतजामात पार्टी ने किए होंगे, प्रधानमंत्री की सरकार ने ख़ुद नहीं।' 'जनाब श्रीकान्त साहिब, यह एक ही बात है।'

'जी नहीं, एक बात नहीं है।'

अजित साहिब ने तेज़-तर्रारी से कहा—

'फ़ैसले में जो भी कहा गया है, कुछ लोगों के ख़याल में वह गंभीर आरोप नहीं है।'

मौक़ा देख श्रीकान्त ने सिर उठा लिया—

'विरोधी दल का कहना था कि प्रधानमंत्री के चुनाव-क्षेत्र में मंच बनाने का काम पुलिस को क्यों सौंपा गया। (हँसकर) जज साहिब ने इसे मुनासिब क़रार दिया है।'

'दूसरी घुंडी ज़रा टेढ़ी है दोस्त। होगा क्या? सुप्रीम कोर्ट में अपील दाखिल की जाएगी पहले कि बाद में...'

हमने अचानक देखा हम बारान्निकोव के साथ बैठे हैं। पूछा—'क्यों साहिब, क्या इस क़िस्म के या इससे मिलते-जुलते संकट कभी आपके मुल्क में भी पैदा हुए?'

'जी नहीं, हमारे मुल्क में कभी नहीं।'

हशमत की हुब्बुलवतनी छलक आई—'इलाहाबाद फ़ैसले के बाद हमारी जनता में यह विश्वास मज़बूत हुआ कि हमारी लोकतंत्रीय प्रणाली सिर्फ़ दिखावा नहीं, असलियत है। हमारा क़ानून किन्हीं भी दो नागरिकों में भेदभाव नहीं देखता; उनमें से एक चाहे विरोधी दल के नेता हों, दूसरे चाहे ख़ुद प्रधानमंत्री।'

बारान्निकोव साहिब की दूर-अंदेश नज़र हमारे मुल्क का बुनियादी 'क्राइसिस' देखने की कोशिश में है।

'भ्रष्टाचार की वजह से देश की मशीन बीमार है, इसलिए वज़ीरे-आज़म का मंत्रिमंडल से बाहर हो जाना मुल्क-भर के लिए ख़तरे का सायरन हो जाएगा।' सुलझे मेज़बान की तरह भीष्म ने इस बात का रुख पलट दिया—'लेकिन किसी भी चुनाव में खड़े हो सकनेवाली छह बरस की शर्त का क्या होगा? यह एक ऐसी क़ानूनी पेचीदगी है जिस पर शायद इलेक्शन कमीशन को ही ग़ौर करना होगा, और इस क़ानूनी उलझन को अगर प्रधानमंत्री को हटाने के लिए इस्तेमाल किया जाता है तो यह शुबहा होना ग़ैर-वाजिब नहीं कि बाक़ायदा एक षड्यंत्र प्रधानमंत्री के ख़िलाफ़ किया गया है।'

'आसार तो ऐसे ज़रूर हैं कि ऐसा किया गया है।' (रोमी साहिब)

'जो कुछ भी किया जा रहा है उससे हमें बेख़बर क्यों रखा जा रहा है? रेडियो-टेलीविज़न पर राजनारायण साहिब का इंटरव्यू तक नहीं किया गया। टैक्स पेयर को यह हक़ है जानने का कि प्रधानमंत्री के ख़िलाफ़ चुनाव याचिका फाइल करनेवाले को (जो मुक़द्दमा जीत गया है) क्या कहना है, वह क्या सोच रहा है!

'सोचने को साहिब एक शख़्स नहीं सारा हिंदुस्तान सोच रहा है।' (श्रीकान्त की हँसी)

राजनीति की गर्मागर्मी से कट अब एक सुझाव—

'अजित साहिब, एक कविता हो जाए!'

'नहीं दोस्त, याद नहीं!'

'चलिए स्नेहजी, आप कुछ सुनाइए!'

चुप्प-चुपीती हँसी स्नेहमयी की और राजेन्द्र यादव का ठहाका—

'अजित ने जो पंद्रह साल पहले कहा था वह तो आपको याद है मगर कविता की पंक्ति नहीं...' (तालियाँ नहीं, सिर्फ़ हँसी)

'अजित साहिब, शुरू हों—'

'लीजिए साहिब, एक छोटी-सी कविता है—

'आओ, हम फिर से जिएँ
बहता-बहता मेघखंड जो
पहुँच गया है वहाँ क्षितिज तक
लौटा लाएँ उसे।
बहो
फिर से बहो
मंद-मंथर मृदु गति से
शोभावाही मेघ, रसीले मेघ
टूट

जो कथा कही थी
फिर से कहने।
और
अपलक अविचल
हम हशमत
हम उसे निरखते रहे
पियो—
आओ हम फिर से जिएँ।'

भीष्म साहिब ने मीरा कालिया से गाने की फ़रमाइश की।

'लीजिए साहिब, एक ग़ज़ल पेश है—

'ये बेरहमी की अदा नाज़ो इलतफ़ात के बाद
हमारी मौत का पैग़ाम है हयात के बाद।'

'इस बार पंजाबी गीत हो जाए!'

फ़रमाइश राजेन्द्र यादव की। (कुछ मज़ा लेने के लिए)

'वाह साहिब वाह, अच्छा लोकगीत है!—मगर यह तो बताइए 'काशनी' का मतलब क्या है।'

'काशनी ख़ालिस उर्दू शब्द है।'

'माफ़ कीजिए मीराजी, पंजाबी ज़रा मुश्किल से समझ आती है।'

'इसका अपना ही लहजा है। किसी ने पंजाबी में अनुवाद किया था।'

'माइकेल एंजलो दे बारे गल्ला आदियाँ सन जांदियाँ सन।' (श्रीकान्त)

ज़बान के मोटे गाढ़े अंदाज़ पर मध्यप्रदेशी हिंदी हँसी। (हिंदुस्तानी नहीं)

अचानक निर्मल चौंके, जैसे सिगरेट के सरूर से बाहर निकले हों—

'पंजाबी गाना सुनकर मुझे ऐसा लगा जैसे कोई रूसी-गीत हो।'

'दिल्ली और पंजाब में इतना बड़ा फ़ासला तो नहीं साहिब!' (मीरा हैरानी से)

दरारें...दरारें....दरारें

हशमत दिल-ही-दिल हिंदुस्तान की तारीख से मुखातिब—अम्मीजान, हिंदुस्तान इन दूरियों के बावजूद भी क्या कभी एक था!

अम्मीजान—बेटा, अकादमी द्वारा स्वीकृत सभी भाषाएँ और बोलियों की गठरियाँ खोल के रख ले अपने सामने, जवाब मिल जाएगा।

पंजाबी का गीत निर्मल को रूसी गीत लगा। निर्मल दिल्ली-शिमला की पैदाइश हैं। उनका खानदानी शज़रा ज़रूर पंजाबी सूबे को छूकर निकलता है। दिल्ली में उनकी रिहायश के क़रीब ही हैं इस 'लट्ठ मार 'बोली के गढ़। फिर भी उन्हें...

ऊँचे क़हक़हों के बीच हशमत से यह छिपा न रह सका कि हिंदी क्षेत्र की यह सुपरिचित नाटकीय भंगिमा हिंदी की जड़ों पर बुरी चोट करेगी। मगर साहिब, आप पूर्व-ग्रह का क्या कीजिएगा।

इस सिलसिले में हमें फ़िराक़ गोरखपुरी की याद हो आई। उन्होंने ज्ञान-पीठ पुरस्कार लेने के अवसर पर हिंदीवालों के मज़मे में डंके की चोट यह कह दिया था कि साहिब, हिंदी के बारे में हमसे कुछ न कहलवाएँ। वह भदेस ज़बान है!

तो साहबो, यह दीमक हमारी जड़ें चाट रही है। ख़बरदार हो जाइए। अपने यहाँ की क्षेत्रीय भाषाएँ इसीलिए आपकी नज़र में क़ाबिले-तरीफ़ हैं कि उनके बोलनेवाले 'छोले-भटूरे' नहीं खाते, न डोसा इडली।

आन्छी—बड़ा ख़तरनाक मज़्मून है। (यह दिलचस्प दास्ताँ हशमत फिर कभी पेश करेंगे।)

श्री बारान्निकोव ने पूछने पर बताया कि उनकी बड़ी साहबज़ादी हिंदी के अलावा तमिल-तेलुगु पर काम कर रही है।

दोस्तो, हशमत हाथ मल-मलकर पछताए। काश, हमने उनसे यह सवाल न पूछा होता। मन-ही-मन इस तरह शर्मसार तो न होते। एक दक्षिणी भाषा पढ़नी तक नहीं आती! लानत!

सफ़ाई पेश की गई—'हिंदी का अहित इसलिए भी हुआ कि अंग्रेज़ी अपनी

जगह पर अडिग है और हिंदी की जगह क्षेत्रीय भाषाओं ने ले ली है।'

'इसे कैसे रोक सकते हैं! हर प्रदेश अपने-अपने क्षेत्र की भाषा को पनपने देना चाहता है!'

'चंडीगढ़ विश्वविद्यालय में सब साइन बोर्ड अंग्रेज़ी में हैं।' (बारान्निकोव)

'अंग्रेज़ी का असर तो हम पर कम नहीं है लेकिन यह मानना होगा कि अंग्रेज़ी वह खिड़की थी, जिसमें से न सिर्फ़ हमने विश्व-साहित्य को ही देखा, बल्कि अपने साहित्य और भाषा को भी पहचानने-जानने की सामर्थ्य प्राप्त की। हमारी भाषा, हमारे साहित्य और हमारी सेन्सिबिलिटी पर पश्चिम के प्रभाव का भी यह एक कारण हो सकता है।' (भीष्म)

श्री बारान्निकोव—'अंग्रेज़ी के प्रभाव के कारण आप पश्चिम में भी सीमा-विशेष तक ही सीमित रहे। इससे हटकर यह देखने की कोशिश ज़्यादा की नहीं गई। मिसाल के लिए—रूस के वे भाषाविद् जिन्हें जर्मनी, इंग्लैंड या दूसरे अन्य देशों में याद किया जाता है—उन्हें शोध के क्षेत्र में अपनाना अभी आपके ज़िम्मे बाक़ी है।'

निर्मल ने एक अहम सवाल उठाया कि हमारी अकादमी ने क्या अनुवादकों की एक भी टीम ऐसी तैयार की है जो विश्व-भर की भाषाओं से चुनी हुई रचनाओं को भारतीय भाषाओं में प्रस्तुत कर सके। ज़ाहिर है कि यह हमारी दुखती रग थी। हमने सारी शिकायत हिंदी के बारे में सरकार की नीति साफ़ न होने पर मोड़ दी।

श्री बारान्निकोव ने जताया—'इसका एकमात्र कारण जो मेरी समझ में आता है वह यह कि जहाँ से आपने हिंदी को राष्ट्रभाषा के पद पर आसीन करना चाहा, वहीं से उसका विरोध शुरू हो गया।'

श्रीकान्त ने संशोधन किया—'राष्ट्रभाषा नहीं, राजभाषा।'

हशमत को जाने क्या सूझा। अक्खड़पन से कहा—

'श्रीकान्त, हिंदुस्तान के बाशिंदों को 'राज' शब्द से ही मुहब्बत है। यहाँ तक कि लोकतंत्र के इस दौर में भी राजभाषा, राजपथ, राजभवन, राजसत्ता,

राजघाट, राजमाता।'

राजेन्द्र यादव इस घटिया चुटकुले पर अपने से बाहर हो गए। घुड़ककर ठेठ भैंसावड़ी अंदाज़ में कहा—'चुप हशमत उस्ताद, तुम न मोरों में न कौव्वों में, हम लेखकों को पढ़ाने चले हो।'

अजित साहिब ने पूर्वी और पश्चिमी आलोचना की तुलना शुरू कर दी। हशमत झूठ क्यों कहें, ख़ाक पल्ले नहीं पड़ा। हम तो एक ही आलोचना से वाक़िफ़ हैं जिसका संपादन जनाब नामवर सिंह साहब करते हैं और प्रकाशन राजकमल।

साहबो, आपकी आँखों में शरारत क्यों? हम आपको यक़ीन दिलाना चाहते हैं कि इस बहाने 'आलोचना' का विज्ञापन करने के लिए प्रकाशकों से कोई 'मलबा' नहीं लिया।

पिछले हफ्ते जब हम हिंदुस्तान के पुराने रिकॉर्डों में सिर खपा रहे थे तो खालसा-राज में इस्तेमाल होनेवाला एक बहुत बढ़िया लफ़्ज़ हमारे हाथ लगा। हमें एकाएक राकेश की याद हो आई है। उन्होंने जब 'मलबे का आदमी' कहानी लिखी थी तो क्या इस शब्द के दोहरे अर्थों का अहसास उन्हें था!

आखिर में—

दोस्तो, इतने साहित्यकार एक शाम, एक जगह बैठें और इतनी देर गुफ़्तगू और बहसबाज़ी में लगे रहें और आपसी भाईचारे में कोई टूटन, कोई तिड़कन न हो तो समझिए साहित्य के मैदान में कोई 'क्राइसिस' नहीं। सब सही-सलामत है। (मुल्क में राजनीति के क्राइसिस को छोड़िए राजनीतिज्ञों पर।)

क़रीब नौ बजे सब लोग खुशी-खुशी भीष्म के घर से रुखसत हुए और एक-दूसरे की कारों में भर्ती होकर घरों को लौटे।

सामान्यजन की कहानियाँ लिखनेवाले क्रांतिकारी लेखकों के लिए एक सूचना दोस्तो कि जमे हुए क़रीब सभी हिंदी लेखकों के पास अब गाड़ियाँ हैं। चाहे उनकी किताबें बिकें, न बिकें।

हशमत इन सबको मन-ही-मन दुआएँ दिया करते हैं। (याद रखिए, बिना

मतलब आज का हिंदुस्तानी न किसी को दुआएँ देता है न किसी की तारीफ़ करता है।) हमारा भी इसमें स्वार्थ है।

ऐसी दावतों में पहुँचने के लिए अक्सर हशमत गाड़ीवाले दोस्तों के पीछे हो लेते हैं। जैसे ही उन्हें देखा, खिलकर 'हैलो' की। फिर उनसे चलने का इशारा पाते ही उठ खड़े हुए!

साहबो, तक़दीर अपनी-अपनी। हर दावत के बाद ऐसी लिफ्ट मिले और ड्राइवर साहिब कभी बहुत बड़े शायर हों, कभी बननेवाले महाकवि हों, कभी उपन्यासकार, कभी नाटककार, कभी आलोचक हों, कभी संपादक हों तो अख़बारनवीस हशमत को कार न रख सकने का मलाल नहीं होता।

अच्छा दोस्तो, अब इजाज़त!

इंक़लाब ख़्वाब नहीं

पिछले हफ़्ते अपने एडीटर दोस्त की फ़रमाइश पर दिल्ली की देहात की फोटो उतारने एक गाँव में जा पहुँचे। शहर के बाहर निकलते ही खेतों की हरियाली देख तबीयत ख़ुश हो गई। सीधे-सपाट मैदानों में खड़े बिजली के खंभे आसमान को चुनौती देते-से। हरियाली के बीचोंबीच बिछी तारकोल की पक्की सड़कें और उन पर दौड़ती बसें। हिंदुस्तान की देहात सचमुच तरक़्क़ी कर रही है। यही वह हरी क्रांति, हरा इंक़लाब है जिसे सरकारी पोस्टर पर छपा देख हशमत कुछ ज़्यादा प्रभावित नहीं हुए थे। जीप किसी ट्यूब-वेल के पास से गुज़री कि देखते क्या हैं सिर पर दोहरी ओढ़नी डाले कोई बीरबाणी ट्रैक्टर चला रही है। बस हमें तो अपन चित्रों के लिए शीर्षक सूझ गया—'इंकलाब ख़्वाब नहीं, एक हक़ीक़त है!'

जीप एक छोटे से पुल को पार कर बड़ के पुराने पेड़ तले रुक गई। सामने ताज़ी पुती स्कूल की नई इमारत। जीप की आवाज़ सुनते ही बच्चों के एक झुंड ने जीप के पास जमघट-सा लगा लिया। ड्राइवर साहिब को 'जै हिंद' बुलाई। फिर हमारे कंधे पर झूलता कैमरा देखा, खड़े-खड़े जैसे ढोंढी ही पिटवा दे—'अरे फोटू खिचेंगी, फोटू!'

गोद में भाई को उठाए एक दस-ग्यारह बरस की लड़की पास आ खड़ी हुई कि किसी शैतान लड़के ने छेड़छाड़ की—

'अरी ओ बर्फी, बीरबाणियों की फोटो खिंचेगी। जा तावली-तावली घाघरा

पहन आ। अरे हाथ में एक झाड़ू भी ले ले, न हो तो मटकी ही ले आ।' एक हाई-स्कूली लड़के ने डाँट दिया—'चुप रे छोरे, बात करने दे! हाँ श्रीमानजी, आप कहाँ से आए हैं?'

इसके पहले कि हशमत कुछ कहें, ड्राइवर साहिब ने दोस्ती की नज़र भीड़ तक पहुँचाकर ऐलान किया—'अरे भाई, यह मेहमान अख़बार के दफ़्तर से आए हैं। इन्हें पंचायत की मीटिंग में जाना है।'

देखते क्या हैं जवाब में बच्चों ने हशमत के आस-पास घेरा-सा डाल दिया। एक लड़के को टहोका दे पंचायत घर की ओर भगा दिया।

'जा छोरे, जितने में ये लोग जीप में उधर को पहुँचें सरपंच साहब को ख़बर कर दे।'

ड्राइवर साहिब बच्चों की इस मुस्तैदी पर हँस दिए। 'अरे बावलो, यह कोई चेकिंग को थोड़े आए हैं!'

हशमत के कान खड़े हुए।

'क्या मतलब?'

'कुछ नहीं साहिब, सरकारी अफ़सरान वक़्तन-ब-वक़्तन किसी भी क़िस्म के मुआयने पर आन पहुँचें तो यही वायरलेस काम आता है।'

'वह कैसे?'

'मिसाल के तौर पर कोई भी सरकारी मुलाज़िम जो गाँव में अच्छा रसूख रखता हो, इत्तफ़ाक़ से अपनी ड्यूटी पर हाज़िर नहीं और उसके हाकिम दौरे के लिए पहुँच जाएँ तो यह तरकीब बड़ी कारगर साबित होती है। कभी-कभी तो चेकिंग होने के पहले ही बीमारी या काम की अर्ज़ी रजिस्टर तक पहुँच जाती है।'

एक तेज़-तर्रार लड़के ने आगे बढ़कर पूछा—

'क्यों जनाब, अपको किन पंचों से मिलना है? यह तो बताइए आप किस पार्टी के बुलावे पर आए हैं?'

ड्राइवर साहिब ने झटक दिया—

'हट छोरे, बावली बातें न बना। इनका पार्टीबाज़ी से क्या वास्ता!' लड़का फिर भी ढिठाई से अड़ा रहा। फिर साथ खड़े लड़के की ओर झुककर कहा—

'आपको पार्टी से गरज़ न हो तो आज आने का सबब क्या है?' चार-छः लड़कों ने खीसें निपोर दीं

'छोड़ रे, क्यों फ़िकर करता है। तू ही बता, है कोई छोरा जिसके बाप ने कोऑपरेटिव का हिस्सा न निगला हो!'

हशमत सकपका गए।

ड्राइवर ने इस बार डपट दिया—'विजिटर को यूँ ही परेशान करते हो। काम से आए हैं। ग़ैर-मुल्की सैलानी तो नहीं जिन्हें गाँवों की गंदगी और पिछड़ापन देखने का शौक़ हो!'

पलक झपकते लड़कों के झुंड ने शक-शुबहवाले तेवर गिरा दिए।

एक लड़के ने आगे बढ़कर हाथ मिलाया—'मैं जगपाल सिंह हूँ जनाब, मेरे पिताजी यहाँ के सरपंच हैं!'

पीछे से एक टोली ठठाकर हँस दी—

'जी हाँ, यह भी इस हलके से खड़े होनेवाले नए मेंबर हैं!'

'इनका चुनाव-चिह्न होगा कुंडी-सोटा, जिसे जब चाहें पीसकर चटनी बना देंगे।'

हशमत के दिमाग़ के बुझते चिराग रोशन हो गए।

कौन कहता है अपने देश में लोकतंत्र कामयाब नहीं हुआ? लोकतंत्र की धुरी तो पंचायत है पंचायत!

ड्राइवर साहिब ने हाथ से रास्ता बनाते हुए कहा—'हशमत साहिब, गाड़ी में बैठिए। चौपाल में पंचायत जुड़ी है सो सबसे मिलना हो जाएगा!'

हाथ में ट्रांजिस्टर लिये-लिये एक नौजवान ने अपनी नाक ऊँची की—'हाँ-हाँ, वहीं जाइए...आज दोनों पार्टियाँ अपना-अपना दम आज़माएँगी!'

जगपाल सिंह ने जैसे इस कहे में कुछ और भी ढूँढ़ लिया हो। कड़ुवी निगाह से घूरकर कहा—'अब की बोला तो सिर फोड़ दूँगा।'

हशमत ने ड्राइवर साहिब को मशविरा दिया—'यहाँ की हवा में हमें झगड़ा-फ़िसाद मालूम देता है, यहाँ से निकल लेना ही बेहतर होगा!'

ड्राइवर साहिब पुराने तजुर्बेकार थे—'साहिब, घबराएँ नहीं। अब लौटने का तो सवाल ही नहीं उठता। मान लीजिए गाँव में मारपीट हो जाए और जीप अपना काम किए बिना लौटती दिखाई दे तो गाँव की दोनों पार्टियाँ इसका पीछा करती नज़र आएँगी। और अपने लिए तो पूरा मामला संगीन हो जाएगा। यह कि रजिस्टर दिखाओ। जीप गाँव में किस मक़सद से आई थी। किसके दस्तख़तों से 'गैरिज' में से निकली। अगर दौड़ी तो ज़रूर किसी गैर-क़ानूनी काम में लगी होगी। साथ ही 'हशमत साहिब' कौन हैं? किस अख़बार के नुमायंदा हैं? किस पार्टी के सलाहकार हैं, वगैरह-वगैरह।'

'छोड़ो दोस्त, क़ानूनी कार्रवाई तो बाद में होगी। ड्राइवर साहिब, आप तो बाक़ायदा कचहरीवाली जिरह कर रहे हैं।'

ड्राइवर साहिब पहले हँस दिए, फिर सिर हिलाकर कहा—'इन लोगों से वास्ता पड़ता रहता है इसीलिए तजुरबा है। हाँ, एक मशविरा देना अपना फ़र्ज़ समझता हूँ। चौपाल में जाकर यह कहना अब मुनासिब न होगा कि आप महज़ एक अख़बार के फोटोग्राफर हैं और तसवीरें खींचने की गर्ज़ से आए हैं। अब आन ही फँसे तो अख़बार के लिए कुछ मामला भी तो ले जाइए। उन्हें आने की वजह यह दीजिए कि आप किसी गैर-मुल्की कल्याण सभा की ओर से आए हैं और पंचायत से यह जानना चाहते हैं कि पंचों में से कौन-कौन अमेरिका में भी हो रही देहाती कॉन्फ्रेंस में भाग लेना चाहेंगे।

हशमत एक साथ परेशानी और दिलचस्पी से ड्राइवर साहिब को देखते रहे। 'ऐसा न करेंगे तो दोनों पार्टियाँ आपको एक-दूसरे का दुश्मन समझेंगी और जिसका बस चलेगा, ग्रांड ट्रंक रोड पर पहुँचने से पहले कंबल डलवा देगी।'

चौपाल में क़दम रखने से पहले हमने जानकारी बढ़ा लेनी चाही—'पर यहाँ इस पार्टीबाजी का सबब क्या है?'

'साहिब, यह पार्टीबाज़ी तो हर गाँव में मौजूद है। कहीं एक पार्टी कोऑपरेटिव

को डकार गई है तो दूसरी पर्दाफ़ाश करने पर तुली है। कोई बाम्हन है तो कोई बनिया। कोई गूजर है तो कोई जाट।'

हशमत चौपाल में दाखिल हुए तो पुराने हिंदुस्तान की कहानी आँखों में घूम गई। सदियों से गाँव की इकाई चौपाल और चौपाल में विराजमान पंच परमेश्वर।

'राम-राम पंचो'—'राम राम!'

'आओ भाई ड्राइवर साहिब, आज किन्हें ले आए?'

'आप लोगों की आज्ञा से मैं हशमत साहिब का परिचय दे दूँ। हशमत साहिब आप लोगों को किसी डेलीगेशन में भेजने का इंतज़ाम कर रहे हैं। आप लोग अपनी कार्रवाई जारी रखें। बाद में यह आपसे कुछ बातचीत करना चाहेंगे।'

चौधरी झुम्मन जो सरपंच के रोबीले साफे से लैस थे, सुनते ही तख़्तपोश पर ठस्से से विराजमान हुए और हाथ का कागज उठाकर बोले—'पंचों भाइयों से मेरी प्रार्थना है कि आज की कार्रवाई के मसले नंबर एक, दो और तीन तो हो चुके। पाँचवें को निबटाकर अपने मान्य अतिथि से भाषण के लिए प्रार्थना की जाएगी।'

'नंबर चार का नाम क्यों नहीं लिया जनाब?'

चौधरी झुम्मन ने इस बात को अनसुना कर अपनी बात जारी रखी—'भाइयो, नंबर चार सवाल पर चर्चा करना गैर-ज़रूरी है।'

कुँवर ने खूँख़्वार निगाह से जैसे बाक़ायदा चौधरी झुम्मन पर वार किया हो। 'नंबर चार को गोल-माल करने में कौन-सा तंत्र क़ानून है चौधरी साहिब, यह पंचायत को जानने का हक़ है!'

सरपंच झुम्मन के भतीजे चौधरी रणधीरसिंह ने ताऊ की बग़ल में झुककर कुछ कहा तो चौधरी बड़ी टंकार से बोले—

'क़ानूनी तौर पर पंचायत उस पर चर्चा नहीं कर सकती।'

ठाकुरों के अगुआ कुँवर ने पुराने मँजे लड़ाकू की तरह दहाड़कर कहा—

'ऐसे भोलेपन से छुटकारा न पाओगे चौधरी। ऐन नंबर चार की कार्रवाई जारी हो।'

सरपंच के भतीजे रणधीरसिंह ने पंचायत के सेक्रेटरी गुमानसिंह को टहोका दिया और ताऊ की मदद पर भेज दिया।

सेक्रेटरी ने जनाब सरपंच साहिब से कुछ गुफ़्तगू की तो चौधरी झुम्मन ने इस बार पंचायत के सेवक के अंदाज़ में बड़ी नर्मी से कहा—

'भाइयो, सब पंचों की यही राय है तो कार्रवाई चालू रहे। यह सच है कि यह मसला बड़ा अहम है।'

पिछड़े वर्ग के छज्जू आज़ाद ने टोका—'जनाब, यह मामला क्या इसीलिए अहम है कि यह सरपंचजी के भतीजे की तिकड़म से ताल्लुक रखता है।'

एक साथ ठाकुरों की दर्जनों निगाहों ने इस मुँहज़ोर छज्जू को घूरा कि सरपंच झुम्मन ने बड़ी ही दाना और शांत आवाज़ में कहा—

'पंचायत सभा जान रखे कि मैं इस वक़्त भाईबंदी, चाचा-ताऊ के नाते-रिश्ते से ऊपर हूँ।'

कुछ मसखरी की आवाज़ें कानों से टकराईं—

'चौधरी ने यह अच्छी कही है। भाई, इसके पहले भी तो यह बात भारत सरकार के किसी मंत्री के मुँह से सुनी थी न!'

छज्जू आज़ाद ने सिर पर हाथ फेरा, फिर कलाई की घड़ी देखी और झगड़ालू आवाज़ में कहा—

'पंचो, क्या यह सच है कि चौधरी रणधीरसिंह ने लाल डोरे से लगी लाला राधेश्याम की ज़मीन हथियाने के लिए झूठे रिकॉर्ड के बल पर कचहरी में मुक़द्दमा दायर किया है?'

पंचों में रौबदाब रखनेवाले चौधरी रिसालदार ने डपट दिया—'ज़बान सँभाल के रे छोरे।'

भगत अमीचन्द, जो हरिजनों के लीडर थे, होनहार छज्जू की इमदाद पर आए—

'पिछड़े वर्ग के लोगों से आप ऐसे नहीं बोल सकते। यह गाँव की पंचायत है, चौधरियों के घर की बैठक नहीं! कान खोलकर सुन लो, हमारे सामने यह

तानाशाही नहीं चलेगी।'

चौधरी रणधीरसिंह, जो गाँव में अपने अक्खड़पन के लिए मशहूर थे, तैश में आ गए—

'क्या टेक पकड़ी है, नहीं चलेगी, नहीं चलेगी। चुप हो ओ छजुआ!' 'अमीचन्द, ज़बान सँभालकर बात करो, गूजर लहरीसिंह ने कोई पुरानी ज़िद निकाली।

'अपने अल्फ़ाज़ वापस ले लो चौधरी रणधीरसिंह, पंचायत के मेंबरों को बुलाने का कोई ढंग होना चाहिए। ठीक से नाम क्यों नहीं ले सकते-श्रीमान छज्जूसिंह 'आज़ाद'!'

इस पर पिछड़ी जाति के मेंबरान ने तालियाँ बजा दीं, पर भगत अमीचन्द ने इस धोखाधड़ी में आने से इनकार कर दिया।

'भाइयो, यह छल-छलावा हम सदियों से देखते आए हैं। दिल की नफ़रत को सिर्फ़ 'श्रीमान' कहकर मिटाया नहीं जा सकता। याद रखिए, जल्दी ही इंक़लाब होनेवाला है। निजाम बदलनेवाला है। भाइयो, आज की तारीख़ में मेरी बात गाँठ बाँध लो। ठाकुर, गूजर हमसे भले नफ़रत करते रहें, हमारे ख़िलाफ़ ज़हर फैलाते रहें, पर भाइयो, वह दिन दूर नहीं जब छज्जू आज़ाद जैसे हरिजन नौजवान भारत के प्रधानमंत्री बनेंगे।'

सुनते ही जाने क्या हुआ कि हशमत के हाथों ने ख़ुद-ब-खुद ताली बजा दी।

आँख झपकते चौपाल तालियों से गूँज उठी—

'लोकतंत्र अमर है।'

'भारतीय गणतंत्र जिंदाबाद।'

हैरत से हशमत गाँव की इस पंचायत को देखते रहे। कौन कहता है कि आज़ादी के बाद सिवाय अपनी जेब भरने के हमने कुछ नहीं किया!

चौधरी झुम्मन के कान में गुमानसिंह ने कुछ कहा कि चौधरी साहिब ने एक परचा निकाल नोटिस पढ़ दिया—

'सूचना दी जाती है कि जो फलों की पौद और सब्ज़ी के देसी-विलायती

बीज लेना चाहें, जल्दी ही अपनी ज़रूरतें बी.डी.ओ. के ऑफ़िस में लिखित दर्ज करें। बोआई के बारे में सब क़िस्म की सलाह किसान भाई वहाँ से पा सकेंगे।'

रणधीरसिंह के फूफा मँगनू ने नया शोशा छोड़ा—'बी.डी.ओ. के स्टाफ के जो दो-तीन आदमी किसान भाइयों से बुरी तरह पेश आए थे, पंचायत की ओर से उनकी लिखित शिकायत देकर विभाग से उनके ख़िलाफ़ कार्रवाई करने की माँग क्यों न की जाए?'

जबरसिंह इस मामले को तूल देने ही वाले थे कि कुँवरसिंह तमतमाकर उठ खड़े हुए—

'पंचो, राधेश्यामवाली ज़मीन पर मामला क्योंकि जनाब सरपंच के भतीजे से अड़ गया है इसलिए इधर-उधर की धुड़ी से उसे रफा-दफा करने की कोशिश न की जाए।'

चौधरी रणधीरसिंह गरजे—'कागद जब कचहरी में दाखिल हो चुका तो उसका फ़ैसला अब क़ानून करेगा।'

मँगनू ने बीच-बिचौली की—'भाइयो, क़ानूनन अब यह सवाल पंचायत में उठाया नहीं जा सकता। मुक़द्दमा कचहरी में दायर हो चुका-इस मामले में जो भी धींगा-मुश्ती चल रही है, पटवारी को बुलाकर पंचायत उसे साफ़ करवाए।'

किसी ने अर्ज़ किया कि पटवारी सरकारी मुलाज़िम है। उसे इस तरह पंचायत के इजलास में बुलाना क्या सही होगा?

चौधरी लहरीसिंह, जिन्होंने पिछले चुनावों में अपना टिकट और झोला बदल लिया था, पुरज़ोर आवाज़ में बोले—

'पंचायत चाहे तो क्यों नहीं बुला सकती है! सरकारी मुलाज़िम और हुक्मरान जनता के सेवक हैं, जनता की भलाई के लिए हैं और हम जनता के प्रतिनिधि हैं।'

रामध्यान ने हुक्के की नली मुँह से निकाली—'तुमने कही तो अच्छी, पर चौधरी, मास्टरनी के मामले में तो तुम इस बात की मुखालफत करते रहे।', हुक्कों के साथ अलग-अलग क़िस्म की खाँसियाँ उठकर चौपाल में शोर करने

लगीं। फिर धीरे-धीरे पंचों के साफों में गुम हो गईं।

'पटवारी को बुलाएँ या न बुलाएँ, इतना तय है कि सरकारी रिकॉर्ड ज़ख़्मी किया गया है।'

इस बार चौधरी झुम्मन सचमुच ही सरपंच की गद्‌दी निबाहने को उतारू हो गए।

'पंचो, रणधीरसिंह ने बेशक मुक़द्‌दमा दायर किया है पर मैं लाला राधेश्याम को पंचायत की ओर से इज़ाज़त देता हूँ—वह इस मामले में जो भी कहना चाहें, कहें।'

राधेश्याम ने एक खिसियानी नज़र से पंचों की ओर देखा, कुछ कहने को गला साफ़ किया, फिर इरादा बदलकर सिर हिला दिया—

'मौक़ा देने के लिए शुक्रिया भाइयो, पर मुझे अब इस मामले में क्या कहना है! अब तो कचहरी ही इनसाफ़ करेगी।'

चौधरी रणधीरसिंह के मुखड़े पर जैसे कोई बे-मौसम फ़सल लहराई हो। किसी ने भाँपकर आवाज़ लगाई—'छोरा रणधीर भी बड़ा जबर पहलवान है। जिसको चाहे चित कर दे। कितने में सौदा पटाया, लाला?'

छज्जू आज़ाद से न रहा गया। तिलमिलाकर कहा—

'लाला राधेश्याम, गाँधीजी ने कहा था—जो अन्याय के ख़िलाफ़ आवाज़ नहीं उठाता वह दुगना गुनहगार है।'

चौधरी रणधीरसिंह बोले—'जनाब सरपंच साहिब, पंचायत के सामने वह काहिल जो मुँह में आता है बकता चला जाता है। पंचायत से मेरी अर्ज़ है कि मुँहज़ोर को...।'

भगत अमीचन्द ने ललकारा—

'पहले चौधरी रणधीरसिंह के विरुद्ध कार्रवाई होनी चाहिए जो किसी की ज़मीन हथियाने के लिए पैसे के ज़ोर भरतपुर से जाली रिकॉर्ड उठा लाए हैं।'

'अरे जा, भरतपुर से किसी की बहू-बेटी तो न उठा लाया! अपने पुरखों की लिखित ही लाया हूँ। कचहरी उसकी सचाई-झुठाई सही करेगी।'

चौधरी झुम्मन की नज़र हशमत पर पड़ी तो एक-एक लफ़्ज़ तौलकर बोले—

'पंचो, भरतपुर से रिकॉर्ड लाना-पाना कोई अजूबा नहीं। मैंने बड़े-बड़े अहलकारों को कहते सुना है कि गदर की भगदड़ में यहाँ के फाइल-फ़ेहरिस्त भरतपुर भेज दिए गए थे।'

कॉलेज में पढ़ा किशोरी बड़ी बेशरमी से हँस दिया—

'ताऊ, यहाँ के गूजर-जाट तो ज़मीन ही उठाकर भरतपुर में बिछा आए होंगे!'

'क्या यह सही है कि रणधीरसिंह ने कूचा मीर आशिक़ के पुराने कागजवालों से सब काग़ज़ नए बनवाकर पटवारी के यहाँ दर्ज करवा दिए हैं?'

सुनते ही पंचायत को जैसे साँप सूँघ गया।

'पंचो, यह ज़मीन लाला राधेश्याम के परदादा ने चौधरी रणधीरसिंह के परदादा से ख़रीदी थी।'

चौधरी रणधीरसिंह तड़प उठे—'मैं ग़लतबयानी न होने दूँगा। मेरे पास सबूत है कि राधेश्याम के परदादा ने इस ज़मीन को ग़ैर-क़ानूनी तरीके से हथिया लिया था। मैं अपने बाप-दादा की मौरूसी ज़मीन वापस ले रहा हूँ, और कुछ नहीं।'

कोई पीछे हँस दिया—

'अरे चौधरी, तेरे पुरखे क्या गूजर न थे कि उनके रहते बनियों ने उनकी ज़मीन हथिया ली!'

हशमत दिल-ही-दिल जनता और क़ानून की ताक़त तौलने में थे कि पूरी चौपाल में शोर मच गया।

सब चेहरे भीड़ बन गए और पूरी भीड़ एक चेहरा लोकतंत्र की जम्हूरियत का। कानों में सिर्फ़ आवाज़ें टकराती गईं।

'रणधीरसिंह को पैसे की क्या कमी। स्मगलिंग में नावाँ-ही-नावाँ है, भाइयो।'
'अरे भाई, मैं कहूँ तुम्हें क्या पड़ी है सरपंच के कुनबे से टक्कर लेने की!'
'अरे छज्जू, इस चुप्पे राधेश्याम ने इन भोपुओं से जब नावाँ खा ही लिया तब तेरी जिरह किस काम की?'

'मुक़द्दमा एक-दूसरे के ख़िलाफ़ कर रखा है पर दोनों की मिली भगत

है चौधरी!'

'देखते जाओ, लाला भी सस्ते न छोड़ेगा। कुछ और इससे ऐंठेगा।'

'म्हारा कहना तो इतना ही कि नावाँ इस देश को ले डूबेगा।'

'हद हो गई है सत्यवादी, बस इब की चुप हो जा। कोई माई का लाल है जो दिल पर हाथ रख के कह दे कि उसने सिर्फ़ 'रिजक' का खाया है?' नौजवानों के झुंड ने इस बीच चौपाल के आगे दीवार बना ली थी। दाँत निकाल मसखरी करने लगे—

'अरे, छोरो, जनता की झाँकी निकल रही है, जनता...की!'

हशमत को एकाएक ऐसा अहसास हुआ कि किसी ने उन्हें उठा तख़्तपोश पर बिठा दिया है।

'भाइयो, पंचायत के लिए यह ख़ुशी का मौक़ा है कि जनाब हशमत साहिब भारत सरकार की ओर से इसलिए पधारे हैं कि हमारे गाँव को दुनिया के नक़्शे में मशहूर कर दें। (तालियाँ)

'भाइयो, अगली बात ध्यान से सुनिए। पंचायत के जो-जो मेंबरान किसान डेलीगेशन में अमरीका जाना चाहें वे अपने नाम, पते, उम्र और खेतीबाड़ी के तजुबे का हिसाब-किताब देकर पंचायत सेक्रेटरी के पास अपना नाम लिखवा दें।'

किसी की हलकी-फुलकी आवाज़ आई—

'अरे ताऊ, तुम तो इन्कमटिकसवालों का-सा घोटाला बता रहे हो।'

'अरे, छोड़, लिखवा ले ना अपना नाम। इस जिंदगी में दुनिया-जहान तो देखेंगे—हमारा गाँव, जिंदाबाद! चौधरी झुम्मन अमर है!'

छज्जू ने, जो अपने मसखरेपन के लिए मशहूर था, 'ख़ामोश' कहकर सबको चुप करा लिया। फिर बड़ी संजीदगी से बोला—

'भाइयो, एक नारा गोरी मेमों का भी हो जाए। जो विदेशों से आकर हमारे गाँवों में काम करती हैं—

'गोरी मेमें जिंदाबाद!'

'गूजर हकूमत मुर्दाबाद! पिछड़े वर्ग अपने अधिकारों के लिए लड़ेंगे मरेंगे!'

हशमत ने सोचा अभी लाठियाँ चलीं, पर देखते क्या हैं बीस साल की जनता और जम्हूरियत कंधे से कंधा मिला बेखटके आगे बढ़ी जा रही हैं 1

तालियों की गड़गड़ाहट में सरपंच चौधरी झुम्मन अपनी गद्दी से ऐलान कर रहे थे—

'भाइयो, पंचायत की कार्रवाई कल चालू रहेगी। अब मैं पंचों की आज्ञा से सारी मजलिस को जलपान की दावत देता हूँ—मेरी दर्खास्त यह है कि आप सारे भेदभाव भूलकर हशमत साहब को अपनी पंचायत की एकता बताएँ। यह भी बताएँ कि हमारा गाँव एक आदर्श गाँव है।'

'इसकी फ़िकर न कर ताऊ, खाने-पीने में तो आज़ादी के बाद एका ही है।'

'हाँ-हाँ जी, क्यों नहीं! एका ही एका सै।'

'भाइयो, इब की ज़ोर से—

इंक़लाब जिंदाबाद!

भारतीय संस्कृति अमर रहे।'

चौपाल में पाँतें जीमने को बैठी ही थीं कि दीवार के पीछे से बच्चों की आवाज़ आई—

'आधम-आधा
लंगर-फंड
सबका साझा!
ख़ूब उड़ा ले
मज़े उड़ा ले!'

समाजवादी किटी-पार्टी

दोस्तो, कुछ ऐसा हुआ कि कमरतोड़ महँगाई ने अपने ढीले-ढाले दिल-दिमाग़ को पटरी से ही उतार दिया। सोते-बैठते एक ही फ़िक्र। आमदनी के थोड़े से रुपयों को गिनो कि सिर पर लटके खर्चों को। अपनी कौन-सी ज़रूरियातों को कम करें। सिगरेट बंद हो, या जर्दा छोड़ा जाए, या पान ही से मुँह मोड़ा जाए। उधर काग़ज़ क़लम का खर्चा। (किताबों की खरीदारी तो कब ही बंद हो चुकी) गरज के दिन-रात ज़ेहन में एक ही कलकल, एक ही खलबली कि आमदनी को 'सप्लीमेंट' क्योंकर किया जाए।

एक शाम कॉफ़ी-हाउस में बैठे हशमत इसी अहम मसले पर गौर कर रहे थे कि सामने की टेबल पर दो कामकाजी ज़मानासाज़ शख़्सियतों पर नज़र पड़ी। कान खड़े हुए। बातचीत चल रही थी 'फलूदा और रसगुल्लों का कारखाना खोलने की।

हमने सोचा उस्ताद तजुर्बेकार मालूम देते हैं। क्यों न इनकी स्कीम में शामिल हुआ जाए। ख़ुदा ने चाहा तो अपनी तक़दीर भी एक दिन रंग लाएगी जरूर।

मूँछोंवाले साहिब ने इत्मीनान से सिगरेट जलाया और लंबा कश भर चुटकी बजाई, राख झाड़ी और 'तंदूर' चलानेवाली अदा से कहा—'सरमाया सिर्फ़ दो हज़ार। एक शेड—दो भट्ठियाँ—दो बड़े अँगीठे—कुछ बर्तन—एक हलवाई—दो मज़दूर और चार-छः तौलबाज या पुराने टब मोतियाखान से हो गई फैक्टरी चालू!'

दूसरे ने टोका—'दोस्त, मैदे की क़िल्लत का क्या करोगे?'

'मुझ पर छोड़ दो यार, महकमे का इंस्पेक्टर अपना हमपियाला है।' सुनकर हशमत के दिल पर पूरा चाँद उग आया। सफ़ेदपोशों की झूठी शर्म-हया उतार हम कुर्सी से उठ बैठे और पास जाकर अर्ज़ की—

'माफ़ कीजिएगा, आपकी बातचीत सुनकर हम इस नतीजे पर पहुँचे हैं कि आपका हिस्सेदार हमें बनना ही बनना है। हाँ, ख़ाकसार को हशमत कहते हैं।'

गंदुमी और काले दोनों चेहरों पर तेवर उभर आया।

'हशमत साहिब, मज़ाक़ छोड़िए। अपनी उम्र भी इसी कॉफ़ी-हाउस में गुज़री है। जहाँ तक हम जानते हैं, हशमत किसी लिखाड़ी का नाम है, कामकाजी आदमी का नहीं। हफ़्तावारी शायरों के साथ महीनों आपको हमने धुआँ उड़ाते देखा है।'

हमने सोचा मौक़ा हाथ से गया। आजिज़ी से कहा—

'गलत न समझिए साहिब, हूँ तो छोटा-मोटा अफ़सानानिगार, लेकिन हालत बड़ी पतली हो चुकी है। इतना ज़रूरतमंद हूँ कि कोई भी पार्ट-टाइम काम करने को तैयार हूँ।'

'क्यों साहब, यह किस क़िस्म की मजबूरी है। कुछ तो नाम कमाया होगा आपने। हमारी मानिए, किसी नई नस्ल के अमीर के पीछे लग जाइए। पान-सिगरेट और रोटी-पानी का ख़र्चा तो चलेगा ही—कभी-कभार सवारी का भी मज़ा लूट सकेंगे—हफ़्ते में एक-आध शेर उनकी मूँछों की तारीफ़ में कह दिया, बस।'

'नहीं साहिब, यह ख़ुदफ़रोशी हशमत के बस की नहीं।'

इस बार मूँछोंवाले साहिब ने गहरी शक की निगाह दी—

'सच-सच बताओ दोस्त, क्या सिर्फ़ तजुरबा हासिल करने के लिए हमारे संग पापड़ बेलना चाहते हो या हमारी कमाई का खुफ़िया हिसाब इकट्ठा करना चाहते हो।'

सुनकर एक बार तो हशमत की छाती में कलाकारी जोश उमड़ आया। सोचा, कह ही दें कि सच्चे और अच्छे किरदार की तरह हम, हमेशा यथार्थ

की ज़मीन से ही अपना लेखन उठाया चाहते हैं, लेकिन हमने अपनी इस कलाकारी अदा को दिल-ही-दिल फटकार दिया और कहा—'कहूँगा सच और सिर्फ़ सच साहबो, अब झूठ कहने की गुंजाइश ही कहाँ रही। भूखों मर रहा हूँ, ख़ुदा के लिए मेरी मदद कीजिए।'

गंदुमी चेहरा कुछ ढीला पड़ा।

'क्यों साहब, जब तक फलूदे के कारखाने को चालू करने के लिए जगह का इंतज़ाम हो, रजिस्ट्रेशन के कागज़ात दाखिल करवा लिये जाएँ, तब तक क्या बेयरागिरी कर सकिएगा! वर्दी किराए पर मिल ही जाएगी।'

मूँछोंवाले साहिब ने हमे सिगरेट पेश किया और दोस्ताना अंदाज़ से कहा—'हम लोग तीनों कल एक किटी पार्टी में मदद के लिए जा रहे हैं। दस-पंद्रह रुपए मेहनताना और खाने-पीने को डटकर अलग से, मंजूर है न?'

हशमत का दिल उछलने-उमड़ने लगा।

'क्यों नहीं साहिब, क्यों नहीं, पर यह तो बताइए यह किटी पार्टी किस बला का नाम है।'

'वाह मियाँ हशमत, इतना नहीं जानते! किटी पार्टी एक क़िस्म का 'चिट-फंड' ही समझो। लेकिन दोस्त, जो महफ़िल जुड़ती है उसका जवाब नहीं।'

दोनों हँसे। एक-दूसरे को आँख मारकर कहा—'उस्ताद, इतनी बड़ी तमाशागाह कि देखते-देखते आँखें पथरा जाएँ मगर दिल न भरे।'

अगले दिन हम तीनों किराए की वर्दी में लैस होकर पहुँच गए टाइलोंवाले अमरीकीनुमा बड़े बँगले पर। क्या रौबदार फाटक और क्या चौकीदार का ठस्सा।

अंदर पहुँच मेम साहिब को सलाम किया। मेम साहिबा खालिस हिंदुस्तानी तहज़ीब की ओरिजिनल तसवीर। बुलवाने को मेम साहिब, दिखने को ललाइन। पहरावा असली भारतीय। क़रीब पौन गज चौड़ी कमर में झूलती सोने की तड़ागी (वज़न क़रीब आधा किलो तो ज़रूर), बदन में ख़ुशहाली की सुर्ख़रू चौड़ाई। माँ-बाप की निगरानी में छोटी रह गई लंबाई। बाल इतने काले कि किसी के जवानी तक में न हों। चेहरे पर पसरा हुआ एक अमीर सभ्य क़बीले

की मातुश्री होने का पवित्र भाव।

मुलाहिज़ा हो इस मालकिन के ड्राइंगरूम का। इसी में मेहमानों की आमद होनेवाली थी।

परदे-परदे-परदे-काँच पर जाली के और दरवाज़ों पर मखमल के। देशी शनील नहीं जो आपको पटरियों पर बिकती नज़र आती है। इंपोर्टेड मख़मल, शायद फ्रांस की। सैकड़ों मीटर कपड़ा, 36-45 के दस हज़ारी क़ालीन। डनलप के दर्जनों सोफ़े। शाहाना कुर्सियाँ। सैटीज़। छोटे-बड़े टेबल। ख़ूबसूरत टेबल लैंप। जगह-जगह पंजहज़ारी पेंटिंग्स। छत को क़ाबू किए हैदराबादी झाड़। सेंटर-पीस पर गुलाब की पँखुड़ियोंवाला कटग्लास का गुलदान। हर दीवार के साथ टिकी मूर्तियाँ। वाह-वाह, क्या बता है!

बँगले के मुँहलगे हेड-फराश ने सलाम कर मालकिन से कहा—'हुजूर, इजाज़त हो तो इन्हें किचन दिखा दिया जाए।'

सिर हिलाकर सेठानी—न न, सेठानी नहीं, मेम साहिब लगातार पान चबाती चली गईं।

अब किचन देखिए। रंग-रोगन हलका नीला-पीला। क्या रोशनी, क्या इंतज़ाम। कुकिंग-रेंज से पूरी दीवार अटी हुई। लंबी शेल्फ में क्राकरी, काँच के बर्तन। डिनर-सैट, टी-सैट, कॉफ़ी-सैट। क़ीमती चाइना। चाँदी के डोंगे। तश्तरियाँ, सिलवर-कटलरी—जगमग-जगमग, चक-चक चकाचौंध।

स्टेनलेस स्टील के लंबे सिंक में धोकर ज्यों ही चाय के बर्तनों को रंग-बिरंगी ट्रे में तरतीब दी, गेट पर कारों की भीड़ जुट आई।

ठीक साढ़े चार पार्टी शुरू। क्या वक़्त की पाबंदी। भीड़ क़रीनेदार ड्राइंगरूम में सजने लगी। एक-एक बदन की क़ीमत ढाई-ढाई, तीन-तीन लाख।

साड़ी फ्रेंच शिफोन। रंग हलका प्याज़ी। ऊपर लेस सुनहरी। कानों में सोना। बाँहों में सोना। गले में सोना। जरी का सुनहरा पर्स हाथ में।

जापानी करेप मोतिया। पेट पर बल। माथे पर चौड़ी बिंदी और आँखों में देवरों को रिझानेवाला मसखरापन।

हम हशमत

चंदेरी साड़ी। भरी बाँहें। गदराया बदन। कानों में हीरे के टाप्स। हरीकणियों की लौंग-बटन बराबर। कंगन आठहज़ारी। जूती सिंगापुरी। बैग मैच करता हुआ। क़ीमत क़रीब चार-पाँच सौ।

साड़ी वेंकटगिरि। कसा-कसाया बदन। चोली इंपोर्टेड। बिना कमर के ब्लाउज। क्या उठान। क्या उम्र का रख-रखाव।

शाकिंग-पिंक-फ्रेंच नायलन। सैकड़ों ख़र्च किए चेहरे पर अनोखी मगरूरी। ऐसी कि बिना शेर कहे शायरी हो जाए। बाल बला के घुँघराले। नाख़ून सेहत की लाली से भी कहीं ज़्यादा गुलाबी। पाँव में पतली पाजेब सोने की।

पाँव में सोना। किसी ज़माने में सिर्फ़ रानियाँ, महारानियाँ और रजिस्टर्ड पासवानें पहनती थीं। अब जनवादी बेगमों में इसका चलन है।

फूलदार महीन सिंथेटिक कपड़ा। रौबदार पेट। साड़ी पेट से कहीं नीचे। कानों को दाम पर लगाती रूबी की लड़ियाँ। नाक में रूबी का नन्हा सा गुच्छा। गले में रूबी। ख़ुदा उम्रदराज़ करे इस माल के मालिक को।

बनारसी साड़ी। सिर से बड़ा जूड़ा। आँखें कज़रारी। नाक पर का नखरा अच्छी-अच्छी मरदानी छाती को हिला दे। काँच और कंचन एक साथ बाँहों में

काटेज-इंपोरियमी साड़ी। पतली कमर। मोटा धड़। चेहरा सलोना। गले में झूलता किसी पुरानी रियासत का तीनलड़ी हार। (नीलाम में लिया गया होगा क़रीब पचीस हज़ार में) वाह वाह, क्या तरक़्क़ीपसंद मुल्क है अपना...क्या कामयाबी! ग़रीबी सुसरी को कोसों दूर भगा दिया। यह रौनक़। यह रख-रखाव। यह सलीक़ा। हमें फ़न है साहबो, फ़ख़ है।

सर्विस करते कुछ डायलॉग कानों में पड़े। आपकी ख़िदमत में पेश हैं

आप नैनीताल

जी नहीं कश्मीर

कुल्लू मनाली—

न मसूरी।

ऊटी जानेवाली थीं न आप—

वह दौरे पर स्विट्ज़रलैंड हैं—वहीं उनसे मिल रहे हैं।

बच्चे तो कसौली पढ़ रहे हैं न!

टीटू वहाँ है।

हनीमून के लिए नेपाल।

पिंकी—

पिंकी न्यूयार्क।

दामाद तो आपका अमरीकन है न।

बड़ा प्यारा लड़का है।

बाबी?

बाबी लंदन में है।

सोनिया?

दार्जिलिंग होस्टल में।

और छोटी तो वुड-स्टाक में।

उस दिन क्लब में नहीं दिखी।

घर पर कॉकटेल थी।

'महफ़िल' में तो आ रही हैं न। ग़ज़लों का प्रोग्राम है इस बार।

बेबी के कपड़े बनवा रही हूँ। देखें वक़्त मिलता है कि नहीं।

रंजन-रीता को देखा था उस दिन फ्लोर पर।

मिस्टर एंड मिसेज 'शाने-वतन' चुने गए थे।

जँच रहे थे

हाँ—नीलू क्या कर रही है?

रिजल्ट के इंतज़ार में है

हाँ। एक शाम लेक पर मिली थी। हम लोग रात को वहीं रहे थे। सुबह भी उसे देखा था, पर बात नहीं हुई।

(जवाबी हमला)

बेटे विक्रम के क्या रंग-ढंग हैं? उस पारसी लड़की से छुटकारा हुआ

क्या? सुना था किसी और के साथ पेरिस जा रही है।

(वह मेरी बहू तो नहीं है—अभी देखती हूँ इसके ख़म।)

नीना बेटी नर्सिंग होम में थी। अब ठीक है ना, बड़ी पीली पड़ गई है। हाँ, जांडिस हो गया था।

'नर्सिंग होम' की डॉक्टर मेरी दोस्त है।

अंशु कब लौट रहा है स्टेट्स से?

किसी की हँसी खनकी।

यहाँ दामाद बनाने को लोग लाइन बनाकर बैठे हैं-वहाँ वह बच्चे का बाप बननेवाला है।

तो बुरा क्या है! अपनी-अपनी पसंद ठहरी।

सो तो ठीक, पर लड़कियाँ देखने दिखाने का सिलसिला तो बंद हो। कहीं से थुलथुली आवाज़ उठी—

अजी बाहर कौन क्या करे है—यह कौन जाने! हमने तो 16-18 के पेटे में ही लड़कियों के ब्याह कर डाले। पक जाने पर बड़ी मीन-मेख निकाले हैं।

कई आँखें हिकारत से इस ओर उठीं। कितनी दकियानूस बात।

काँच के गिलास, बोन चाइना की प्लेटें। फ़्रूट जूस। बादाम का शर्बत-बर्फ़ में लगी रंग-बिरंगी बोतलें।

केक सादा, क्रीम केक, चाकलेट केक, पेस्टरीज़, काजू, देशी घी की कचौड़ियाँ। चने और चटनी। नुगदी के लड्डू (घी असली)। बादाम की बर्फी। पिस्तेवाला दूध। कुल्फी। आइसक्रीम।

क्या मीनू है। क्या रौनक़ है। नगर की बेहतरीन ख़ानदानी महिलाएँ। अंग्रेज़ी इतनी मीठी बोलें कि कानों से न सुने सिर्फ़ देखता रहे आँखों से। हिंदी ऐसी पेचदार की अंग्रेज़ी मालूम दे। कौन कहता है कि मुल्क पिछड़ा हुआ है। ग़रीब है। यह तो अंतर्राष्ट्रीय बिरादरी का सिरमौर है, सिरमौर।

लीजिए, सबने अपने-अपने रुपए जमा करवाए, ख़ूबसूरत सेक्रेटरी साहिबा के पास। पर्ची उठा ली गई। पाँच हज़ार की किटी निकल आई मिसेज लुहानी

के नाम।

तालियाँ! तालियाँ!

किसी दिलजली ने छींटा कसा, 'मादाम-इस रक़म का क्या कीजिएगा! आपको ज़रूरत तो क्या ही होगी!'

डिब्बे के दूध के रंग की जरीदार क़ीमती सूती साड़ी। बालों में तीन घंटोंवाला निखार। मुखड़े पर हेल्थ क्लब का नूर। अदा में हवाई जहाज़ से दुनिया घूम आने का अनोखा सरूर। पतली गर्दन सुराहीदार। घनी पलकोंवाली आँखें उठाकर देखा-भर और 'शैनल' की ख़ुशबू बिखेरती कमरे के बराबर अपनी सफ़ेद कार की ओर बढ़ गई।

रखैल और यह दिमाग़। दुनिया जानती है—

भली मेज़बान ने इशारा किया। नहीं रीता, ऐसी बातों से क्या फ़ायदा। सबकी इज़्ज़त एक-सी होती है—

हशमत एक-एक जिस्म और एक-एक चेहरे पर ओढ़ी हुई लाखों की इज़्ज़त देखने लगे और साथ-साथ प्लेटें भी उठाते रहे।

एकाएक देखते क्या हैं, कमरा खाली हो गया है और मेम साहिबा कामयाब पार्टी के बाद सोफ़े पर पसरी गहरे लाड़ से अपने ड्राइंगरूम को देख रही हैं। खानसामा को बुलाकर हुक्म दिया—'मदद' को खिलाओ-पिलाओ और मुंशीजी से रुपए दिलवा दो। हाँ, कुछ टूटा-फूटा तो नहीं है?—नहीं हजूर।

दस-दस मेरी ओर से इनाम दिलवा दो। आज पार्टी बहुत अच्छी रही। सबने सलाम बजाया ख़ुश होकर।

साहब झूठ क्यों कहें, अपना तो दिल बाग़-बाग़ हो गया। क्या ग़रीबपरस्ती है। गाँधीजी भी तो यही कहते थे कि अमीर भाइयो—अपनी अमीरी गरीबों से बाँटो।

किचन में जाकर अब हम मज़दूरों की पार्टी शुरू हुई। सबने ख़ूब खाया। जितना साल-भर में न खाया हो। मीठा, नमकीन, कुल्फियाँ, पिस्ते का दूध, दिल-दिमाग़ और बदन में तरावट ही तरावट।

मूँछोंवाले साथी ने जब चौथी बार दूध के लिए हाथ बढ़ाया तो हशमत से

न रहा गया। टोककर कहा—

'यह ज़्यादती है दोस्त। भले लोग हैं, नौकर-चाकरों को खिला-पिला रहे हैं। कुछ तो ख़याल इनका तुम भी करो।'

दोस्त ने हाथ झटक दिया और रुखाई से कहा—'मियाँ हशमत, उतर आए न अपनी असलियत पर, सरमाएदारों के पिट्ठू। अरे सफ़ेद नहीं—यह काला पैसा है काला। नंबर दो का। जितना चाहो खाओ। उड़ाओ।'

तबीयत तो हशमत की बिगड़ी पर चुप लगा गए। जिनकी बदौलत यहाँ पहुँचे उनसे बहसबाज़ी कैसी।

देखा इतने में कि मुंशीजी चले आ रहे हैं।

खानसामा ने झट मेज़-कुर्सी लगा दी और तश्तरी में सामान परस दिया। मुंशीजी ने खाते-खाते एक बार हाथ खींचा। लगा कुछ कहना चाहते हैं। हैड-फराश ने उनके दिल की बूझ ली।

'विक्टर, मुंशीजी के बच्चों के लिए मीठे-नमकीन का डिब्बा बना दो।' मुंशीजी के चेहरे पर रौनक़ पलट आई। ऐसी लजीज चीज़ों को खाकर कौन अपने बाल-बच्चों को याद न करेगा।

खा-पी मुंशीजी ने मदद को रुपए बाँट दिए। पंद्रह-पंद्रह मेहनताना और दस-दस इनाम।

क्या बताएँ साहिब, रुपए जेब में रखते ही 'हशमत' तो अमीर हो गए। ख़ुदा करे ऐसी रंगीन-हसीन शामें लौट-लौटकर आएँ।

देखते क्या हैं कि अपने दोनों साथी, जिनकी वजह से यह दिन हमें नसीब हुआ था—खानसामा से कुछ पटा रहे हैं।

खानसामा कुछ देर को ओझल हुए और दो बोतलें विलायती की लाकर दोनों को थमा दीं और घुटी घुटी आवाज़ में कहा—'थैले में डालिए और चलते बनिए।'

'क्यों नहीं, क्यों नहीं, खानसामा साहिब! काम-धाम सब पूरा हुआ। अब चलें।'

फाटक से बाहर आकर मूँछोंवाले हजरत ने हमारे कंधे पर हाथ मारकर कहा—'हशमत मियाँ, हैरान होने की ज़रूरत नहीं। देखते जाओ। डेमोक्रेसी में फ़ायदा ही फ़ायदा है। एक का नहीं, सबका। हाँ, मेहनतवालों को ज़रूर कुछ नुक़सान रहता है। देखा, खानसामा ने बिना कुछ किए बनाया रुपया इन बोतलों पर। कोकाकोला और लिमका की करैटों पर। मुंशीजी के एक शाम में कम-से-कम बने होंगे, सौ। फराश और हैड-फराश यक़ीनन पहुँचे हैं पचास पहाड़े पर। बाक़ी बँगले की जनता खा-पी मौज करेगी। समझे दोस्त हशमत, इसको कहते हैं समाजवादी बाँट। सब संग-संग खाएँ। कमाएँ और संग-संग पचाएँ।

हशमत के क़दमों में पहले तो बला की रवानी आई, मगर फिर जाने क्या हुआ कि पैर एक-एक मन भारी हो गए।

बार-बार जी को टटोला-जेब में पैसे हैं, पेट में जियाफ़त है। फिर फ़िक्र और ग़म क्यों।

जब बहुत अपने को झंझोड़ा तब पता यह लगा कि हशमत आज रात एक सालन और चार-छः बदरंग धोतियोंवाली दुनिया में लौटना नहीं चाहते।

लिहाज़ा मुँह फिर कॉफ़ी-हाउस की तरफ़ ही मोड़ लिया। कुर्सी पर पहुँचने से पहले ही शायर दोस्त इंक़लाब मुरादाबादी टकरा गए। बस, शाम का प्रोग्राम साफ़ हो गया।

शायर-शायरी और पच्चीस रुपए।

मियाँ हशमत, उस आलीशान बंबइया महल को भूल जाओ। उन हसीन चेहरों को। उस ख़ुशहाली और अमीरी को। वह असलियत नहीं थी—वह तो किसी हिंदी-फ़िल्म की रिहर्सल थी, तरक्क़ी-पसंद औरतों की किटी पार्टी!

ख़ान गुलाम अहमद

पिछले महीने 'हशमत' शिमला जा पहुँचे। 'बैरियर' पर उतरे तो ठिठुरते जाड़े में अपनी अगवानी के लिए अपने मेज़बान के साथ-साथ असबाब उठानेवाले ख़ान को भी मुस्तैद पाया। छोटा क़द, मटमैली सलवार, लाल कुर्ता और पेशानी से सटी नई तर्ज़ की कश्मीरी टोपी।

हमने 'दिल्ली-शिमला बस के ड्राइवर कंडक्टर साहेबान का शुक्रिया अदा किया कि ख़ान ने एक पारखी निगाह हम पर डाली और सामान उठा पगडंडी पर टिका दिया। फिर कंधे पर झूलती रस्सी खोली-पीठ पर सामान बाँधा और पथरीली पगडंडी पर बढ़ चला।

'इधर से आने का है साहिब, दूसरा रास्ता ठीक नहीं।'

बर्फ़ से अटे मोड़ पर ख़ान रुके—'बर्फ में क्या पहली बार आया है साहिब? बहुत ठंडा तो नहीं लगता!'

हमने सिर हिलाया तो ख़ान गुलाम अहमद हँस दिए—'ठीक बोला साहिब, बर्फ़ का आदमी आस-पास बर्फ़ होने से भी उसको नहीं देखता। और बे-बर्फ़ का आदमी बर्फ़-ही-बर्फ़ माँगता। पहाड़ का आदमी बर्फ गिरने से घर का अंदर बैठता और नीचू का सैलानी लोग इस मौसम में सैर करने को निकलता।'

हमने आस-पास फैली सफ़ेदी में ख़ान के छोटे-से वजूद को चार सूटकेस . उठाए चुस्ती से चढ़ाई चढ़ते देखा तो कुछ भी हैरानी नहीं हुई।

'आप क्या दिल्ली से आता?'

हमने सिर हिला हामी भरी।

'बोलो साहिब, इंदिरा गाँधी का दिल्ली क्या बहुत बड़ा है?'

हमने ख़ान को दिलचस्पी से देखा—'दिल्ली बहुत बड़ा है पर हिंदुस्तान से बड़ा नहीं।'

'बोलो साहिब, हिंदुस्तान का ताज़ा ख़बर क्या है?'

हमने इस बार ख़ान का इम्तहान लेना चाहा—'आज का ताज़ा ख़बर तो यही है कि शिमला-कालका सड़क पर एक ट्रक उलट गया है।'

ख़ान ने बोझ उठाए-उठाए ही ज़रा-सा तिरछे होकर पीछे देखा—'शिमला-कालका का सब छोटा-बड़ा ख़बर हर रोज़ अपने डेरे पर पहुँचता है साहब! हमको पढ़ा नहीं है तो क्या यह भी नहीं जानेगा कि हिंदुस्तान का ख़बर कुछ और होने का है।'

ख़ान के बार-बार 'हिंदुस्तान' का ज़िक्र करने से एक बार तो तबियत हुई कि ख़ान से लगे हाथों कश्मीर मसले का हल ही क्यों न पूछ लें, पर सर्दी में ठिठुरते पैरों का हाल देख हमने अपना इरादा बदल लिया।

सामान घर पहुँचा, ख़ान ने रस्सी को समेट कंधे पर झुला लिया और हमारे पैसे निकालते-निकालते हमारे मेज़बान को सलाम कर तेज़ी से नीचे उतर गया। हम समझ गए गुलाम अहमद हमारे मेज़बान के मुरीद हैं और उनकी मेहमान नवाजी की बदौलत मनचाहा इनाम पा लिया करते हैं।

अगले दिन हम माल की ओर निकल गए तो 'रिज़' पर से ख़ान को बोझा उठाए आते देखा। ख़ान ने दोस्ती की नज़र से पहचानकर सलाम किया।

'कोट काहे को नहीं लाया साहिब, शाम को बर्फ़ पड़ेगा।'

ख़ान की आवाज़ में 'वैदर-ऑफ़िस 'वालों के ढिल-मिल 'फोरकास्ट' से कहीं ज़्यादा पुख़्तापन था, फिर भी पूछा—'क्या रेडियो के मौसम के हाल के मुताबिक़।'

'कैसा बात करता है साहिब! कश्मीरी होकर आसमान को देखकर क्या हम बताने नहीं सकता की बर्फानी हवा में क्या है। ओले हैं, बर्फ़ है, तूफ़ान

है, अंधड़ है कि हवा ख़ाली साँय-साँय करता है। देखो साहब, ख़ान का बात मानो। यहाँ से पलटो। जब आप घर पहुँचेगा, बुखारी के पास बैठेगा और ऊपर से ख़ुदा रुई धुनकेगा तब आप ख़ान का बात सच करके याद करेगा।'

साहबो, उसी रात ख़ान के कहे मुताबिक़ बर्फ़ पड़ी। हम बुखारी के गिर्द बैठे तो कई बार ख़ान की आवाज़ कानों से टकराती रही—'बर्फ़ है, अंधड़ है कि खाली हवा साँय-साँय करता है।'

अगली सुबह काँच में से बाहर झाँका तो पहाड़ों के माथे उजरा गए थे। अचानक क्या देखते हैं कि बोझ उठाए ख़ान किसी गुज़री हुई सदी की तरह इत्मीनान से दरवाज़े पर दस्तक दे रहे हैं।

ख़ान ने बोझ उतार फर्श पर रखा, पेटी खोल किताबें जगह पर टिकाई और मेम साहब को बता देने की गर्ज़ से कहा—'ठीक हो गया न साहिब!'

'शुक्रिया ख़ान!'

मेम साहब ने कुर्सी की ओर इशारा किया—'बैठो ख़ान, चाय कि कॉफी?' सुनकर एक बार तो हमें कुछ शुबह हुआ कि हमारे दोस्त और उनकी बीवी हिंदुस्तान के ऊँच-नीच वाले पुराने बीमार फेफड़ों में सोशलिस्टिक पंप से नई रूह फूँकने की कोशिश कर रहे हैं, लेकिन मेम साहब की आवाज़ काफ़ी साफ़ और खरी थी और किसी भी लाग-लपेट से बरी थी।

फिर ख़ान ने जिस सहज स्वभाव से कुर्सी बुखारी के क़रीब खींची, हमारा शक दूर हो गया। ग़लत न होगा अगर हम कहें कि इनसान को इनसान समझने के इस ढंग से हमें बोझा ढोनेवाले ख़ान की शख़्सियत कुछ ऊँची उभरती मालूम दी। खान को इत्मीनान से बिलकुल अपनी ही तरह चाय का इंतज़ार करते देखा तो महसूस हुआ कि पुराना हिंदुस्तान अब एक नया आदमी पैदा कर रहा है।

'साहिब, हम लोग हरी चाय पीता। केतली में नहीं समोवार में। अपन के डेरे में दिन-भर चाय चलता है। कोई भी साथी किसी भी वक़्त आएगा, चाय देगा। मेम साहिब, आपका माफ़िक़ हम भी कोशिश करता कि जो दरवाज़े पर आए उसका ख़ातिर हम ज़रूर-ज़रूर करेगा। ख़ान का कहना है अगर इनसान

खुला दिल से दूसरे को देगा तो ख़ुदा भी खुला दिल से देगा। हम कंजूसी करेगा तो ख़ुदा भी हाथ खींच लेगा।'

ख़ान ने चाय पीते-पीते खाने-पीने और ख़ुदा के जल्वे पर 'कमेंटरी' जारी रखी।

हमने पूछा—'शिमला में आपकी रिहायश कहाँ है?'

'जी अपना डेरा गली नंबर तीन मिडल बाज़ार में है।'

'डेरे में कितना लोग रहता है?'

'त्रीस आदमी हैं साहिब—सब यहीं काम करता। बारी-बारी से सब चूल्हा जलाता है। खाना पकाता है। ऐसा समझो साहिब, रोज़ का एक मन लकड़ी का खर्चा है। 15 किलो चावल, 15 किलो आटा। हफ़्ता में तीन दिन सब्ज़ी बनाता, तीन दिन गोश्त। बुरा नहीं मानेगा साहिब, आप लोग तीन आदमी त्रीस बर्तन और हम लोग तीन बर्तन में त्रीस आदमी खाएगा।'

'सब लोग क्या एक ही वक़्त पर खाना खाता है?'

'नहीं साहिब, जो जब काम से आए, खाए। दिन-भर चूल्हा गर्म रहता।' एकाएक ख़ान हँसा।

'साहिब कश्मीरी लोग ख़ूब तबियत से खाता। कोई-कोई अपना साथी तो खाने के वक़्त बोलता—कुछ मालूम नहीं, कल जिंदा रहेगा कि नहीं। आज ही अच्छा-अच्छा खाना खा-पीकर रख लो। कब आँख बंद हो जाए, क्या मालूम!'

ख़ान ने आख़िरी खाने की हसरत कुछ ऐसे पेश की कि एक बार तो अपना जी भी बुलबुला गया। मान लो अगर हमारे लिए भी 'कल' न हो तो घी-सने शरबती गेहूँ के पराँठे हम क्या कभी न खा पाएँगे।

कुछ पल को हमने सुना ही नहीं कि ख़ान क्या कह रहे हैं। मरने के डर से दिल की धड़कन कुछ तेज़ हो गई, पर फिर हमने ख़ुद ही ख़ुदा बनकर अपनी मौत का दिन 'कल' से आगे टाल दिया तो ख़ान की आवाज़ सुन पड़ी।

'साहिब, एक कमरा में त्रीस आदमी और एक कमरा का किराया एक सौ रुपया है। बिजली-पानी अलग।'

ऐसी तंग कोठरी की बात हम इस सुबह न सोचना चाहते थे सो कश्मीर की खुली बर्फानी चोटियों को याद कर कहा—'कश्मीर में आपका गाँव किधर है?'

'हमारा गाँव काजीगुण। अपना खेती है 200 मन चावल का। दो गाय है। दो बैल है। घर का मकान है। बगीचा है। मकान में बच्चा है। साहिब, अपना बच्चा लोग का नाम है—मुबीना, गुलाम हसन, मुहम्मद रमज़ान। हमारा छोटा भाई भी है—गुलाम मुहम्मद। वह भी यहीं काम करता।'

देखते-देखते ख़ान के माथे पर चिनार उग आया। एक गुमान भरी खुमारी का रंग चेहरे पर दमक गया।

'देखो साहब, आदमी के पास क़बीला नहीं होने से कौन मेहनत करेगा! कौन रुपया-पैसा कमाने को परदेस में टक्कर मारेगा। साहिब, इनसान पहले ख़ुदा के फ़ज़ल से बच्चा बनाता है, फिर उसके लिए अपना खून-पसीना एक करता है।'

हमारे दोस्त की ख़ूबसूरत बीवीजान के चेहरे पर अजीब सलोनी लुनाई झलक मार गई। उन्होंने बड़ी-बड़ी आँखों से एक बार ख़ान की ओर देखा, एक बार हमारी ओर, और प्यालों में गर्म चाय उड़ेलने में मसरूफ़ हो गई।

हमारा ध्यान कहीं और भटका।

'ख़ान, तुम्हारा बच्चा लोग की माँ का क्या नाम है?'

ख़ान के चेहरे से परदेसीपन लुकन-छिपन हो गया। एक रोबीले खाविंद का चेहरा निथर आया। दिल की आँखों से जैसे उसने बीवी की तसवीर को महसूस किया और मुहब्बत की रुखाई से सिर हिलाकर कहा—

'किसका बात पूछ लिया साहेब! हमारा बीवी का नाम तो सजदा है साहिब! सजदा।'

नाम सुनते ही हमें लगा सजदा कोई मलिका हो और गुलाम अहमद कोई बादशाह!

ख़ान ने अपने दिल को खटखटाने के लिए हमसे पूछा—'साहिब, समझ गए न, 'सजदा' का मतलब क्या होता!'

हमने सिर हिला दिया—समझा।

'शादी कब हुआ था?'

'बहुत पहले साहिब, हम बहुत छोटा था।'

'घर याद आता है न!'

'क्यों नहीं आता साहिब! कभी-कभी तो रात को निवाला उठाता खाने को तो बच्चा लोग की याद बहुत ज़ोर से लगता। कोशिश करता भूलने का पर रात उदासी में ही गुज़रता। फ़जर उठकर दिल को समझाता—क्या करेगा—वतन से दूर आया है तो चार पैसा कमाएगा। कुछ खाएगा-कुछ बचाएगा। बच्चा लोग के लिए ही तो।'

'घर में चिट्ठी लिखता है न!'

'बहुत बार नहीं। बार-बार लिखने से क्या होगा! जब आँख से, चश्म से नहीं देखने सकता तो काग़ज़-क़लम से क्या बताएगा!'

हमने ख़ान का ध्यान पलटने को पूछा—'खान, तुम्हारा कश्मीर में जो कभी-कभी हल्ला-गुल्ला होता उसका क्या सबब?'

ख़ान ने हमें चौकसी से देखा—'नहीं, उधर में कुछ नहीं होता साहिब! ख़ाली पातशाही बदला है। पहले बादशाह हरिसिंह महाराज, फिर कर्णसिंह, फिर वज़ीर बना बख्शी गुलाम मुहम्मद और अब सादिक हकूमत करता।'

'हकूमत ने अवाम के लिए भी कुछ किया है कि नहीं?"

'किया है साहिब, पुल बनाया, टनल बनाया, ग़रीब का नौकरी लगाया। और कोई-कोई बड़ा आदमी तो हाथ में बेलचा तक उठाया है।'

'बेलचा तो उठाना पड़ेगा ख़ान! नहीं उठाएगा तो फोटो कैसे बनाएगा?" ख़ान ने मज़ा लिया।

'ऐसा काहे बोलता साहिब! करने दो हुक्मरान को ऐसा-लालच में बेलचा उठाएगा, बाजू हिलाएगा। एक बात बोले साहिब, आज का दिन मनीस्टर लोग का दो ही काम। एक तसवीर उठाना और अपना-अपना गद्दी के लिए लड़ना।'

हमने मौक़ा ताड़ा—'जो कुछ कश्मीरी लोग सरहद से दूसरी ओर जाना

माँगता है—पाकिस्तान की ओर...।'

ख़ान ने सिर हिला दिया—'न साहिब, उधर कोई जाना नहीं माँगता।' हम हँसे।

'ख़ान ख़ाली लिहाज़ का बात क्यों बोलता? यह बताओ वे लोग क्यों जाना माँगते हैं?'

ख़ान ने पहले इनकार में सिर हिलाया, फिर इरादा बदलकर कहा—'जाना माँगता मज़हब के लालच में। सरहद पार का मुसलमान भी तो भाई होता न!' हमें मुसकराते देख खान ने सिर हिलाया—'हमरा कहने को गलत मत समझो साहिब, मज़हब का बात है। नहीं तो उधर हम लोग का कोई नातेदारी नहीं।' 'कश्मीर हिंदुस्तान का हिस्सा है ख़ान। उधर का बात सोचने का भी क्या सबब?'

'ओ तो हम भी जानता साहिब, पर सच बोलेगा आपसे, कश्मीर का मालिक कोई नहीं। इसका वाली वारिस कोई नहीं।'

हमने सख्ती से ख़ान की ओर देखा तो ख़ान ने अपना मतलब साफ़ करना ज़रूरी समझा।

'देखो साहब, मतलब ऐसा है न कि कश्मीर चाहे हिंदुस्तान में हो चाहे पाकिस्तान में, चाहे आज़ाद हो—कोई भी ले, हमारा खेत-खेती तो कोई नहीं लेने सकेगा। जो अब खेती करता है वह हमेशा खेती करेगा। जो अब मजूरी करता है वह हमेशा मजूरी करेगा। बोलो साहब, ख़ान क्या गलत बोलता है?'

हम काफ़ी देर तक ख़ान की ओर देखते रहे और अपने यहाँ के 'सियासी डायलॉग' पर लानत भेजते रहे जिसके लगातार प्रचार और प्रसार के बावजूद ख़ान को अपनी जिरह का जवाब कभी नहीं मिला।

ख़ान को थोड़ा उखड़ा देख हमने उसके घर की तसवीर उभारने की सोची। 'उधर गाँव में मकान काफ़ी बड़ा है न!'

'है साहिब, बहुत बड़ा है। बिछावने को गब्बा है, नमदा है। ओढ़ने को गर्म कपड़ा है। कैसे बोलेगा कि क्या-क्या है! खेती है। साज़-सामान है।' फिर अपनी लाल क़मीज़ की ओर इशारा करके कहा—'इधर बोझ ढोता है। कमाने को आया है। काहे को सोचेगा कि हमारा घर में क्या-क्या है। परदेस में हम

लोग कुली है। सच्ची बात तो यह है साहिब, कि इधर हम लोग का कोई आबरू नहीं। अपना डेरे पर एक साथी है, वह रोज़ रात को गुनगुनाता—उस गुल की आबरू क्या जो गुलशन में नहीं...।'

हमने अचानक अचकचाकर ख़ान की ओर देखा। इसी से मिलता-जुलता ग़ालिब का एक शेर हमारे गले में मचलने लगा—

आबरू क्या ख़ाक उस गुल की कि गुलशन में नहीं,
है गरीबाँ नंग पैराहन जो दामन में नहीं।

अपने से आँखें चुरा हमने निगाहें दूर पहाड़ों पर जमा दीं!

नितिन सेठी

दोस्तो, इत्तफ़ाक़ ही समझिए कि हशमत को अक्सर सही जगह पर ग़लत और ग़लत क़िस्म की जगह पर सही लोग मिल जाया करते हैं। शायद यही वजह है कि हमने अपने नज़दीक सही और गलत में ज़्यादा बड़ा फ़ासला नहीं खींच रखा।

सच पूछिए तो अपनी-अपनी ख़ुदगरज़ी और ख़ुदपरस्ती के तहत आप चाहें तो किसी भी ग़लत को सही का जामा पहना सकते हैं। किसी भी सही को रत्ती भर दूरी से ग़लत क़रार दे सकते हैं।

दोस्तो, इस तरह की जुमलेबाज़ी से हम क़ानून की नुक्ताचीनी करने की हिमाकत तो न करेंगे। क़ानून और साहित्य के रास्ते ज़ाहिर तौर पर बेशक अलग-अलग हैं मगर दोनों की मंज़िल एक है। सत्य की खोज। सत्य की स्थापना।

क्या इनसानी ख़ूबियों, ख़ासियतों और कमज़ोरियों को सिर्फ़ स्याह-सफ़ेद में बाँटकर ही ऐसा किया जा सकता है! क्या आदर्शों की भव्य चोटी से इनसानी दुख-दर्द को जाना जा सकता है! क्या सिर्फ़ एकतरफ़ा तसवीर से जिंदगी का पूरा जायज़ा लिया जा सकता है!

दोस्तो, अपने तईं हशमत अक्सर 'अच्छाइयों', 'भलाइयों' और 'सच्चाइयों' के ज़िक्र से सिकुड़ जाते हैं। आदर्शों के नाम पर किए जानेवाले पुण्य कार्यों को शक की निगाह से देखते हैं और पुराने गुनहगारों की तरह सदाचारी टोले से दूर हो जाते हैं।

जो मुलम्मा चढ़ी क़ीमतें रंगमंच से आभूषणों की तरह सिर्फ़ दूर से चमकने के लिए ही बनाई-सजाई गई हों, वे अपने-आपमें कुछ नहीं, सिर्फ़ खोखली नुमायश-भर हैं।

हाँ, नितिन सेठी से आपको मिलवाने के लिए हमें ऐसी तमहीद बाँधने की बिलकुल भी ज़रूरत न थी। नितिन इन क़द्रों-क़ीमतों के साझीदार नहीं हैं जो हमें नक़ली और बेमानी लगती हैं। हमारे दिमाग़ में यह बात शायद इसलिए उभरी होगी कि हमने नितिन को ख़ुद की लीक से कोसों दूर पाया मगर उसकी साफ़-शफ़्फ़ाफ़ अनुशासन में बँधी जिंदगी में हमें एक ऐसी बुनावट नज़र आई जो हमारी तर्ज़ से अलग और दूर होते हुए भी हमें ख़ालिस और खरी लगी।

ज़रूर हमने नितिन में उस नमक की कमी महसूस की जो किसी भी कलाकार के इंटलेक्चुअल लचकीलेपन के लिए बेहद ज़रूरी होता है। कलाकार के समूचे जीवन-दर्शन में वह बेतरतीब खुलापन और बेशुमार रंगोंवाली गरमाहट भी जो बिना झिझक भीड़ में रस-बस जाती है। इसी तरह खुरदरी रगड़ों और खरोंचों की क़ीमत अदा कर अपने लिए ज़रखेज़ ज़मीन चुन लेती है—जो रफ़्ता-रफ़्ता कलाकार के लिए उसको डाइमेंशन बनाती चली जाती है।

नितिन ने जिस लीक पर चौखटे में कसकर अपनी जिंदगी को सँवारा है, वह अजीब ढंग से दो मुख्य रंगों को 'ओवरलैप' करती चली जाती है।

एक तरफ़ ख़ुद को ख़ुद में क़ैद रखने की कोशिश, दूसरी तरफ़ अंदरूनी कश-म-कश के बावजूद दूसरों से जुड़े रहने की राहत! इन्हीं दोनों छोरों से बँधे नितिन एक क़दम इधर से उठाते हैं, एक क़दम उधर से और अपने नज़दीक दोनों के फ़ासलों को न कम होने देते हैं न ज्यादा। हो सकता है इसी तरकीब से नितिन ने रंगमंचीय खुलेपन के बावजूद अपना जेनुइन रिज़र्व बचा रखा है।

माफ़ कीजिए—यह तो बताना ही भूल गए कि हशमत की मुलाक़ात इन साहिब से कहाँ और कैसे हुई!

मुलाक़ात हुई स्वर्गीय बलराज साहनी के घर। दिन, तारीख़—इतवार, पहली मई—वक़्त सुबह के दस। बलराजजी की जन्मतिथि पर जुटी उनके

दोस्तों की भीड़।

दोस्तों की टोली से जब कोई भी प्यारा दोस्त ओझल हो जाए, बाक़ी सिर्फ़ उसकी याद हो तो दोस्तों के पाँव ख़ुद-ब-खुद उस घर की ओर उठ जाते हैं जहाँ कभी मिलकर दोस्तों ने ऊँचे क़हक़हों के बीच जिंदगी को चुनौती दी हो। उसकी कश-म-कश, गरमाहट महसूस की हो। बार-बार, सौ बार जिंदगी को जी डालने की क़समें खाई हों। वह ललक, वह प्यास, वह कहकहे। क़हक़हे इतने बेख़ौफ़ कि ख्वाबों में भी मौत को आगे सरका देनेवाले।

अब तो बाक़ी है—एक याद। एक मौजूदगी। एक टुकड़ा जी हुई जिंदगी का। जिसे संतोष साहनी ने बलराजजी के कमरे में सजा दिया है। तसवीरें पुरानी, और पुरानी, और भी पुरानी।

एक थरथराहट—पंडित रामनारायण सारंगी पर! कभी न लौट आनेवाले क्षण को उठाकर वह दिलों के कपाटों पर छोड़ देते हैं। हौले-हौले, इतने हौले कि सरसराहट में सिर्फ़ हवा लहरा जाए। हवा में नमी, एक कशिश! जीने को दुबारा जिंदा कर डालनेवाली एक अमूर्त लय!

इनसान मरता है और नहीं मरता। यहीं इसी बिंदु पर जिंदगी और मौत दोनों एक-दूसरे को झुठला जाती हैं।

हशमत अचानक चौंककर देखते हैं। सैत्यू साहिब की गोद में लेटी नन्ही बच्ची। ताज़े बचपनी बालों में ममता-भरा हाथ—

ठिठककर हम कभी हाथों को देखा किए, कभी बालों को, कभी नन्हे-मुन्ने पाँवों को! या ख़ुदा, यह भी क्या जादू है जिसमें बँधी दुनिया जिंदगी के हर मौसम का सामना किए जाती है!

दोस्तो, न जाने कैसा हुआ कि एकाएक हमारा सामना उस गहरे दर्द से हो गया जो इनसान की रूह में हर पल, हर घड़ी पलता है और जिसके ख़ौफ़ से ही सिहरकर सारंगी की-सी तरलता से जिंदगी अपने को एक कड़ी से दूसरी कड़ी से जुड़ाती चली जाती है।

लहरें! लय! रूह। जिस्म और जादू!

हशमत भीड़ में बिलकुल अकेले हो गए। शायद यह हमारा उस क्षण से साक्षात्कार था जिसे जीते-जी कोई दोहराना नहीं चाहता।

लय में छोटा-सा अवकाश और श्रोताओं का साधुवाद पंडितजी के लिए। 'आपसे मिलिए-नितिन सेठी। आप हैं हशमत...'

क़द-काठी का रौब-दाब—चेहरा बिलकुल रीलैक्स'—हमने देखा और देखकर राहत महसूस की।

नितिन को कुछ थोड़ा जान लेने के बाद हम आपको बेझिझक कह सकते हैं कि नितिन की सोहबत में आप कुछ भी पाएँ, छिपी-घुली तुर्शी बौखलाहट न पाएँगे!

नितिन की पूरी शख़्सियत में हमें किन्हीं तीन पीढ़ियों की जमा और उसका ख़ुद का कमाया हुआ सरमाया साफ़ अलग-अलग रंग-रूप में नज़र आया। पूरी फबन एक सजे-बने घर की तरह जहाँ की एक भी चीज़ को जगह से सरका देने, हटा देने या उठाकर आँखों से ओझल कर देने से उसकी समूची लय, उसकी बंदिश बिखर जाती हो।

नितिन की सँवरन ऐसी ही चुस्त-दुरुस्त। वह जो निहायत नफ़ीस क़िस्म की सफ़ेदपोश जिंदगी, जो ऊँचाई से लुढ़ककर पुरानी खाद से दुबारा उग आए—उसका संघर्ष भी सहज नहीं होता भले ही वह नाटकीय न हो। नितिन हमें इसी मज़बूत जड़ोंवाली जीवन-शैली में पनपे वह हज़रते-शेख लगे जो दुरुस्त सोचने और क़रीने से रहने-जीने में गहरी आस्था रखते हैं।

लंबे अरसे से रंगमंच से जुड़े रहने के नाते नितिन के आस-पास रंगकर्मी भीड़ है। नितिन उस भीड़ का एक ज़रूरी हिस्सा हैं और मस्त हैं मगर अफ़सोस 'मस्तमौला 'नहीं हैं। नितिन किसी स्थिति में, किसी संगत में अपने को भूलते नहीं।

चाल-ढाल में आप उन्हें विदेश सेवावाले सब तेवरों और लटकों से लैस पाएँगे। जूतों की लिशक, काला कफ़-पैंट की क्रीज सब टिच-टिम। उठान पेशावरी। चेहरा किम के उपन्यासोंवाला। कहने का मतलब यह कि नितिन के पास जहाँ राजनयिक होने के सब ज़रूरी लटके और रख-रखाव मौजूद हैं वहाँ कूटनीतिज्ञ बनने के लिए नीति और पैंतरेबाज़ी गैर-हाज़िर हैं।

हम हजामत

उपन्यास 'दी डिप्लोमेट' को पढ़कर देखिएगा। ब्रिटिश विदेश सेवा के एक वरिष्ठ राजनयिक—जो विदेश विभाग द्वारा ख़ासतौर पर स्टालिन से मुलाक़ात माँगने के लिए तैनात किए गए थे—महीनों सुबह-शाम हजामत बनाते, इस इंतज़ार में कि कभी भी आधी रात-प्रभात उन्हें मुलाक़ात के लिए याद किया जा सकता है। हमने नितिन को भी हर मौक़े पर तैयार पाया। चुस्त-दुरुस्त। न आधा इंच कम, न ज़्यादा। गर्दन न ढीली, न अकड़ी। अदा स्टेज के उस अभिनेता की जो दर्शकों के सामने न छोटा रहा हो, न बड़ा हुआ हो। सच तो यह है कि नितिन वह चेहरा है जो प्रौढ़ होते-होते ही जवान होता है।

बंबई की किसी भी नाट्य साँझ को आप उसे दर्शकों की पंक्ति में, अभिनेताओं के गिरोह में, स्टेज पर कहीं भी देख सकते हैं।

यहाँ हम नितिन के जिगरी दोस्त जनाब सत्ती साहिब का ज़िक्र करना न भूलेंगे। इस मामले में उनकी ख़ामोश मगर रौबीली अदा हमें और भी पसंद आई। नितिन के निमंत्रण पर हम जितनी बार इप्टा के नाटक देखने गए, टिकट-घर की खिड़की में उन्हें मुस्तैद पाया। साथ-साथ रहते इन दो दोस्तों की दोस्ती न सिर्फ़ हमें ख़ूबसूरत ही लगी, वह हमें नितिन के मानसिक धरातल की कुंजी भी लगी। कोई भी दो दोस्त जो कॉलेज के दिनों से लेकर, एक साथ रहकर जिंदगी का ऊँच-नीच झेल जाएँ, तारीफ़ के हक़दार हैं।

इन दोनों की गुफ़्तगू से एक रंगीन ज़िक्र हमारे हाथ आते-आते रह गया। एक हसीन संगमरमरी मूरत जिसे कराची की पारसी कन्फ़ेक्शनरी में देखकर दोनों दोस्तों ने दिल थाम लिये थे।

हमें हैरानी हुई कि यार लोगों ने उसका पीछा तक न किया। मौसम जवान रहे होंगे, दिलों में अरमान रहे होंगे। और दिल को थामकर सिर्फ़ चाय पीने में ही लाचार रहे होंगे। हमने कुरेदना चाहा तो तरकीब से बातचीत का रुख पलट दिया गया।

साहबो, एक शाम हम नितिन के यहाँ जा पहुँचे। देखा, हज़रत एक तामझामवाली 'ब्लू स्टाकिंग' से बातचीत में मसरूफ़ हैं। हमने नितिन की

नमकीन बीवी राजी का साथ देने को सिगरेट सुलगा लिया और सलीक़े से राजी और नितिन के साझेपन पर ताक-झाँक करने लगे। हमने दो-एक बार कनखियों से ताका तो नितिन और मादाम को इकट्ठा देख बड़ी करारी क़िस्म की दिलचस्पी पैदा हुई। देखा दोनों तरफ़ से गोट पर गोट धरी जा रही है। न घोड़ा आगे बढ़ता है न प्यादा। हशमत शिष्टाचार को बलाय ताक रख बड़ी तरकीब से यह खुफ़िया मैदान और राजी दोनों को सँभाले रहे। और रियाज़ न कर पाने पर राजी की कलक को कम करते रहे। नितिन ने बीयर का गिलास मादाम को पेश किया। और ख़ुद नींबू-पानी पर हो गए।

हशमत का माथा ठनका। चाहा झकझोरकर कहें—यार, यहाँ भी क्या किसी स्टेज पर अभिनय कर रहे हो! तुम्हारे कमरे में एक साथ गर्म और सर्द हवाएँ चलने लगेंगी तो दोनों मिलकर एक-दूसरे को काट देंगी। आबोहवा के ख़िलाफ़ चलोगे तो दोनों के सोचने को जुकाम हो जाएगा। दिमाग़ पर चिटखनी चढ़ी रहेगी तो अंदर हवा कैसे फिरेगी!

अचानक हम देखते क्या हैं—नितिन का जायज़ा लिया जा रहा है। हमने साफ़ देखा मादाम की निगाह कुछ कच्चा माल उठाकर किसी दूसरे ही साँचे में ढालने की तैयारी में हैं।

हशमत बाक़ायदा इन पैंतरों का मज़ा लेने लगे।

मादाम के इरादे भाँप नितिन ने अपना 'डिफेंस' और मज़बूत कर लिया। एक छोटी-मोटी इंटरव्यू ही तो। नितिन इस क़दर ख़बरदार, चौकस कि जैसे किसी बड़े मामले में जाँच-पड़ताल हो रही हो।

मादाम ने बड़ी ही भोली अदा से दुक्की फेंक दी—

'बंबई के ताज़े दिनों की ही कुछ कहिए!'

'अजीब दिन थे वे भी। मेरे और राजी के पास अभावों की एक लंबी फेहरिस्त थी। हालात यह कि आज रात जेब में पैसे हैं कल का अल्लाह मालिक। कभी दस का नोट सौ का मालूम दे, कभी सौ का एक हज़ार। उधर दिल की यह हालत किन उदास हो न हार मानने को तैयार। बस, कुछ कर

डालने की तमन्ना में मगरूर। ख़ुश!'

मादाम ख़ुश हुई।

'बड़ी बात कह रहे हो दोस्त-लड़ाई लड़ने का, संघर्ष करने का एक अपना ही नशा है जो दूसरे सब नशों से तीखा, तेज़ और अलग होता है।'

नितिन के अब भी नपे-तुले जवाब। कुछ भी कहने में ज़रूरत से ज़्यादा ख़बरदारी, अंदाज़ में मितव्ययिता और एक हद तक ओढ़ा हुआ अनुशासन।

हशमत को कोफ़्त होने लगी। अचानक नोट किया, नितिन का रवैया ताड़ मादाम ने भी अपनी स्ट्रेटजी बदल डाली।

काउंटर पर चिपके एक 'स्टिकर' को दोहराया जो शायद नितिन की ख़ूबसूरत बेटी अनिता को पसंद है—

'एतबार न कीजे उस शख़्स का जो पिए नहीं...'

हशमत ने नितिन को आँख मारी—जो पिए नहीं और काँच के गिलासों को बाहर से देख-देख ही सरूर में आ जाय।

दोस्तो, जिंदगी भी वह आब है जिसे या तो आप घूँट भर-भर पीते हैं या दूर से ही देख-देख पीते हैं। मोटे तौर पर इनसानों की ये दो क़तारें-एक जो पीती रहती है, नशे में ग़र्क़ रहती है (नशा किसी भी चीज़ का हो सकता है), दूसरी साधु-संत बनी समझदारी की मुद्रा में सिर हिलाती रहती है।

नितिन की ट्राइब अपने पर लगाई हुई रोक के बावजूद फिरागदिली से दूसरों के गिलास भरती रहती है और अपने तईं आसक्ति की हद तक नींबू-पानी से जुड़ी रहती है।

दोस्तो, हमें नितिन की यह बड़ी और खुली अदा बड़ी प्यारी लगी। लेकिन दिल-ही-दिल सोचते रहे कि कलाकार के लिए अपने उसूलों से जुड़े रहने के फ़ैसले अपने से परे हट जाने के फ़ैसलों से कहीं ज़्यादा महँगे पड़ते हैं।

क्या नितिन को यह मालूम है? क्या इस हिसाब की जमा तफरीक करने की हिम्मत नितिन में होगी? हमारा ख़याल है नितिन का हिसाब कमज़ोर है।

नितिन ने फ़ौरन हमारी बात भाँप ली और कहा, 'तराजू के दोनों पलड़ों

को बराबर इकसार रखता आया हूँ और इस पर कभी पछताया नहीं हूँ।'

मादाम हँसी। राजी से कहा—'तुम गवाह हो न नितिन नाटक तो नहीं खेल रहे-आजकल किस रिहर्सल पर हैं!'

'अक्टोप्स। नाटक नितिन की शख़्सियत में इस हद तक रस गया है कि इसे नाटक खेलना नहीं पड़ता। हर जगह इसके लिए स्टेज है। नपी-तुली हरकत, वही संवाद, वही मुद्रा।'

मादाम ने सिर हिलाया—'गलत हो सकती हूँ पर नितिन में हमें महत्त्वाकांक्षा की कमी लगती है।'

नितिन ने बुरा नहीं मनाया। हँसकर कहा—'इसे गुनाह तो नहीं समझतीं?'

'न' और 'हाँ' दोनों। किसी भी व्यक्ति के निकट महत्त्वाकांक्षी न होना कोई गुनहगारी नहीं और कलाकार होने के नाते यह क़ाबिले तारीफ़ नहीं।

नितिन ने संजीदगी से सिर हिलाया—'आदाब अर्ज़ है।'

मादाम की चुलबुलाहट लौट आई।

दोस्त, नाटक स्टेज हो चुका। स्टेज से उतर दर्शकों की क़तार में आ बैठो हम और आप बैठे हैं बहैसियत दो दोस्तों के!

हशमत ने नितिन के रौबीले कालर को ज़रा फड़फड़ाते देखा तो घुड़ककर नितिन से कहा—'यार, ख़याल था इस नुक्ते पर अपने संवादों में जान डालोगे, पर मालूम होता है तुम अभी भी रिहर्सल पर हो।'

अनसुना कर नितिन ने बात का रुख पलट दिया—'क्या कहूँ, अपने दोस्तों का बड़ा अहसानमंद हूँ। पीछे देखता हूँ तो याद आते हैं राजेन्द्र सिकन्द, हरीश, वीरसिंह। बंबई विश्वविद्यालय के सामनेवाले कॉफ़ी-हाउस में घंटों जवाहर कौल और ओंकार साहिब के साथ गुज़र जाते। सच तो यह है उन्होंने ही मेरे आगे साहित्य और थिएटर की अनोखी खिड़की खोलकर रख दी। बलराजजी को याद करता हूँ तो एक ऐसा चेहरा उभरता है जो एक साथ अच्छा कलाकार और अच्छा इनसान था। सच कहूँ तो दोस्तों को मामले में बड़ा ही ख़ुशक़िस्मत रहा हूँ। दोस्तों को ही मैं अपनी अमीरी, सरमाया मानता हूँ।'

पेशावर में तिल्ले के पुराने व्यापारी जनाब विश्वेश्वरनाथ के इकलौते साहबज़ादे ने सचमुच में ही अपना ख़ानदानी पेशा बदल डाला है। बहुत कुछ मुट्ठी में होने से कभी दूसरी तरह की ज़िंदगी अपनी ओर खींच लेती है। तब आदमी कुछ पुराना तोड़ना चाहता है और अपने को नए से जोड़ना चाहता है। इस चाहने की कीमत बड़ी होती है और अदा करनी होती है। नितिन ने यह क़ीमत अदा की है। यह उसके पूरे दृष्टिकोण पर अंकित है।

हमने नितिन में बहुतायत और कमियों, दोनों के लिए अजीब ढंग का मिला-जुला सामंती आकर्षण देखा।

अंकुर के 'समूचे इम्पैक्ट' पर बात करते हशमत ढिठाई से अपनी बात पर अड़े रहे कि गरीबों के शोषण और सामंती संदर्भ में ऐसे शोषण की त्रासदी उसके रूढ़िगत प्रस्तुतीकरण के प्रभावशाली होते हुए भी—यह भीड़ से, जनसाधारण से दूर रहनेवाले तथाकथित इंटलेक्चुअल वर्ग की अपनी मानसिक संवेदना और प्रतिक्रिया है। ऐसी ज़ालिम सहानुभूति और इतना नफ़ीस विद्रोह—दोनों ही सामंती संवेदना से प्रतीक हैं। इंटलेक्चुअल स्तर पर भी तथ्यों की यह तोड़-मरोड़ उसे यथार्थ से नहीं जोड़ती (जोड़ सकती नहीं), क्योंकि फ़िल्मानेवाली आँख में हज़ार दर्द हैं, गीलापन है, मानवीय सहानुभूति है पर विराट दृष्टि नहीं। शोषित को झकझोरकर जीवट से लड़ने की जगह उसे बेबसी और सेल्फ-पिटी तक उकसाकर छोड़ देना निश्चय ही क्रांतिकारी प्राप्ति नहीं।

जवाब में नितिन ने बड़ी तरकीब से समकालीन सिनेमा के बहाने हमारी मान्यताओं को सुधारने और सुलझाने की कोशिश की। हमारी मदद के लिए कांटेम्परेरी सिने-भाषा की सामान्य और विशिष्ट शैलियों द्वारा हमें एक नई डाइमेंशन की झाँकी दी। कृष्ण शाह के 'राइवल' और कारली साएरा की 'इलीज़ा' के संदर्भ दे हमारी नज़र को साफ़ करना चाहा, पर दोस्तो, क़लमवालों की हठधर्मी मशहूर है। डटे रहे।

चलिए बता ही डालें—हमारी ओर से ऐसी शरारत की वजह एक और भी थी। फ़िल्म और थिएटर पर नितिन का 'फाइनल से' वाला अंदाज़। (हालाँकि

हम यह ठीक जानते थे कि ऐसी मुद्रा धारण करने के नितिन हक़दार हैं।) वह समकालीन सिनेमा के प्रबुद्ध जानकार हैं। फ़िल्म सोसाइटी के चेयरमैन रह चुके हैं।

एकाएक कमरे में हलचल होने लगी। शाम गहराने के साथ-साथ ही नितिन का घर गरमाने लगता है। लाल तहबंद और कलफ़ लगे ताज़े कुरते में सत्ती साहिब ने ठंडी बियर में चुटकी-भर नमक मिलाया और दिन-भर की दफ़्तरी सिरदर्दी को हर घूँट के साथ भटककर ख़त्म करने लगे। हृदयलाणी आए और जल्दी ही चले गए। सैत्यू और शमा की मौजूदगी में एक सहजपन। मोहन शर्मा अपनी मूँछों से कमरे को जवान बनाए हुए हैं।

आरेंज रंग की रेशमी लुंगी में सरहदी अंदर आए। नितिन से मसविदा लिया और चल दिए। शशि और राजी, दो पुराने दोस्तों की बीवियोंवाली नोकझोंक!

हम नितिन की ओर मुड़े—'आप यूगोस्लाव कांसुलेट में रहे, कैसे निबाह हुआ!'

'कोई शिकायत तो नहीं थी।'

'और फ़िल्म फाइनेंस कारपोरेशन में...'

नितिन हँसे-तो आप सुन चुके हैं! छोटा दिखनेवाला क़िस्सा गंभीर था। समझौता न कर सका। नाटकीयता इतनी ही कि नितिन ने इस्तीफ़ा दे दिया और पटाक्षेप हो गया।

नौकरी और नौकरशाही से निपटने का यह सबसे सहज और सबसे महँगा तरीक़ा है। हमने अपनी भूलसुधार की—नितिन का हिसाब इतना कमज़ोर नहीं जितना हमने समझा था।

मोहन साहिब ने 'आखिरी शमा' का ज़िक्र छेड़ दिया। 'आखिरी शमा' के पचास शो हुए। इसमें ग़ालिब की भूमिका बलराजजी ने की और मोमिन की नितिन ने।

ग़ालिब बलराजजी पर कुछ इस तरह से हावी हुए कि उनकी भूमिका में से निकल गए। कैफ़ी साहिब ने उन्हें कुछ और पंक्तियाँ भी दीं मगर बात न बनी।

जूहू आर्ट थिएटर के तंगी-तुर्शी के दिन थे। शो के बाद बलराजजी ने

दर्शकों से अपील की। भीड़ में से एक दर्जी उठे और कहा—अगले नाटक के लिए फ़्री पोशाकें बना देने में उन्हें ख़ुशी होगी।

इतनी छोटी और इतनी बड़ी बात सारी नाट्य टोली को गरमाने के लिए काफ़ी थी।

उन दिनों बलराजजी के पास मोटर बाइक हुआ करती थी। यही बाद में साझी सवारी की तरह इस्तेमाल होने लगी।

छोटी-सी भीड़ के सामने प्रेम परवेज साहिब का 'पौदा' खेला गया।

संतोष साहनी ने 'इंसपेक्टर जनरल' का निर्देशन किया। इसमें मार्था की भूमिका निबाही संतोष साहनी ने। जनरल थे बी. डी. गर्ग और कैप्टन नितिन सेठी। अन्य जनरल कृष्ण चोपड़ा।

'हीरा मोती' और कृष्णचन्द का 'अमन' खेला गया।

'अमन' में अभिनय कर रहे थे बलराज साहनी और राजी नितिन। यही दिन थे जब चमनपुरी और मदनपुरी हमारी टोली में आ मिले थे।

'छेड़ातार' और 'काबुलिवाला'। 'काबुलीवाला' में अभिनय करनेवालों में थे—बलराज साहनी, संतोष साहनी और नितिन (बंगाली बाबू)। 'तिकड़म' खेला गया। लेखक थे नितिन सेठी और निर्देशक बलराज साहनी।

ज़िया सरहदी 'हम लोग' बना रहे थे। यही वह मोड़ था जहाँ बलराजजी गंभीरता से फ़िल्मों की ओर बढ़े। बलराजजी को 'गालिब' की भूमिका के लिए साइन किया गया, लेकिन बाद में यह भूमिका भारतभूषण को दी गई।

जूहू आर्ट थिएटर साधनों की कमी से बंद हो गया। इप्टा के बैनर तले प्रेमचन्द द्वारा अनूदित गाल्जवर्दी की 'हड़ताल' और 'डेथ ऑफ़ दि सेल्समैन' खेले गए।

इस बीच नितिन ने भी कुछ फ़िल्मों में रोल करने शुरू कर दिए।

धर्मवीर भारती का 'प्रिमीथियस' मंचित हुआ। अभिनेता थे अमरीशपुरी और नितिन सेठी। भारती के 'अंधा युग' में संजय की भूमिका निभाई नितिन ने।

इन्हीं दिनों पंजाबी नाटक 'ओधा लियोदी कुड़ी' में राजी ने स्मरणीय

अभिनय किया।

हशमत नितिन की बीवी को नई निगाह से देखने लगे। खुशमिज़ाज, खुली-डुली। रंज और कुढ़न इतनी ही कि संगीत में अब तक कुछ बड़ा क्यों नहीं कर पाई।

हम कहना चाहते रहे कि राजी बीवी, यह भाव तुम्हारा अपना हो—निज का सपना हो या वातावरण से उपजा शौक़ हो—जो कुछ भी हो क़ाबिले तारीफ़ है। राजी को हँसना आता है। खुले दिल से। खुले ढंग से। हमने चोर निगाहों से अरखा-परखा और इस नतीजे पर पहुँचे कि नितिन-जैसे शौहर को नटखट बीवी की ज़रूरत थी। उसे मिल गई।

नितिन के पास बलराज साहनी की बेहिसाब यादें हैं। बरसों दोनों का अंतरंग साथ रहा।

क्या नितिन बलराजजी पर कुछ लिखना चाहेंगे?

नितिन ने न हामी भरी न इनकार किया।

हशमत बैठे-बैठे सोचते रहे, क्या प्रतिभा का सब्स्टीच्यूट साधना है? क्या किसी एक के न होने से काम चलाया जा सकता है? क्या संयम और सामर्थ्य एक-दूसरे पूरक हैं? क्या हर किसी की सीमाओं के साथ कला के संदर्भ बदल जाते हैं? दोस्तो, जैसे ही हशमत ने यह सोचा ख़ुद अपने लिए फ़िक्रमंद हो गए। क्या कोई भी बड़ी क़लम प्रतिभा के बल पर ही उभरती है? अनुभव और यथार्थ से कटकर क्या कोई भी कलात्मक ऊँचाई छुई जा सकती है? संघर्ष से कतराकर क्या किसी भी सृजनात्मक यात्रा को केवल तकनीक के बल पर कालजयी बनाया जा सकता है?

दोस्तो, जाने क्या हुआ हम सोचते-सोचते ख़ुद से ही उखड़ गए। अपने को दिलासा दिया—अब भी क्या बिगड़ा है! फिर से जिंदगी को जी डालो। नए ढंग से अपने लेखन को सँवारो। जहाँ कुछ उन्नीस-बीस है उसे ढोके लगाकर मज़बूत करो और फिर जमकर वह लिखो जो अब तक न लिखा गया हो।

मुँदी आँखों की खुमारी में अपने को नया पंक्चुएशन' देकर हम अपने लिए

नया साहित्यिक मुखौटा तैयार कर डालने की तैयारी में थे कि हमारी नीयत भाँपकर हमारे लेखक ने विद्रोह कर दिया। चीख़कर कहा—

दिल में थिएटर का चाव उठ रहा है—ख़बरदार! इस ग़लतफ़हमी में न रहना। तुम समझते हो बिना काया बदले ही रूह बदल डालोगे! अभिनेता जब तक मंच पर होता है अपने अंदर और बाहर से दूसरों को जीता है। जीता है और फिर अपने चोले में लौट आता है! लेखक हर क्षण समय को पीता है, फिर दूसरों की जिंदगी अपने में सोचकर दुबारा जीता है, जीकर उगाता है और अपनी क़लम में उतार लाता है। मियाँ हशमत, क़लम की मेहनत से कतराकर तुम रंगमंच के अभिनेता या नाटककार न बन पाओगे-भले नितिन, अलकाजी या राजेन्द्रनाथ की शागिर्दी करते रहो। आँख खुली, देखा, कमरा खाली हो चुका है। घड़ी देखी तो वहाँ नया दिन शुरू हो चुका था। हम हड़बड़ाके उठे। देखा, नितिन अपने टाइप राइटर पर तैनात हैं। हम पास झुके देर तक घूरते रहे, फिर रुखाई से कहा—

'अच्छा, इंटरनेशनल फ़िल्म फेस्टीवल की रिपोर्ट टाइप कर रहे हो!'

'जी?'

'देखो दोस्त, मेरी ग़लत रिपोर्टिंग की क़ीमत तुम्हें ख़ुद ही चुकानी होगी। लाख कोशिश की मगर तुम बाज़ न आए। तुमने क्या समझा था तुम्हारी दोस्तों की तरह मैं भी तुम्हारे पेशावरी जलाल से आँखें सेंक रहा था! याद रखो दोस्त, दिल और दिमाग़ की बरकतों को बाँटने में कभी कंजूसी न बरतो। रोक न लगाओ। दोस्त, यह मेरी या तुम्हारी जायदाद नहीं। यह तो ख़ुदाई बशिश है। इस पर भी रिस्पेक्टिबिलिटी के गिलाफ़ चढ़ाने से फ़ायदा!'

नितिन ने उठकर हाथ मिलाया—'सच कहते हो, तुम्हारी यह नसीहत हमेशा याद रखूँगा!'

हशमत दरवाज़े तक जाते-जाते पलटे। नितिन को आवाज़ देकर कहा—'यार, एक घेरदार पेशावरी सलवार-कमीज़ ज़रूर बनवा डालो। एक तो यह पोशाक तुम पर फबेगी, दूसरे इस बहाने पेशावर भी जिंदा रहेगा!'

गोविन्द मिश्र

दोस्तो, आज हम जिस कथाकार-उपन्यासकार से आपको मिलवाने जा रहे हैं वह हज़रत हैं गोविन्द मिश्र जो अपनी नस्ल के ख़िलाफ़ हैं और अपनी नस्ल के साथ भी।

चौंकिए नहीं, इस दाएँ-बाएँ की मिली-जुली परंपरा से सिर्फ़ 'लाल पीली ज़मीन' के प्रख्यात उपन्यासकार गोविन्द मिश्र ही नहीं जुड़े, इससे आज हमारे साहित्य की हर विधा जुड़ी-बँधी है। सच पूछिए तो आज के संदर्भ में इस दो मुँही प्रामाणिकता से हमारे जीवन और साहित्य के क़रीब क़रीब सभी संदर्भ उलझ गए हैं। जो बाएँ है, वह दाएँ भी है और जो दाएँ है वह बाएँ भी है। आश्चर्यजनक स्थिति है! क्या सचमुच ऐसा हो सकता है?

दाएँ से बाएँ आप किसी भी सत्ता या इस्टेब्लिशमेंट के ख़िलाफ़ हैं। बाएँ से दाएँ आप बाक़ायदा उसके साथ हैं। कभी 'क्राइसिस' सामने आ खड़ा हुआ तो आप बिना किसी शोर-शराबे या तरद्दुद के हौले से एक क़दम इधर हो जाएँ तो इनके साथ हैं, उधर हो जाएँ तो उनके। सच तो यह है दोस्तो कि अपनी लचकीली इंटेग्रिटी से हम कुछ इस ढंग से अपने को विभूषित किए हुए है कि जब चाहें साहित्यिक संदर्भ बदल लें, जब चाहें राजनीतिक मूल्य बदल दें। चेहरे और आत्मा पर कोई फ़र्क़ न आए।

साहित्य को लीजिए, हममें से हर कोई यह जानता है कि क़तार में जो हमारे पीछे है, उम्र में जो छोटा है, वही गुस्ताख़ हमें पछाड़कर आगे भी निकल

जाएगा। कैलेंडर उठाकर देखिए-हर क़लम की जन्म तारीख़ अपने-अपने खेमों को देर तक साहित्यिक क्रांतियों से जोड़े रखती है। लेखक दोस्तों का वह सारा गुट साथ होता है जो क़रीब क़रीब उन्हीं तारीख़ों से बँधे होते हैं। इसे खेमाबाज़ी कहिए, गुटबंदी कहिए, मक़सद सिर्फ़ वही।

दोस्तो, यह बात हमें हमेशा बड़ी दिलचस्प लगती रही कि अपनी-अपनी पीढ़ी के परचम उठाए, दर्जनों कथा-संकलनों ने अपनी-आपनी प्रामाणिक भूमिकाओं द्वारा अपने ही लेखन के साथ बिछे खप्पों को भरा है। ऊपर से कंक्रीट बिठाने की अदा में सब शक-शुबह और भरम मिटाकर माइल स्टोन भी स्थापित कर दिए गए हैं। (आपको पूरी छूट है, आप 'जनपथ' से जाएँ या 'राजपथ' से।)

ज़रा नज़र मारिए। ख़ासा लंबा-चौड़ा मैदान है। दर्जनों जम चुके हैं। दर्जनों जम रहे हैं। दर्जनों पनप रहे हैं। दर्जनों पनप चुके हैं। सैकड़ों न पनप रहे हैं, न जम ही सके हैं और अपनी मजबूरी की हालत में अपने फ़र्ज़ी नामों से प्रकाशकों की विषय-सूची बढ़ा रहे हैं

दूसरी तरफ़ यार लोग ख़ुद को मज़बूत करने की फ़िराक में नए लेखकों को 'हमसायों' का दरज़ा देकर उन्हें एक झंडे के नीचे लाने की लगातार कोशिश में हैं नए लेखन की नई ज़मीन पर क़ब्ज़ा किया जा रहा है। क्यारियों के साथ-साथ सुरंगें भी बिछाई जा रही हैं। दूसरी ओर का लश्कर इंतज़ार कर रहा है—अभी धमाका हुआ। अभी होगा। नहीं हुआ? ज़रूर होगा। ऐसा हो ही

नहीं सकता। होकर रहेगा!

दोस्तो, विज्ञापन और तालमेल के इस ज़माने में कुछ भी मुश्किल नहीं। कुछ भी आसान नहीं। यही वजह है कि हम एक तरफ़ दोस्तों के साथ तो हैं, दूसरी तरफ़ दोस्तों के ख़िलाफ़ भी।

दरअसल हम उस अनोखी परंपरा से जुड़े हैं जहाँ मूल्यों और मुद्दों की मतवातर झाड़-पोंछ की जगह, तरतीब और तरकीब से बाक़ायदा उन पर धूल और गर्द बिछा-बिठाई जाती है। सतह धुँधलाई जाती है, फिर अकादमिक-विवेचन के ज़रिए उन्हीं मुद्दों को साफ़ कर उन्हें असली हालत पर ले आया जाता है। फिर शुरू से होता है वही क्रम।

हम लेखक हैं। हम इंटलेक्चुअल हैं। हम विद्रोही हैं। हम एब्सर्ड हैं। हम एंटी हैं। हम इंक़लाबी हैं। क्रांतिकारी हैं। हममें संघर्षों से जूझनेवाली ईमानदारी है। हमें आज़ादी प्यारी है। दोस्तो, सच तो यह है कि हम वे हैं जिन्हें इम्तहान पर उतारा नहीं गया। हमारे हाथों में एक साथ जवाब-सवाल के परचे हल करके पकड़ा दिए गए हैं। यह पूछा जाए तो इसका जवाब यह है, वह पूछा जाए तो उसका जवाब वह।

दोस्तो, गोविन्द से हमें माफ़ी माँगनी होगी। ऐसे मुद्दों के साथ गोविन्द का कोई तअल्लुक नहीं। हालाँकि हमने उन्हें अक्सर इनसे खिलवाड़ करते ज़रूर देखा है। हो सकता है दिल-बहलाव के लिए ही है। ठीक कहें तो गोविन्द मिश्र की परेशानी नए और पुराने का संघर्ष है। यही उलझन उन्हें लगातार कसमसाती रहती है।

पुरानी पीढ़ी का कहना है कि आज जो नया तेवर है, उसे जाँचने की ज़रूरत है। नई पीढ़ी का कहना है कि पुरानी क़ीमतों से हमें और हमारे लेखन को न आँकिए। हर पुरानी विधा की पोशाक बदल गई है। नई में अर्थ का अनर्थ हो चुका है।

पाठक बेचारा हैरत से आलोचक की ओर देखता है। जनाब, इस स्याह-

सफ़ेद की पड़ताल कीजिए। दूध का दूध और पानी का पानी कीजिए।

क्योंकि आमतौर पर लेखक ही अपने और अपने दोस्तों के लेखन का आलोचक होता है। वही दिशा भी दिखाता है। किस तरकीब से? मुलाहिज़ा हो।

(आलोचक पचास-पचपनवालों के कान में) साठोत्तरी जब तेज़ तेज़ चले तो तुम तरकीब से ज़रा इधर-उधर फैल जाओ।

इससे क्या फ़ायदा होगा जनाब! इतना ही कि देखनेवालों के लिए गुज़र गया वक़्त रूमानी तौर से यथार्थ दिखने लगेगा और तुम जो रेस के घोड़े की तरह तेज़ रफ़्तार से भाग रहे हो वे नई ज़िंदगी की प्रतिच्छाया बनकर मैदान में टिक जाएँगे। समझे साहिब, इसे कहते हैं-साहित्यिक तरकीबें! साहित्य केवल ठोस यथार्थ नहीं, न केवल रोमांस है। न सिर्फ़ कलेवर है, न सिर्फ़ आदर्श। सो दोस्तो, पहले परंपरा की प्रतिष्ठा करो, फिर उसे तोड़ो। फिर प्रतिष्ठा करो, फिर तहस-नहस करो। यही प्रोसेस जन-मानस की गति का प्रतीक है। यही उसका सेवक है। यही उसका शासक भी। दोस्तो, हमसे क़सम उठवा लीजिए! (यह बेमतलब क़सम उठानेवाली अदा हमने 'धर्मयुग' में प्रकाशित धनंजय वर्मा के लेख 'हलफ़नामे' से चुरा ली है और बिना किसी कैल्कुलेशन के हम अपने दोस्त गोविन्द मिश्र वाले नुक़्ते पर पहुँच गए हैं।)

इसमें कोशिश इतनी ही की कि कोशिश नज़र न आए।

गोविन्द मिश्र निहायत शरीफ़ और सौम्य व्यक्तित्व के मालिक। चेहरे पर एक ख़ास तरह की आकर्षक नरमाई। तुर्शी-तलखी गैरहाज़िर। हाँ, आँखों में चौकन्नापन। बोलचाल में ठहराव। चुस्त-दुरुस्त सफ़ेदपोश पोशाक।

हशमत पहली बार इनसे मिले तो जाने क्यों किसी डिस्ट्रिक्ट टाउन के कलक्टरी बँगले के सब साजो-सामान आँखों में घूम गए। लेकिन झूठ न बोलेंगे, इस अनोखी कुर्सी का मिज़ाज गोविन्द की शख़्सियत से ग़ैरहाज़िर था। हमने दिल-ही-दिल में गोविन्द की तारीफ़ की और साथ ही अपने देश की लोकतंत्रीय प्रशासनिक सेवाओं की भी, जो पुरानी तर्ज़ की जुकाम लगी नौकरशाही से कहीं ताज़ा और खुली तर्ज़ अपनाने को तत्पर हैं।

दोस्तो, इस ख़ास-उल-ख़ास ट्राइब की शिनाख़्त करने के हक़दार भला हम कैसे हो सकते हैं। लेकिन आम आदमी की तरफ़ से कहना चाहेंगे कि अपने यहाँ की ब्यूरोक्रेसी का साधारणीकरण हमारी लोकतंत्रीय प्रणाली के लिए एक निशान है। अब यह सिर्फ़ महानगरों और तथाकथित बूर्ज्या कुलीन परिवारों की ही बपौती नहीं रह गई। बेशक पुरानी नौकरशाही का ग्लैमर हिंदुस्तानी शिक्षित वर्ग के मानस पर आज बदस्तूर अंकित है लेकिन नए रूप जनता जनार्दन के चौखटे से उभर रहे हैं।

जिस देश में कुर्ती-नशीनी जिंदगी की सबसे बड़ी महत्त्वाकांक्षा हो, वहाँ ऐसा भी साधारणीकरण और भी अहम और अर्थवान् हो उठता है। गोविन्द जैसे लोग शिक्षक परिवारों की देन हैं।

एक शाम गोविन्द बड़ी नाराज़ी से (मगर रस ले ले—यह गोविन्द की खास अदा है) किसी लेखक-सम्मेलन में अपने पर कसी फब्तियों का ज़िक्र कर रहे थे जिसमें यह उछाला गया था कि गोविन्द मिश्र सरकारी अधिकारी भले हों, वह साहित्यकार के रूप में ज़िंदगी से कट गए हैं।

गोविन्द का जवाब था—वह ज़रूर सेवाओं से जुड़े हैं, लेकिन वह जिंदगी से हरगिज कटे नहीं हैं। उनके माता-पिता दोनों एक छोटे-से क़स्बे के स्कूल में पढ़ाते रहे हैं। वह अब भी तीसरे दरज़ेवाली भीड़ से कंधा मिलाकर चल सकने की क्षमता रखते हैं।

दोस्तो, गोविन्द की इस बात ने हमें कहीं छुआ। वजह सिर्फ इतनी ही कि जहाँ लंबे अरसे तक कामयाब सफ़ेदपोश आदमी अपनी पारिवारिक कुलीनता, सामर्थ्य और समग्रता से जुड़ा रहना चाहता हो, वहाँ यह सादगी उस कुंठा को नकारती है। वक़्त के तकाज़े को पहचान अपनी निचली सीढ़ी से सकुचाती नहीं।

दोस्तो, हम सब इतनी जानकारी तो ज़रूर रखते हैं कि जहाँ बँधे-बँधाए सुरक्षात्मक ढाँचे में एक ख़ास तरह का जीवन-दर्शन पनपता है, उसका परिष्कार होता चला जाता है, वहीं जीवन और जीवन-प्रणाली एक बहुत बड़ी जिंदगी

से कटकर अलग भी हो जाती है। उसी जिंदगी से, जिसे अक्सर आम जिंदगी का नाम दिया जाता है।

हम जब-जब गोविन्द से मिलते रहे अपने तईं उसे याद दिलाना चाहते रहे कि दोस्त, इस मामले में तुम्हारे अपने फ़ैसले कोई मतलब नहीं रखते। यह कहना बेमानी है कि तुमने जो अपनाया है, वह केवल मात्र तुम्हारा अपना निर्णय है। तुम्हें जो एक चौखटा मिल गया है, यह कैसे मुमकिन है कि तुम उसकी कुछ भी क़ीमत अदा न करो, उसका अहसान न मानो।

सच्चाई तो यह है कि मंच पर बैठकर ही आप एंगल-विशेष से पंडाल को देखते हैं, मंच को देखते हैं और अपनी तीसरी आँख से धाँसू को उजागर करते चले जाते हैं।

आज की जिंदगी में व्यापक और व्याप्त राजनीतिक ताक़तों से बाक़ायदा स्थापित धाँसू को सिलेसिलेवार पढ़ सकने का यह ठंडा तरीक़ा भी लेखक को तंत्र ही देता है। वही दे सकता है।

जिस टकराहट की आकांक्षा से शासन से जुड़ा कोई भी व्यक्ति सुरक्षित ट्रैक पर चलते हुए अपने आस-पास फैली विसंगतियों की खोज और जाँच करने का बीड़ा उठा लेता है, वह सिर्फ़ लेखकीय चिंतन की जागरूकता के कारण ही नहीं, उनकी ख़ास वजह है—गहरी आसूदगी से मिली-जुली 'मनौटनी' एकरसता से उबरने का बहाना। यूँ इससे हटकर सेवाओं के पीछे रिकॉर्ड रखने की एक लंबी जीवंत परंपरा है। गोविन्द, दोस्त तंत्र से जुड़े रहने के तथ्य को नकारा भी क्यों जाए? क्या साहित्यिक कश-म-कश में एक अच्छी नौकरी आड़े आती है? इस संकोच से अब तो उबर जाना चाहिए।

दोस्तो, हशमत आप और गोविन्द के बीच नाहक़ खड़े हैं। उनका लेखन देखिए। ऊपर से नितांत आधुनिक लगता यह स्वर बाक़ायदा परंपरा से जुड़ा है। उसी कड़ी से उभरा है जो हमारी जड़ों में है और जिंदगी के नए-पुराने को सही-सही जगह पर बिठाने को हमेशा तैयार रहती है। गोविन्द की सुथरी

शैली का नमूना पेश है—

"'मैं' बेशरम है।...

(क्या हम सब लोग अपने-अपने दिल पर हाथ रखकर कह सकते हैं कि हमारा भी 'मैं' बेशरम है। अपने लिए कहना हो तो हशमत इस साहित्यिक विलक्षणता को अलग कर सादगी से इतना भर कहेंगे कि 'मैं' बेशरम हूँ। लेकिन गोविन्द निहायत भोले अंदाज़ में बिना तरद्दुद के विलक्षणता पैदा करना चाहते हैं!)

"'मैं' बेशरम है। आदमी की यह ख़ूबी, उसकी सहने की ताक़त कुछ भी कितनी मात्रा में हो, मुझे हमेशा ही असीम दिखी है—बेशरमी की हद तक खिंची हुई। हर हालत में जिंदा रह जाने की क़रीब क़रीब एक ज़िद-सी मर-मरकर उठ पड़ने जैसी हरकत लाचारी है, वरना कोई भी बंदा क्या कभी ख़ुद को मरने देता। पर हक़ीक़त तो यही है कि हम मरने से बहुत पहले ही मर चुके होते हैं। सहने की यह ताक़त अपने देश के आदमी से ज्यादा शायद ही कहीं और मिले।"

(गोविन्द, दोस्त, तुम ठीक कह रहे हो, लेकिन तुम्हारे कहने में आँच की आग की कमी क्यों है। ऐसी बेजान बेहिम्मती पर अगर तुम चोट नहीं करते तो यह अपने यहाँ ठंडे दर्शन के अंतर्गत सिवाय स्वीकृति के और कोई प्रतिक्रिया पैदा नहीं करेगा!)

"एक फालतू-सी उपस्थिति ही सही, पिता की, पर वह कितने छेदों को मूँदे बैठी थी। हमारी सारी किरकिराहट का लक्ष्य वे ही बन जाते थे। कुछ यों भी कि उसे अपने तक खींचकर लाने की जैसे उन्हें आदत पड़ चुकी थी। हम सोचते थे कि किरकिराहट थी, क्योंकि पिता थे। हमें बहाना मिल जाता था हाथ झाड़कर सामान्य सभ्य रह ले जाने का। किरकिराहट हेय थी, क्योंकि पिता की थी और वे उस आदिम संस्कृति के प्रतीक थे। पर वह मिट्टी, जिस धातु के हम बने हैं, और जो अब हम दोनों के बीच बज रही है—हमेशा थी। हमेशा है। हर जगह थी।"

—लाल पीली ज़मीन

दोस्तो, पिताओं को फालतू क़रार देना जिस पीढ़ी की परेशानी और बीमारी हो, वह ज़रूर कुछ छोड़ने को तैयार है और कुछ तलाशने को। जहाँ बराबरी के अहसास से दो व्यक्ति पिता और पुत्र भी बिना झिझक-झुँझलाहट के एक-दूसरे को संबोधित कर सकेंगे-क्या यह स्थिति हमसे अभी बहुत दूर है? समाजशास्त्री इस स्थिति को उकेरें।

यह सच है कि पुरानी परंपरा को तोड़ने की मुद्रा में हिंदी कहानी ने इस विषय को ही इंक़लाबी बना दिया है। संयुक्त परिवार के साहबज़ादे इसी तरह के विद्रोह करने की सामर्थ्य रखते हैं क्या?

'धाँसू' की भूमिका में; गोविन्द मिश्र का कहना है कि अपनी लेखकीय नियति की वजह से मेरा तअल्लुक राजनीतिक शक्तियों के पारंपरिक तनाव व संतुलन से उतना ही है जितना किसी भी चीज़ या हर किसी चीज़ से है। मेरा असली संबंध तो उस राजनीति से है जो आदमी को मारती है।

वहाँ हर दल की मार एक-सी है। यहाँ तक कि उन गैर-दलीय आदमियों की भी जो जनता की सेवा के विकार से पीड़ित होने के करण तंत्र की मार मारते हैं। इसलिए यह मेरी समझ से बाहर की बात है कि सिर्फ़ सत्ता में दल-परिवर्तन के साथ लेखकीय नज़रिए में कहीं से फ़र्क़ आ जाता है या कि लेखक की लड़ाई किसी विशेष राजनीतिक दल या विचारधारा से ही कैसे हो सकती है।

दोस्तो, यह इंटलेक्चुअल मुगालता है, फिर भी गोविन्द के इस कथन पर हशमत चौंके नहीं।

चौकस और चुस्त दिखनेवाला तटस्थ नज़रिया लेखक को भी बुनियादी तौर पर आर्थिक स्वतंत्रता के रूप में शासकीय तंत्र ही देता है। यहीं से वह बुनियादी फ़र्क़ शुरू होता है जहाँ नौकरशाही जनता से अलग हो जाती है, उससे कट जाती है; उसी जन में लीन हो जाती है जिसे वह शासित करती है। यहीं

से वह तटस्थ आक्रोश भी सिर उठाता है जिसके संतुलित पैनेपन से श्रीलाल शुक्ल ने 'राग दरबारी' लिखा होगा और गोविन्द ने 'लाल पीली ज़मीन'।

हम गोविन्द से एक बात ज़रूर पूछना चाहेंगे कि क्या हम सचमुच पुराने दर्शन (कितना भी गहरा क्यों न हो) और खोखली परंपराओं को बिना हटाए, बिना तोड़े, कोई भी नया तेवर या सेन्सिब्लिटी देकर—जीवन की विसंगतियों से लड़ सकने की सामर्थ्य पैदा कर सकेंगे? सोचने के स्तर पर गोविन्द के 'न्यूटरल' रहने के अतिरिक्त आग्रह और गुनगुने पानीवाले अंदाज़ ने हमें परेशान किया है। किसी भी स्तर पर राजनीति से लेखक की इन्वाल्वमेंट इतनी ठंडी क्योंकर हो सकती है। राजनीतिक प्रतिबद्धता के अर्थ 'संपूर्ण लेखक' और 'लेखधर्मा' के लिए ज़रूरी तौर पर अलग-अलग हैं। कुछ दूसरा मानकर प्रतिबद्धता के प्रति आग्रह को नकारना सही नहीं।

गोविन्द का कहना है कि लेखक की समझ खुद-ब-खुद छनती चली जाती है। क्या सचमुच में ऐसा होता है? नहीं। संघर्ष और कश-म-कश के बिना पानी भी क्रिस्टलाइज़ नहीं ही होता। कंकर मारने के ढंगवाली चर्चाएँ। गुटबंदियों, एक-दूसरे को हाथ देनेवाली अदाओं से कुछ नहीं होता। क्यों न गोविन्द-जैसे अच्छे सुधरे लेखक इससे कतराएँ।

गोविन्द द्वारा संपादित 'स्थितियाँ-रेखांकित' की आलोचनात्मक भूमिका पढ़ डालने के बाद हशमत कहना चाहते हैं कि आज क़रीब क़रीब हर लेखक को 'नई कहानी' की हाई इंटेंसिटीवाली विधा पर बहुत लाड़ हो आया है।

साहित्यिक—जुगलबंदी—जुगाड़—के लिए आज कहानी विधा के 'फिक्स डिपोज़िट' एकाएक बहुत क़ीमती हो गए हैं।

'स्थितियाँ-रेखांकित' में गोविन्द का सर्वेक्षण हमें बहुत दिलचस्प लगा। इतना कि कहानी के असली मुद्दों की जगह कहानी के मैदान में गड़े जितने भी ज़रूरी तौर पर महत्त्वपूर्ण खेमे हैं, वे अपने-अपने निशान और झंडे फहराते साफ़ नज़र आ रहे हैं। पूरा मज़मा किसी सरकारी नुमायश-जैसा है, जहाँ हर

वह स्टाल मौजूद है जिसे सरकारी नियमों के अंतर्गत आवश्यक माल प्रदर्शित करने की आज्ञा दी गई है।

प्यारे दोस्तो, नुमायश के इस ज़माने में नाम-पट्ट और श्याम पट्ट बेशक ज़रूरी हैं लेकिन याद रहे, दोस्तियाँ निभाने के प्यारे और नेक इरादों के बावजूद साहित्य में असल की नक़ल भले चलती रहे लेकिन साहबी ख़स्तामाल कोई नहीं उठाएगा और वह एक दिन शर्तिया रद्दी की तरह नीलाम हो जाएगा।

गोविन्द-जैसा अपने ढंग से सुथरा और सशक्त ('लाल पीली ज़मीन' लिख लेने के बाद गोविन्द को सशक्त कहने में कहीं कोई अतिशयोक्ति नहीं।) लेखक होने के नाते हमारे लिए लेखकीय सैंक्टिटी से हटकर यह क्यों ज़रूरी है कि हम पहले संकलनों की स्टेज बिठाएँ, फिर पुतलियों के तमाशे की तरह कुछ सुतली-डोर हाथ में लें, परदे के पीछे से कभी ढील दें—कभी खींचें, कभी कंपलीमेंट, कभी फतवे और आख़िर में अपनी और अपने दोस्तों की मूक समझौतापरस्ती का ऐलान कर उन्हें वैज्ञानिक मान्यताओं से विशिष्ट बनाकर ही दम लें।

'लाल पीली ज़मीन' पढ़कर 'हशमत' गोविन्द को बिरादराना मशविरा दे सकते हैं कि देखो मिश्रा गोविन्द, बेकार आलोचना के मैदान में न डटो। तुम्हारे पास कुछ है जो महत्त्वपूर्ण है, यहाँ तक कि वह तुम्हारे संस्कार में तलखी और संघर्ष की कमी तक को खलने से बचा लेता है।

गोविन्द आज का वह संतुलित भला मानुस हिंदुस्तानी है जो जिंदगी से खिलवाड़ नहीं करता। गंभीरता से उसे लेता है। ढंग से साधा-बिठाकर सोचने और साहित्यिक लेखन का समय जुटाता है। वह कम-से-कम आध दर्जन शुग़लों में व्यस्त रह सकता है जो हर महकमे से जुड़े अधिकारी को ज़रूरी तौर पर करने पड़ते हैं। वह ऐसा नहीं करता—इसके लिए 'हशमत' उसकी इज़्ज़त करते हैं।

साहित्य सोचने का सामान जुटाता है और तंत्र क्या उसे सीख लेता है? हमें नहीं मालूम!

नहीं दोस्तो, हम झूठ बोल रहे हैं। यह बात हमें ज़रूर मालूम है। हम श्रीलाल शुक्ल का 'राग दरबारी' पढ़ चुके हैं। गोविन्द की 'लाल पीली ज़मीन' तो सामने है ही। हम यह कह सकते हैं कि ये दोनों सब्ज़े तंत्र की रेतीली मिट्टी में किसी विशेष प्रयोग के फलस्वरूप नहीं उपजाए गए। ये अपने आप उस मिट्टी से उपजे हैं। दोस्तो, सरकारी ज़मीन में भी फ़सलें उगती हैं।

सरकारी, गैर-सरकारी महकमों से जुड़े लेखक आश्वस्त हों और अपने-अपने रुतबे और कुर्सियों के दम-खम से लैस होकर दबादब लंबे उपन्यास लिखना शुरू कर दें। चर्चा होकर रहेगी।

जोशी मनोहर श्याम

दोस्तो, गुरु-शिष्य की पुनीत परंपरा में श्री शरारत श्याम जोशी ने उपनिषदों को फलाँगकर एक ऐसे जोशी-पुराण की संरचना की है जो स्वातंत्र्योत्तर हिंदी-साहित्य में अभूतपूर्व है।

ब्राह्मण कुमार जोशी मनोहर श्याम ने कथावाचक की कुलीन पठनीयता का भी ऐसा रिकॉर्ड क़ायम किया है जो उनके समकालीनों के लिए तोड़ना मुश्किल ही होगा। हम अपने दोस्त कृष्ण बलदेव वैद की कसम नहीं खा सकते। वैद चाहें तो 'विमल उर्फ जायँ तो जायँ कहाँ'—और 'कुरु कुरु स्वाहा' की जुगलबंदी में अनोखा अद्भुत तराना प्रस्तुत कर सकते हैं।

'कुरु कुरु स्वाहा'—26 कैरटवाली ट्वाइस-बॉर्न ब्राह्मण संतति की पुरातन+आधुनिक अदाकारी है। दोनों रंगों के मिश्रण से एक अजीबो-गरीब घोल और रंग पैदा हुआ है। उसके साथ-ही-साथ एक अनोखा जन भी।

'जन' वह जिसे आज का भारतीय कहा जाता है।

मनोहर, श्याम और जोशी—एक ही बिंदु से उपजा त्रिकोण—भारतीय मानस को सींचती प्राचीन संस्कृति की गहरी जड़ें—आज के भारतीय चरित्र का विशेष कैमीकल और उदासीन बेचारगी में पल रही 'संवेदनशील भारतीय आत्मा' का बुनियादी ठंडापन इन तीनों के घोल-विशेष में डुबोकर प्रस्तुत किया गया है 'कुरु कुरु स्वाहा'। एक साथ गद्गद और गुदगुदी शैली में गालियों की, व्यंग्य की रंगोली रचना! भारतीय बालक मनोहरवा ने जिस काँइयाँ भोलेपन से अपनी

मनःस्थिति प्रस्तुत की है वह तो इस देश के इतिहास में अभूतपूर्व है।

जोशी ने तथाकथित भारतीय आत्मा की जो मनमारू अभिव्यक्ति की है वह एक साथ नए-पुराने की विहंगम खोज है और दिमाग़ी काहिली की अनूठी तसवीर भी। दोस्तो, उदासीन बेचारगी का एक अपना दर्शन होता है, अपने ही विश्वास, आस्थाएँ और रंग-बिरंगे मुखौटे भी। 'कुरु कुरु स्वाहा' में इनकी भीड़ लगी है।

मनोहर श्याम की ख़ूबी यह है कि वह बख़ूबी जानते हैं कि 'विद्रोह' की भंगिमा ही 'विद्रोह' नहीं होती। अक्सर वे 'विद्रोह' के मुखौटे होते हैं जो पलटकर आपको 'विद्रोह' से दूर ले जाते हैं। दूर रखते हैं। कुछ मुद्राएँ विशेष भी जिनमें आपको क्रांतिपूर्व की पहुँच की सूचना इसलिए दी जाती है ताकि आप वक़्त रहते सुरक्षा के नज़दीक हो जाएँ।

दोस्तो, हम सब जानते हैं, बुनियादी तौर पर न हम विद्रोही हैं—न हम योद्धा हैं, न सूरमा। हम तो अपनी नियति के तटस्थ दर्शक हैं और हैं आत्मलीन चिंतक!

अपनी व्यावहारिक बुद्धि से जोड़कर हम इसे ही भारतीयता की स्वाभाविक गहराई का प्रतीक समझ लिया करते हैं और अपने से अलग प्रवृत्तियोंवाली उग्र, तेज़-तर्रार विचारधाराओं और संस्कार-संस्कृतियों को उठाईगीर-छिछोरी बड़बोली क़रार दिया करते हैं। ऐसा क्यों है? 'कुरु कुरु' का तेवर सवाल नहीं इसका यह उत्तर है। शायद 'कुरु कुरु स्वाहा' की रचनात्मक भूमिका इतनी ही थी और यही इसका 'एरिया' और यही इसकी दौड़ भी!

यह विशेष बौद्धिक 'एरिया', यह 'फ़ाइबर' या यूँ कहें कि यह चटूरी मनःस्थिति आज के पढ़े-लिखे मगर संस्कारों से गढ़े भारतीय के ही खरे लक्षण हैं। यह सही है कि जोशीजी की यह विशेष कलाकृति उन पर इतनी हावी हुई कि उनके सब-के-सब पात्र बाक़ायदा पुरानी परंपरा में उनके हाथ की कठपुतली बने रहे हैं। उनके अपने वस्त्रों की तरह उन्हीं से चिपके रहे। उन्हीं के शिल्प में सिमटे रहे। किसी एक ने भी मुँह उठाकर न जोशीजी का सामना किया न मनोहर का और न श्याम का। सबकी सोच और चिंतन की बागडोर इस क़दर

जोशीजी के कंट्रोल में रही कि उनकी सीटी पर, वे सब, उन्हीं द्वारा बिछाए गए ट्रैक पर दौड़ते रहे और जोशीजी महाराज झंडी हिलाते रहे और ब्राह्मण देवता की अष्टसिद्ध भंगिमा में मंद-मंद मुसकराते रहे।

साहबो, पंडित श्याम मनोहर जोशी (नाम ऐसा जँचा है ज्यों किसी प्रदेश विशेष के मुख्यमंत्री हों) में नेतागिरी के सारे गुण मौजूद हैं। वह पेशेवर लीडर की चौकस आँख से अपने पात्र-वोटरों का जायज़ा लेते हैं और ऐन वक्त पर उन्हें नोचते हैं और मौक़ा आते ही उन्हें गलबाँही दे दबोच भी लेते हैं और कभी पुचकारकर कहते हैं—हे फ्रायड सुत, आए हो तो अब निर्भय हो बैठो। बाबा अभी तुम्हारी जन्म-कुंडली पढ़ते हैं। इतना याद रख लो बच्चा, सारे ज्ञान-विज्ञान, कला-साहित्य, तर्क-वितर्क के आगे और ऊपर है इस ब्राह्मण का ज्ञान-संसार। विद्या का अपूर्व भंडार।

दोस्तो, 'कुरु कुरु' में एक पूरी पीढ़ी की मानसिकता में गुँथा उसके खिचड़ी संस्कारों का इतिहास भी है। पीढ़ी, जो संस्कार से संस्कृत में खुबी है—शिक्षा अध्ययन से अंग्रेज़ी में और सृजन के स्तर पर 'वरनैकुलर-हिंदी' अपनाए हुए है। इस आधुनिक ब्राह्मण कुमार का लबादा संस्कृतमयी गरिमा का, सहज आकर्षण अंग्रेज़ी का और मुद्रा गहन गंभीर प्राचीन भारतीयता की—निरंतर चिंता और चिंतन की।

'हशमत' इतना ही कहना चाहते हैं कि आज की हमारी समकालीन बुद्धिवादी सोच इसी ताने-बाने में बुनी हुई है। किसी एक को दूसरे से अलग कर सकना मुश्किल ही नहीं-असंभव ही है। शायद यही वजह है कि हमारे दोस्त 'जोशी', 'श्याम' और 'मनोहर' ने एक ही नायक को तीन हिस्सों में स्थापित कर जिस पृष्ठभूमि पर भारतीय युवामन को उकेरा है, अंकित किया है—वह काफ़ी हद तक हमारी आधुनिक मानसिकता के क़रीब है।

ज़रूरत से ज़्यादा अकलमंदी—कुछ करने के नाम पर सिर्फ़ सोच, और सोच और सोच, वह भी इतनी बारीक कि छोटी-सी उलझन के लिए मीलों लंबा सफ़र तय करे और फिर अपनी अकलमंदियों में ही मारा जाय! गुर्क़ हो

जाय! दोस्तो, यही है भोला बालक प्यारा हिंदी लेखक! ऊपर से नितांत निरीह, त्रस्त और हैरान लेकिन अंदर से उतना ही चौकस, चौकन्ना और काँइयाँ। जहाँ बहादुरी—बेवक़ूफ़ी और कम-अकली की परिचायक हो वहाँ अपने आध्यात्मिक बल से, एक-से-एक दिमाग़ी शेर-मार्का सतर्क मगर स्वाभाविक काहिली के नमूने प्रस्तुत करने में जोशी ने कमाल कर दिखाया है।

दोस्तो, आपकी इजाज़त से हम इतना ज़रूर जोड़ना चाहेंगे कि प्यारे भारतीय के पास आत्मसम्मान और गरिमा की कोई कमी नहीं। इन दोनों से तो उसके भंडार-ही-भंडार भरे हैं। कमी तो उसके पास एक ही है—छोड़िए, हम नाम क्यों लें, आप स्वयं ही अंदाज़ा लगाइए।

गालियों का मनपसंद चुनाव और चयन दोनों ही आप 'कुरु कुरु स्वाहा' से बख़ूबी कर सकते हैं। जोशी के यहाँ जितनी बड़ी कमज़ोरी, गाली की पोटेंसी भी उतनी ही बड़ी!

'सारे रास्ते मैं ट्रेन के और उसके प्रवचन के हिचकोले खाता रहा। इस प्रवचन में स्पष्ट चेतावनी दी गई थी कि मनोहर श्याम जोशी वग़ैरा वग़ैरा, अदब के सारे हरामज़ादे अपनी-अपनी मिडियोक्रिटी की दल-दल में धँसकर मर जाएँगे और भगिनी-भंजकों का कोई नामलेवा तक न रहेगा!'

दोस्तो, ज़रा मनोहरवा-शब्दावली पर गौर कीजिए। पढ़ते-पढ़ते न आप चौंकते हैं, न बिदकते हैं और न ही आपकी सामाजिक शालीनता को कहीं चोट पहुँचती है—उलटे शास्त्रीय भाषा का प्रचार-प्रसार होता चला जाता है—भगिनी-भंजक! जहाँ इसके दूसरे सारे पर्यायी शब्दों पर पाठक नाक—मुँह सिकोड़ता है वहाँ इस शब्द की सांस्कृतिक लय पर रीझता है। इसका विशिष्ट सामाजिक-सांस्कृतिक स्तर पहचानिए। इसकी राजसी पोशाक और संस्कार भी। साहबो, अपने प्राचीन भारतीय पंचभूतों का एक अपना ही विशिष्ट कैमीकल है। गौरवमयी भारतीय कुढ़न हमारे हिंदुस्तानी मिज़ाज का प्रमुख अंग है। अगर हम कुढ़ें नहीं तो सोचेंगे नहीं। एक बार 'सोच' में लग ही जाएँगे तो उसे 'विचार' नहीं 'चिंतन' बनाकर ही दम लेंगे। किसी भी सोच में बैठे भारतीय

की गंभीर मुद्रा देखकर दूसरी सारी आस्थाओं का सिर झुक जाता है। मुलाहिजा हो 'कुरु कुरु स्वाहा' से—'रोज़ी के लिए अनुवाद करता हूँ। जोशीजी इंडियन अलाँ और इंडियन फलाँ (क्या इन दो शब्दों के अर्थ अंग्रेज़ों को भी मालूम हैं? हमें शक है!) बन जाने के चक्कर में सतत अनुवादक हैं। दिक़्क़त यह है कि पढ़ पढ़कर इनके लिए साहित्य क्या ससुरा जीवन तक मौलिक नहीं रह गया। जब देखो गुरु यही कहते हैं कि यह संदर्भ—यह पुस्तक-संदर्भ, यह नाटक—संदर्भ, यह फ़िल्म—गोया किताबें इनके लिए जिंदगी हो गई हैं और जिंदगी ससुरी किताब हो चली है।'

दोस्तो, एक तरह से हशमत भी इसी कैटेगरी में आते हैं सो अपने पर भी लानतें भेज चुके हैं।

यह है 'कुरु कुरु स्वाहा' के जोशी पंडित की करामात।

क़सम ख़ुदा की, जोशी द्वारा की गई परिभाषा हममें से भला किसके ऊपर सटीक नहीं उतरती। हम सभी पर। प्रतिभाशाली सृजनात्मक हिंदी लेखकों की ट्राइब अनुवाद के ताने-फेरे में से ही कुछ-न-कुछ 'महान', 'कालजयी' और आधुनिक गढ़ लेने के प्रयास में बराबर संघर्ष करते हुए जिंदा रहती है और कुछ-न-कुछ करके ही दम तोड़ती है।

(आन्छीं—महापंडित जोशी के प्रवचनों के लिए उन्हें साधुवाद!)

दोस्तो, खफ़ा न होइए। हमारा इशारा आपकी ओर नहीं। आप तो शरारत श्याम लल्लन की तरह ही जन्मजात जीनियस हैं। प्रतिभाशाली हैं। हम जैसे मीडियोकरों की ही पूरी जमात मुँह बाए आपकी ओर तक रही है। आपकी प्रतिभाशाली और प्रतिभाजनित अदाओं से सराबोर हो रही है। और आप जनाब हैं कि गहरे चिंतन में चुप हैं। न 'हाँ' न 'न'।

अनुवाद की बात छोड़िए—जीनियस कभी अनुवाद नहीं करते। वह अनूदित भले होते हैं। कर लिये जाते हैं। किनके द्वारा भला। साहिब, कान इधर करिए—पत्नियों द्वारा नहीं—साहित्यिक पहुँचेलियों द्वारा (कोई एतराज़?) नहीं न! फिर लौटिए 'कुरु कुरु' की ओर—

‘वह बहुत प्रेमपूर्वक घोटा लगाते हैं पश्चिमी साहित्य का अंग्रेज़ी में फिर हिंदी में लिखते हैं कुछ-न-कुछ! (दोस्त, बड़ा कमीना मगर ख़ूबसूरत आरोप है!) अपने आराध्य—ओरिजनल अलाँ या फलाँ के स्टाइल में कि कोई फिर इनका साहित्य अंग्रेज़ी में अनुवाद करे और ओरिजनल अलाँ-फलाँ से दाद दिलाए।’

साहबो, मनोहर की यह बात हमें क़ाबिले-एतराज़ लगी है। भला महान कृतियाँ पेशेवर मुसाहबी-दाद की गुलाम क्यों होने लगीं। यूँ सच पूछो तो अपने साहित्य में तो दो-चार को छोड़कर पूरी जमात ही ‘महानों’ की है। अपनी कूची उलटी तरफ़ क्यों फेर दी रे मनोहरवा! इसीलिए न कि तुम महान लगो और दूसरे आलतू-फालतू! जिस क्लासिक कैटेगरी पर तुमने छींटाकशी की है उसमें तो तुम्हारे बेशुमार गुरुभाई, लँगोटिया यार और कई गुरुजन भी शामिल हैं। (सो प्यारे बालक, अकेले में चुपके-चुपके माफ़ी माँगकर प्रायश्चित कर डालो नहीं तो साहित्यिक चुप्पीवाला क्राइसिस तुम्हारी अगली रचनाओं के सिर पर से गुज़र ज़रूर जाएगा, समझे।) हम तुम्हारी पेशी साहित्यिक न्यायमूर्तियों के सामने नहीं करवा रहे। सिर्फ़ इसीलिए कि जनाब ‘कुरु कुरु’ में हाईक्लास छलनामयी ईमानदारी और इंटीग्रिटी का सबूत दे चुके हैं। हाँ, प्यारे, अगर किसी रौ में आकर तुम्हें किसी गुरुजन ने घुड़क ही दिया (वैसे तुम जैसे सफल संपादक को घुड़क भी कौन सकता है) तो हाथ जोड़ नम्रता से कह देना—

ग़लत न समझें मान्यवर, ये सब प्रवचन ‘प्रभुपक्ष’ में ही थे। जोशी पंडित, तुम्हें तो मालूम होगा कि इस ‘प्रभुपक्ष’ में क्या है जो समा न सके। सब सांसारिकता, व्यावहारिकता और शृंगारिकता। (यार, क्या हमारे सेंसर को भी इस गरिमामयी-गुप्त कलाज़ का पता है!) इस पर एक विशेषांक ज़रूर निकाल दो!

हाँ, याद आया—‘कुरु कुरु स्वाहा’ का तांत्रिक संदर्भ। इस नुक़्ते पर जोशी महाराज को हलकी-सी आँख मारकर हशमत मन-ही-मन दुहराते हैं—

पाशबद्धो—भवेज्जीवः पाश मुक्त
सदा शिवः।

प्यारे बालक बीजमंत्र से तो तुम्हारा परिचय है ही—

हीं-श्री-क्लीं...

हाँ-हीं-हुँ बगला मुख्यै

फटू स्वाहा। हूँ-फटू स्वाहा।

साहबो, 'कुरु कुरु' पढ़कर हम ख़ूब हँसे हैं। फेफड़े अपने काफ़ी साफ़ हुए हैं। जोशी दूसरों पर हँसते हैं तो अपने पर भी हँसते हैं, हँसवाते हैं। पाठकों को त्रिखा और तलाटी की जोड़ी 1999 तक तक याद रहेगी ही—आगे के लिए भी जोशी कोई मंत्र-तंत्र का जुगाड़ कर ही सकेंगे।

लीजिए पढ़िए—आम हिंदुस्तानी की महत्त्वाकांक्षा के बारे में—

'एक हज़ार रुपया, मैं सोच-सोचकर मुसकराया। आधुनिक भारतीय चिंतन का जादुई आँकड़ा नंबर एक। 'ड्राइंग फोर फीगर सैलरी।' साधारण नौकरी-पेशा लोगों की महत्त्वाकांक्षा, 'थाऊ गोया थाऊजैंड' का लाड़-भरा घरेलू नाम!'

(हशमत अपनी ओर से 'वाह वाह, कुरु कुरु स्वाहा!)

आगे देखिए—

'जोशीजी ने जमकर लिखने का मूड बनाने के लिए फार्मूला 99 आज़माने की सोची। इसके अंतर्गत एक आध्यात्मिक, एक शास्त्र-विज्ञान संबंधी, समाजशास्त्र हो तो और भी अच्छा और इन सबके साथ एक हलकी-फुलकी या अश्लील तीन पुस्तकों का लगभग समांतर पारायण करते रहते हैं।'

हशमत अपने दोस्त राजेन्द्र यादव के कान में कहना चाहते हैं—क्या ख़याल है दोस्त, अगला उपन्यास लिखने से पहले चलो हम भी एक क्राइसिस पैदा करें—मज़ा लें फिर इस नुस्खे को अपनाकर धीरे से टुच्ची-सी मगर महान गोट मार देंगे—और यार लोग चित! चुप्प!

जवाब में-राजेन्द्र का ठहाका और घुड़की, हमको दोनों ही एक साथ सुनाई पड़ते हैं। पाठको, हशमत का कहना है कि सौ फीसदी यह अचूक नुस्खा है—प्रेमचन्द के बादवाली पीढ़ियों के आज़माने के लिए। अपनाने के लिए। (कृपया प्रकाशक भी निजी नोटबुक में दर्ज करें)।

'जोशीजी, क्या कोई भी लेखक जो कविताएँ लिख रहे थे उनकी काव्य-

सृजन की प्रक्रिया से ही प्रगट है कि वह मूलतः छोड़ भूलतः भी कवि नहीं। दुःखी मनोहर ने कच्चा माल सप्लाई किया, दो-चार पाश्चात्य काव्य-संग्रह पढ़े। आप्टे का अंग्रेज़ी-संस्कृत-कोश उलटा पुलटा। किसी तरह का छंद नहीं सधा तो साँस की लय लाने की समस्या से ही जूझते रहे और साली कविता तैयार—

अब हविष्य
केवल भविष्य
काल्पनिक इष्य शिशु आँखों का
मुझसे नपुंसक दृश्य को—

(मनोहर की ओर से जोशीजी)

हिला गया
हिला गया तड़पा गया
अधगीले ज़ख़्म की तरह।

वाह—क्या कहने कवि-लेखनी के! कवि जोशी को हशमत की तरफ़ से एक पान मसाले का डिब्बा भेंट।

दोस्तो, ज्यों ही हमारी आँखों के आगे पान-मसाले का डिब्बा तैरने लगा—उसी पल दिमाग़ में रुपए एक करोड़ का आइडिया आया। यारो, इंक़लाब होनेवाला है—हिंदी-लेखक एक करोड़ की बात कर रहा है

साहबो, गौर से सुनिए! पान-मसाला हमारे चिंतक बुद्धिजीवी वर्ग की लाइफ-लाइन है। क्यों न हम मिलकर 'राष्ट्रीय पान मसाला सहकारी-सांस्कृतिक संस्थान' की स्थापना करने का अभियान शुरू करें। पान और पान मसाले का सेवन करनेवाला हर कोई इस सांस्कृतिक संस्थान का आजीवन सदस्य हो सकेगा। (राजनीतिज्ञ ऐसे संस्थान की ताक़त का अंदाज़ा ज़रूर लगा सकेंगे।) हशमत का दावा है कि इस संस्थान द्वारा तैयार किया गया यह पान-मसाला देश-विदेश में इतना लोकप्रिय होगा कि वैद्य-हकीमों के क़ीमती कुश्तों-खमीरों को मात दे देगा। नतीजा साफ़, लेखक सदस्य माला-माल। और साथ-ही-साथ एक बहुत बड़ी बुद्धिवादी 'पान-मसाला बिरादरी' सक्रिय हो उठेगी। देश के

उत्थान में सोच-सोचकर जो बिरादरी बोलेगी—वह बड़ी-बड़ी हुंडियाँ खोलेगी—इतना तो तय है।

बंधुओ, हशमत को विश्वास है कि यही वह 'बैनर' है जिसके नीचे हिंदुस्तान का, विशेषकर वरनैकुलर भाषाओं का बुद्धिजीवी वर्ग एकजुट हो सकता है। दूसरे सब अमल, सब मंडलियाँ हमारी पहुँच के बाहर ही समझिए! बीड़ी का नाम हम नहीं लेते! वह बिचारी बुद्धिवादी बिरादरी के लिए पहुँचेली ही समझिए।

सो दोस्तो, इस पुण्य-कार्य में देर न करिए—संगठित हो जाइए। सरकार इस सांस्कृतिक+साहित्यिक+व्यापारिक संस्थान के लिए लोक-कल्याण हित में रियायती दामों पर फ्री-होल्ड प्लाट भी दे सकेगी, ऐसा हमारा विश्वास है।

(दून की हाँकने के लिए माफ़ी—लौट आइए फिर से जोशीजी पर)।

'हम मूँगफली बाँटने के लिए दस लाख रुपया इकट्ठा कर सकते हैं। बशर्ते उसमें से नौ लाख रुपया आपस में ही बँट सकता हो।' यह बात अलग है कि उनकी शतचंडी का नाम मूँगफली है।

'मिस नटेसन, औसत हिंदुस्तानी प्रोटीन की कमी से उतना नहीं मर रहा जितना कि आत्मसम्मान और गरिमा की कमी से। और यह किसी भी प्रतीकात्मक चेष्टा से. दूर नहीं होनेवाली। यह कमी हम सब लफ़्फ़ाज़ों और मूँगफलीबाज़ों को उड़ा देगी।'

नन्दू ने कहा—मैं कोई भावुक कवि नहीं—समाजशास्त्री हूँ। आप गरिमा शौक से बाँटो, मुझे मूँगफली बाँटने दें। शायद उसे खाकर ही गरिमा लौट सके औसत हिंदुस्तानी की। रिवाइवेलिस्ट से रेवोल्यूशनरी हुआ अपना इंटलेक्चुअल बोला, डिसाइडेडली मूँगफली से नहीं लौटेगी गरिमा—मिस नटेसन, वह लौटेगी क्रांति से!

मुलाहिजा हो—

कविता लिखने बैठे जोशीजी ने ज़िच्च होकर काग़ज़ फेंक दिया और ऐलान कर दिया—

'मौसम की खराबी की वजह से कल्पना की तमाम उड़ानें रद्द कर दी

जा रही हैं।'

ज़ाहिर है जोशी महाराज जैट एज में विचरते हैं। जहाँ तक चूहेश्वर का संबंध है, लगता है जोशी बागेश्वर जोगेश्वर मुक्तेश्वर को छोड़कर कुछ नए पर्यटक तीर्थ बनाने के चक्कर में हैं—

पापेश्वर
झूठेश्वर
स्मगलेश्वर
रिश्वतेश्वर
कालेश्वर
गदहेश्वर—

दोस्तो, ऐसे मौलिक विचारों का स्रोत 'कुरु कुरु स्वाहा' का निरंतर पाठ है।

'जोशीजी ने काग़ज़ पर बिल्ली बनाने की कोशिश की जो उनकी अनाड़ी ड्राइंग से बिल्ली और चूहे के बीच की-सी शक्ल अख़्तियार कर गई।'

इसे पढ़ते ही हशमत उखड़ गए। कुछ देर कुछ-कुछ सोचते रहे फिर उठे और आइने के सामने जा खड़े हुए। बिल्ली और चूहे की मिली-जुली शक्ल! और ध्यान से देखा—अपनी खिचड़ी सूरत में हिंदी और अंग्रेज़ी मानसिकता की शिनाख़्त करते—करते सकते में आ गए। सब गड्डमड्ड। कहीं नोक-पलक हिंदी, कहीं नाक-नक़्शा ऐंग्लो-वरनैकुलर, आधा देसी आधा अंग्रेज़ी। आधा गोरा आधा काला। सहसा आइने में इबारत कौंधी—'खिचड़ी नस्ल का इंटलेक्चुअल-बौद्धिक घराना। जिल्द देसी तो पोशाक अंग्रेज़ी। पोशाक भारतीय तो मानसिकता पर चढ़ी तहें विदेशी। कहीं सोच आधी भारतीय तो कहीं संवेदना अनुभूति आँग्ल-ख़ुदा खैर करे, इस अनूठी साहित्यिक धरोहर की—

पर नहीं दोस्तो, इन सब मिलावटी मिश्रणों के, खिचड़ी घरानों के बेशुमार शागिर्दों के बावजूद कुछ तो है जो सफ़ेदपोश भारतीय बौद्धिक वर्ग में जिंदा है। क्या है—क्या है! कुछ है ज़रूर।

हशमत की तो नज़र कमज़ोर है—आप ही शिनाख़्त कीजिए।

भाषा-पोशाक-परिवेश। नहीं-नहीं, ये सब तो भारतीय संस्कृति और भारतीय आत्मा के उपनिवेश हैं। वह ख़ुद तो इन सबसे आज़ाद है! हाँ, वह किसी की ग़ुलाम नहीं! वह जो चाहे ओढ़े—वह जो चाहे पहने! उसकी आत्मा अमर है।

इस गंभीर पचड़े को छोड़िए।

'कुरु कुरु स्वाहा' के लेखक को शुरू में ही अंदेशा था कि इस उपन्यास को शायद कोई न छापे। अगर कोई भूल-चूक से पढ़ भी लेगा तो समझ न पाय। समझ भी ले तो मारे जलन के कोई तारीफ़ न करेगा।

दोस्तो, इसे कहते हैं विज्ञापन हाई-क्लास मगर ख़ालिस हिंदुस्तानी स्टाइल। यह मानकर ही चलना कि लल्ला तुम्हारे सिवाय साले सब चूतिया हैं। कुछ न समझेंगे!

मनोहरवा, तुम्हें तो विश्वास था न कि उपन्यास लिखोगे और कामयाब होकर बताओगे। तुम हुए लेकिन दोस्त, दुश्मनों के ख़िलाफ़ भड़ास अपनी पहले ही निकाल ली। तुम्हारी क़लम के हज़ार दोस्त हैं मगर तुम्हें अपने दुश्मन ही नज़र आएँगे। खैर, हम क्यों कोसें, यह तो प्यारी भारतीय आत्मा का पुराना रगड़ा है। रगड़ा क्या है, लफड़ा है।

वैसे इतना कह दें लल्ला कुमाऊँनी, अच्छे लेखक को ऐसा नहीं करना चाहिए। यूँ तो हम सब जानते हैं कि भारतीय बुद्धिजीवी को भगवान ने उस अमोघ शस्त्र से लैस कर रखा है जिससे वह दूसरों को देखे, दूसरे उसे न देखें। वही दूसरों को उल्लू बना सकता है, ख़ुद नहीं बन सकता। दूसरों को धोखा दे सकता है, ख़ुद नहीं खा सकता। दूसरों का मज़ाक़ उड़ा सकता है—खुद हज़्म नहीं कर सकता। खुलेआम दूसरों की निंदा कर-करके अपने को जमा सकता है, दूसरों को चरमरा सकता है ठेंगा दिखा सकता है और इत्मीनान से अपने बाहु-बल की चमत्कारी खुमारी में सभी कुछ पचा सकता है! (जय अंबे!)

दरअसल वह अपने शाश्वत खरल में हमेशा अपनी अंतर्दृष्टि के लिए ही 'सुरमा 'पीसता चला जाता है। दिन-रात। सुबह-शाम! यही वह अभ्यास है जो

उसे निरंतर परनिंदा को धार्मिक अनुष्ठान बना डालने की सामर्थ्य भी देता है। दूसरों की मरहम-पट्टी करने के बहाने सहानुभूति, हमदर्दी की मुद्रा में ज़ख़्मों को कुरेदते चले जानेवाली विश्वप्रसिद्ध भारतीय क्षमता भी।

दोस्तो, बुरा न मानिए—एक औसत भारतीय आमतौर पर बैठे-बैठे इसी तरह के अहिंसात्मक भोले हथियारों से अपनी जिंदगी की लड़ाइयाँ लड़ता है। इसी से अपनी ताक़त बनाता है और इसी से अपना मनोरंजन भी करता है। इसी से ज़बान साफ़ होती चली जाती है और इसी से तीखी-तेज़ भी। यही, उसे हर कहीं, हर किसी पर हाथ डालने की सामर्थ्य भी देती है।

हाँ, इसका गुण एक और भी है—एक ख़ास नंबरवाला चश्मा आँखों पर चढ़ जाता है (या यूँ कहें कि जड़ जाता है) जो बिल में घुसनेवाले प्राणियों के क्रिया-कलापों की वैज्ञानिक खोज की तरह ही पीछा करता चला जाता है।

दोस्तो, हमारे ऐसे सामाजिक कार्य-कलापोंवाले दूरबीनी समाज में अभी व्यक्ति की प्रतिष्ठा होनी बाक़ी है।

अब आइए ज़रा जोशीजी की पहुँचेली की ओर।

दरअसल इस उपन्यास का नामकरण 'पहुँचेली' की याद में जोशीजी ने 'कुरु कुरु' रख दिया पर सच कहें तो नाम इसका होना चाहिए था—ओ माँ! हाय मा! मेरी माँ!

जोशीजी के उपन्यास की नायिका...पहुँचेली है और नहीं भी। महानायक तो आप ही हैं। दोस्त, पहुँचेली बाई को तुमने एक सच्चे हिंदुस्तानी मर्द की परंपरा में किसी व्यक्ति का,

चरित्र का दर्जा नहीं दिया। उसे बाक़ायदा एक जनाना ही समझा है या ज़्यादा-से-ज्यादा एक स्थिति-विशेष जो नायक की संभावनाओं को उभारने के लिए उपन्यास में प्रतिष्ठित कर ली जाती है। इस पहुँचेली-प्रसंग को जोशीजी शुरू से आखिर तक अपने दाँत तले ही दबाए रहे हैं। दम लिया तो आख़िर कर्मकांडी पूजा करवाकर ही!

'कुरु कुरु' के तथाकथित आधुनिक नायक द्वारा साहित्य और दर्शन पर

धड़ाधड़ सूचनाएँ प्रस्तुत करते चले जाने पर भी हशमत को उनके आधुनिक होने में संदेह है। औरत के लिए पंडितजी के यहाँ एक-से-एक घिसा हुआ विशेषण मौजूद है—रंडी, पतुरिया, बिल्ली, लुगाई, रहस्यमयी, महामाया, आनंदमयी, कमलाक्षी, नाटकबाज, लज्जातीता, स्नेहवत्सला, महामयी वगैरा वगैरा। नारी होगी तो महामयी नहीं तो रंडी, पतुरिया।

मनोहर दोस्त, ब्राह्मण की खाल ओढ़कर हम भी तुम्हें शाप देते हैं कि कभी-न-कभी जब तुम्हारी टिकुली देवी मायके जाय तो बंबईवाली पहुँचेली बाई तुम्हें धोखे से मारे। तुम्हारी आचार-संहिता में ऐसे योग-सुयोग के लिए धोखे का संजोग तो बहुत ही ज़रूरी है। होश-हवास रहते स्डियूसी-सखियों के चक्कर में तुम भला हिंदीवाले क्यों फँसने लगे। तुम तो फँसाने के लिए हो। तुम उर्दूवालों की तरह पैदाइशी आशिक़ थोड़े ही हो जो हर हसीन चेहरे पर दिल फेंकता चला जाय। क़ायदे-क़रीने से हिंदी-लेखक वर्ग स्डियूस करता नहीं—किया जाता है। ऋषि-मुनियों की प्राचीन परंपरा में। जय गुरुदेव!

इसलिए प्यारे मनोहर श्याम, किसी घरेलू घपले का फ़ायदा उठाकर ख़्वाबों की पहुँचेली तक जिंदगी में एक बार पहुँच ज़रूर जाना! तुम्हारी टिकुली देवी ने अगर हशमत को घूरा तो उसे यह कहकर हशमत समझा लेंगे—भौजी, यह साहित्यिक ठट्ठा सब प्रभुपक्ष में है। तुम्हारे मियाँ पंडित मनोहर श्याम अपने समय के बड़े सिद्ध पुरुष हैं। सो उन्हें शक की निगाह से तो देखना मत।

मनोहर श्याम, तुमसे अर्ज़ है कि अपने अगले उपन्यास में (हमारे पास खुफ़िया ख़बर है कि तुम उसे धड़ाधड़ लिख रहे हो) 'कुरु कुरु' वाली बूढ़ोत्तरी पीढ़ी नहीं-जवान पीढ़ी पेश करो। जवान पीढ़ी जो दकियानूसी दर्शन और संस्कार से आज़ाद होने की कोशिश में है। अतीत की अक्षय आचमनी, वर्तमान की विदग्ध वर्त्तिका, अनागत का अमोघ अस्त्र इन सबसे भारतीय कुमार की संवेदनशील पुरातन आत्मा को आज़ाद करवाओ।

दोस्त, ज़रूर तुम भी हशमत की सोच के पास होकर गुज़रे हो—तभी यह लिख सके कि जो नाक के बाल तोड़ते, नसवार सूँघते, छींकते, हथेलियों में

ज़र्दा मलते और एक कूल्हा ज़रा-सा उठाकर हलके होते ये बूढ़े—

तुम्हारी इस फोटोग्राफी पर तो हशमत फ़िदा हैं पर हमारा कहना यह है शरारत श्याम कि इस गुनाह पर भारतीय जनमानस के हित में तुम्हारा चालान हो जाएगा। भला पूछो क्यों! वह यूँ कि इतना बड़ा झूठ बोलोगे और वह भी इतनी बेख़ौफ़ी से।

अरे ओ मनोहरवा, अपने सबसे प्यारे या प्यारी की क़सम खा और सच-सच बता अपनी इतनी बड़ी बिरादरी में तुम्हें कितने जवान दीखते हैं जो तुम देश के बूढ़ों पर उँगली उठाने चले हो! अपने यहाँ के बूढ़े तो बूढ़े हैं ही पर जवान भी जवान नहीं। पाजामे-कुर्ते पर झोला लटकाए तुमने भी अपने यहाँ की ताज़ी पौद देखी होगी।

चल रहे हैं तो इस तरह कि वे किसी भी क़तार से अलग हैं। क्या वह सचमुच ही दूर से भीड़ को देखनेवाले हैं। क्या सचमुच ही वे अपने विशिष्ट पूर्वजों के नक़्शे-क़दम पर चलनेवाले हैं। दोस्त, अपन तो बस अंदाज़ा लगाए चले जाते हैं—शायद इसकी असलियत तुम्हें मालूम हो। बुरा मत मानना 'कुरु कुरु' के नायक की तरह ही हमारी मौजूदा पौद अकलमंदी में, आचार-विचार में, रख-रखाव में उम्र-भर अपना बाप क्यों बनी रहती है। इसलिए मुल्क में बूढ़ी-सयानी मुद्राओं का खत्ता फैलता ही चला जाता है।

दोस्त, अगले उपन्यास में ताज़े लोग पेश कर जो पहुँचेलियों सहेलियों को सिर्फ़ आत्मा में, साहित्य में धारण किए किए ही अपनी कविता और सदाचारी गृहस्थियों में ही होम न हो जाएँ। उम्र-भर दलीलें न करते रहें। आहें ही न भरते रहें। कविता ही न करते रहें। कुछ करें। समाज का ढाँचा कुछ बदलें। समय को ताज़ा करें। कुछ तोड़ें कुछ नया पैदा करें।

जोशी के संवाद को ही उद्धृत करना चाहेंगे—

'क्रांति की समूह-वंदना मार्क्स लेनिन हमकू बोला काय को रोता तू भोला! उठ जाग खड़े हो। झूम। गदर कर। मार जोर से ब्रूम। जुलूस को देगा टक्कर आज, सँभाल तू जुल्मी महाराज!'

प्यारे दोस्त, क्या खाका खींचा है महाक्रांति भारतीय स्टाइल। बतियाने में ही सब धराशायी। तहस-नहस।

दोस्तो, 'कुरु कुरु स्वाहा' ज़रूर पढ़िए—इसलिए भी कि भाषा के अनोखेपन में यह उपन्यास राष्ट्रभाषा महतारी हिंदी का जीता-जागता विराट स्वरूप है। हमारा राष्ट्रीय सपना है। यह सुखद आश्चर्य है कि हिंदीभाषी लेखक ने भाषा को हिंदी प्रदेश की चौखट से उठाकर इसे अखिल भारतीय हिंदी के मुहावरे में प्रस्तुत कर इसका दायरा हमेशा के लिए विस्तृत कर दिया है। इसके संवाद को एक नया रूप दिया है। विभिन्न प्रदेशों के अंदाज़, तेवर जिस सहजता और सजगता से मनोहर ने पेश किए हैं उन्हें एक अद्भुत व्यंग्यकार की शैली ही अंक में समेट सकने की क्षमता रखती है।

हाँ, इतना ज़रूर है कि देश के अलग-अलग भाषायी चेहरों की पहचान देने में जोशी ने उसी कलीशे का सहारा लिया है जो एक-दूसरे प्रदेशों की पहचान करने के लिए ज़मानों से सिर्फ़ छींटाकशी में, हँसी-मज़ाक़ में ही चालू है। आज छोटी-बड़ी क्षेत्रीय हदबंदियाँ इतनी सिकुड़ती-सिमटती नज़र आती हैं कि हर एक अपनी प्रदेशीय जीवन-शैली के ही गुणगान करने में और दूसरों को पछाड़ने में लगा है। अपने से भिन्न को, अलग को, हलका, पिछड़ा और दकियानूसी क़रार देने की क़सम खाए है।

दोस्तो, मनोहर के पास यह एक सुनहरी मौक़ा था। अपने संवाद द्वारा वह ऐसा क़दम उठाने की पहल कर सकते थे।

आख़िर में महापंडित जोशी से एक शिकायत हशमत की है—

दोस्त, तंत्र के क्षेत्र में विचरते हुए जहाँ तुमने कई मंत्रों का उल्लेख किया, तुम्हें यह श्लोक क्यों याद नहीं आया जो आज के संदर्भ में सबसे ज्यादा प्रासंगिक है—

रजस्वला पुष्करं तीर्थ चाण्डालीतु स्वयं काशी
चर्मकारी प्रयाग: स्यादजकी मथुरा मता अयोध्या पुककसी प्रोक्ता!

'रजस्वला के साथ समागम करने में जानो पुष्कर का स्नान। चांडाली

से काशी की यात्रा। चमारी से मानो प्रयाग स्नान। धोबन से समागम करने से मथुरा यात्रा और वेश्या के साथ लीला करने से मानो अयोध्या तीर्थ।' दोस्तो, कमज़ोर वर्गों पर बलात्कार करने को किस काव्यमय ढंग से वैध क़रार दिया गया है।

इसे पढ़कर शर्म से हम डूब क्यों न मरें। दोस्तो हमारी प्राचीन गौरव-गाथा में यह भी मौजूद है।

दोस्तो, हमने पोर-पोर में धँसी कमज़ोरियों को अपनी ख़ूबियाँ बना लिया है—अपनी दकियानूसी प्रवृत्तियों को अपनी गौरवमयी परंपराओं और संस्कृति का प्रतीक! समय हमारे ग़लत मगर सही दिखनेवाले इस चिंतन के विकराल रूप का संहार करेगा।

साहबो, साहित्य और उपन्यास-घराने की बात करते-करते इस समाज-सुधारक तोड़े की माफ़ी।

सच तो यह है कि श्याम मनोहर जोशी ने 'कुरु कुरु स्वाहा' में अनेकों तीर मारे हैं लेकिन हशमत के लिए 'कुरु कुरु' उल्लेखनीय इसलिए है कि उसने हमारे मानसिक षड्यंत्र के पूरे पचड़े को व्यंग्यभाव से उभारा है। यह करतब छोटा नहीं—ख़ास तौर पर उनके लिए जो अपनी ख़ूबियों और खामियों पर एक साथ फ़िदा हों। खुद की मुहब्बत में क़ैद हों।

इक जिंदा ज़ालिम चंगा ए

दोस्तो, हशमत दून की हाँकने नहीं जा रहे और न ही दूर की। ज़िक्र उस एक दिन का है जो बरस में क्या हर आदमी की उम्र में सिर्फ़ एक बार, बस एक ही बार आता है। जाते हुए साल का आखिरी दिन और उतरते हुए साल का पहला दिन। क़ुदरत की होशियारी देखिए कि अपने जलाल के ज़ोर से इन दोनों को कभी एक-दूसरे के रू-ब-रू होने नहीं देती। पुराना पीछे जा और नया आगे आ। जो विदा हुआ वह जुदा हुआ। जो नया आया वह पास आया। इनसान को जिताने की, हराने की, ये वक़्त की बेरहम तरकीबें हैं या यूँ कहिए एक साजिश है। गुज़रते साल की आखिरी शाम ढलते और नई सुबह के उगते, सन्-तारीख़ बदलते ही हर कोई हड़बड़ाकर अपने अंदर और बाहर देखने लगता है। क्या सचमुच ही इनसान के होने का, जिए चले जाने का गरूर सिर पर से यूँ ही निचुड़ गया? इसी हड़बड़-भगदड़ में आज के दिन एक ही आवाज़ हर दिल से कि ख़ुदा सबका ख़ुशी का पैमाना भरे—

शराब पीनेवाले को और शराब दे
चाय पीनेवाले को और चाय
दूधवालों को और दूध
कॉफ़ी के शैदाइयों को कॉफ़ी
बीड़ीवालों को बड़े बंडल
सिगरेटवालों को सस्ते सिगरेट

जिसे जो भी अमल हो उसे मालिक और दे, ज़्यादा दे। इस एक दिन रोज़मर्रा की दूसरी सब ज़रूरतें भूल जाती हैं। भुला दी जाती हैं।

दोस्तो, '81 की झुरमुटी आखिरी शाम को हमारे दिल-दिमाग़ पर इस क़िस्म की ख़्वाहिशें बरपा हुईं तो क्या हुईं? आपसे छिपाएँ क्यों? हिंदुस्तान के मशहूर सांस्कृतिक छः राहे मंडी-हाउस में हमने पूरी दुपहर ही जो गुज़ारी थी।

यहाँ के अपने ही राह-रस्म, सलीक़े और नखरे-नज़ाकतें। मंडी-हाउस की मोड़ पर ही हम अपने ताज़ा दिनों की तारीखें चुना करते हैं। तब यह छः राहा न इतना रंगीन था, न इतना आबाद। न इस बस्ती में इतनी सांस्कृतिक गहमागहमी ही थी। यहाँ तो बस एक ख़ामोश सा ठहरापन छाया रहता। वह ख़ामोशी उड़नछू हो चुकी कब की और वह ठिठका-सा दुपहरी-ठहराव सांस्कृतिक शामों में बदल गया। बौद्धिक गुंबदों की छाँह में पनपती इन क्यारियों को कभी पानी लगाया जाता है, कभी तरोताज़ा किया जाता है और कभी हाथ खींचकर छोड़ दिया जाता है ताकि सुसंस्कृत भीड़ अपनी 'आइडेंटिटी' ढूँढ़े और अपने पैरों पर खड़े होने की मुद्रा अपना ले।

दोस्तो, हम साल की आखिरी शाम रवीन्द्र भवन, त्रिवेणी और श्रीराम सेंटर न जाकर इस छ:राहे के मामूली अड्डों की ताक-झाँक करने में मसरूफ़ रहे।

सबसे पहले दुआ-सलाम को पहुँचे अल्लाहरक्खी के पास। झूठ न बोलेंगे पूरे मंडी-हाउस पर बड़ी-बड़ी आँखोंवाली अल्लाहरक्खी का ही चेहरा है जिसे देख-मिलकर हमें दिल में एक अजीब तरह की असली तरावट का अहसास होता है। मूँगफली, चने-मुरमुरे, तिल पट्टी के खोमचे पर अल्लाहरक्खी अपने मियाँ के साथ अपने बच्चों का भविष्य सँजोया-समोया करती है। लबे-सड़क उसके सबसे छोटे साहबज़ादे माँ की मलमल की ओढ़नी में छिपे-छिपे दूध का मज़ा लेते रहते हैं। अल्लाहरक्खी मथुरा की बेटी है। इसी से हँसती है तो बिजुरी कौंध जाती है।

दोस्तो, हमने उसे और उसके मियाँ को अपना नाटक देखने की दावत दी तो बोली—अपना तो काम का वक़्त होता है साहिब! इतवार को तो कभी-

कभार फ़िल्म देख लिया करते हैं। यह तो बताइए 'तमाशा' आपका कुछ काम का भी होगा।

हम चौंके—अल्लाहरक्खी ने क्या कभी मराठी 'तमाशा' देखा होगा, बड़ी बात तो नहीं। राजधानी के सांस्कृतिक चौक में बैठते-बैठते कोई भी क्यों न इसमें रँग जाएगा।

वैसे सच कहें तो तमाशे के नाम पर हम झेंप गए थे। उलझन में पड़े सो अलग। सोच-सोचकर कहा—छोड़िए, इतवार को आप लोग कहाँ ज़हमत उठाएँगे। अच्छा, नए साल की मुबारक! फिर मुलाक़ात होगी।

अल्लाहरक्खी ने बड़े बाँकपन से मुबारक ली-हाँ-हाँ, आपको भी मुबारक हो।

कुछ अंदाज़ था—जनाब, मूँगफली बेचती है तो क्या! मंडी-हाउस की सांस्कृतिक आबोहवा में साँस लेती है यह मथुरा की बेटी!

क़दम भर हशमत पहुँचते हैं 'हिमाचल' की छाँह में बिछे घास के एक हरे टुकड़े के पास। एक ओर काँटे की बाढ़ है और दूसरी ओर इस तनहा कोने को घेरे है फव्वारे की मुँडेर। पूछताछ के बाद पता पाया कि यहीं हैं 'मंडी-हाउस क़बीले' के पीर। चद्दर चढ़ी है। सिरहाने चिराग जलता है और जुम्मे के जुम्मे लोबाण की गंध इस कोने से उठकर चुपचाप ही हवा में तैरती रहती है और छ:राहे के ट्रैफिक और कलाओं के विशिष्ट कोलाहल के बीच बराबर अपनी ओझल हस्ती को बनाए रखती है। फव्वारों की फुहार इनके हजूर में ख़ामोशी से झुक सलाम करती है। इनके लिए न रात रात है, न दिन दिन है। इनकी मुद्दत अब दिन और रात से परे है।

'हशमत' कुछ देर को ख़ामोश खड़े रहे कि सहसा एक गहरा सुर उठकर फ़ज़ा को गुंजान करने लगा—

या रब चमने-नज़्म को गुलज़ारे-इरम कर
ऐ अब्रे-करम! खुश्क ज़राअत पे करम कर
तू फ़ैज़ का मब्दा है, तवज्जोह कोई दम कर
गुमनाम को एजाज-बयानों से रकम कर

जब तक ये चमक मेहर के परतौ से न जाए
अकली में सुख़न मेरे क़लम रौ से न जाए॥
तारीफ़ में चश्मे को समंदर से मिला दूँ
क़तरे को जो दूँ आब तो गौहर से मिला दूँ
ज़र्रे की चमक महरे-मुनव्वर से मिला दूँ
खारों की नज़ाकत मैं गुले-तर से मिला दूँ
गुलदस्तए-मानी को नए ढंग से बाँधू
एक फूल का मज़्यूँ हो तो सौ रंग से बाँधूँ॥

दोस्तो, अनीस की ये पंक्तियाँ किस लिखने-पढ़नेवाले की रूह में न उतर जातीं! और कौन है वक़्त का पैदा जो भीड़ से अलग हो, अपने क़रीब होकर इन्हें गाना न चाहे! गुनगुनाना न चाहे! दिल को कुछ ऐसी राहत मिली कि मंडी-हाउस से उठते-उठते हमने अपने अंदर के अँधेरों और बाहर की रोशनियों में तालमेल बिठा लिया और शाम दोस्तों का जो गुच्छा सबब से आ जुड़ा उसे गर्मजोशी से मंजूर किया। उसमें न अदबी दोस्त थे, न रुतबी दोस्त थे। दोस्त क्या थे, ज़िंदा ठहाके और क़हक़हे ही थे। शोरगुल इतना कि लमहा-भर को भी याद न आया कि वक़्त की हुकूमत में अपने दोस्तों में कौन सीढ़ी चढ़ा, किसका माथा सजा, कौन ज़ख़्मी हुआ, कौन लथपथ हुआ और कौन देहरी पर से ही मणके गिनता रहा, कौन देखते-देखते ही गुम हो गया—

जीनेवालों के क़ाफ़िले और कारवाँ जहाँ भी पहुँचे हों मियाँ हशमत, इस चाय की गर्मागर्म प्याली से नई सुबह का इस्तक़बाल करो।

दोस्तो, झूठ न बोलेंगे—1982 का वही मुबारक दिन तो फिर लौटकर आने से रहा। हम भी इसकी शान से नया सूरज उगने तक न सोए थे। बस तैयारी थी कि दिन-भर नींद लें कि कहीं से टेलीफ़ोन-संयोग टपक पड़ा। हुआ कुछ ऐसा कि हम पकड़ लिये गए। प्रोग्राम जो भी था, हमारे चाहने-न-चाहने से परे था। अलग था। सो जनवरी की भरपूर सर्दी में आँखों पर ठंडे पानी के छींटे दिए और गुनगुने दिल नए साल के नए मेहमान से साक्षात्कार करने

को तैयार हो गए।

दोस्तो, ज्योतिष के हिसाब से मंडल में नक्षत्रों की ज़रूर मुठभेड़ हुई होगी नहीं तो नागार्जुन + नागार्जुन तथा ब+ ब+ ब (बिहार + ब्राह्मण + बौद्ध) के दबाव से हशमत पहली तारीख़ बरसों से जमे अपने ठिये से उखड़ न जाते। उसका हमें अब कोई मलाल नहीं पर इस हड़बा-हड़बी ने नए साल के पहले दिन का रुख़-रूप ही पलट दिया।

ऐसा नहीं कि हशमत नागार्जुन को पहले मिले नहीं थे। कुछ सरसरी मुलाक़ातें, कुछ हलकी-फुलकी बातें और बस। नागार्जुन का पुराना पाठक होने के नाते उनसे इस विषय पर हमारे संवाद का कोई खाता अब तक न खुल पाया था।

संस्कृत, मैथिली, बंगला और हिंदी—इन सबमें से छनकर उनका कृतित्व अपनी सादगी से हमें हमेशा अनोखा लगता रहा।

'रतिनाथ की चाची' से लेकर 'वरुण के बेटे' तक हमने लगातार देखा कि उनका लेखन असली-नक़ली अस्पष्टता और वाक्-छल से बरी है। उनके समूचे गद्य में एक अनोखी दक्षता और क्षमता का परिष्कार है। विचार और चिंतन के स्तर पर कहीं कोई असमंजस, दोचित्तापन नहीं।

मँझोले क़द के नागार्जुन स्वभाव से न सख़्त हैं, न बेलचक। छरेरा बदन। निकलती हुई गर्दन। गोल-गोल गुलट्टी आँखें। ज़रा छोटी। चेहरा-मोहरा कुछ इस तरह का कि जिसे देख पूरे इलाक़े का मुँह-माथा चमक उठे। चाल में फुर्ती, और सही पाँवों में सही जूते। 'हशमत' के संग-संग चलते नागार्जुन ने जिस तेज़ी से 'लिफ्ट' को फटकारकर लपकते हुए सीढ़ियाँ पार कीं—देखकर पहले तो हम सकते में आ गए, फिर अपने में रचा-बसा पुराना आलस झाड़कर चुस्त-दुरुस्त हो गए। जान लिया कि फी घंटा एक मीलवाली ढीली रफ़्तार इन हज़रत के साथ नहीं चलेगी। देख ही जो रहे थे, अपनी चुस्ती से छोटे-मोटे पैदल सवार को तो किसान नागार्जुन कभी भी छटक दे छाज में।

नागार्जुन ने गर्म चाय का प्याला लिया और किसी सुने सुनाए प्रसंग पर हमें छेड़कर कहा—

मियाँ हशमत, इधर दाना अंदर और उधर दाना हज्म। भाई, ब्राह्मण का हाज़्मा है। पीढ़ी-दर-पीढ़ी क्या जन्म-जन्मांतर से जजमानी खानेवाले इस खुराफाती पेट को खेत बनाए हुए हैं।

दोस्तो, अपने मेहमान की शान में हमने इस बात पर खामोश रहना ही ठीक समझा, तो नागार्जुन ने हमें घूरकर देखा और बाक़ायदा चुलबुलाहट से कहा—

'खुलकर साथ दो भाई, झूठ थोड़े ही है। मैं हूँ न पंडित, तुम्हें क्या संकोच जो अपने हँसने पर ही दफ़ा लगा ली!'

दोस्तो, हमने गौर किया—बाबा के आस-पास, उनके भीतर मौसम की वीरानी नहीं। उनकी आँखें भरपूर फ़सलें देखने की आदी हैं। वही नज़ारा उनका अपना भी। हरियाली, सब्ज़े और सदाबहार गर्मजोशी। शायद यही वजह है, बाबा के लेखन में मुफ़लिसी और बेचारगी नहीं, संघर्ष के साथ-साथ आशाओं, आकांक्षाओं की पुकार गूँजती है और भविष्य के लिए कामनाएँ जगाती है।

'पुराना सड़-गल जाए, मुरझा जाए तो क्या तूफ़ान आ जाएगा? भाई, नया उग आयगा, नया खिल जायगा...' ऐसा कहनेवाला कोई भी हो—नागार्जुन हो तो और भी ठीक—ज़रूर लहरों से ताज़गी ले ले अपनी आत्मा को सींचता रहा होगा। ऐसा न होता तो कई दशकों के साहित्यिक धूमधमाकों में इस मैथिल ब्राह्मण की बोलती धीमी हो गई होती। बंद हो गई होती।

नागार्जुन की लिखी पंक्तियाँ गाँव की मुँडेरों और शहरों की हदों को फलाँग कर दोहराई जाती रही हैं—दोहराई चली जा रही हैं। रहेंगी भी।

बहुत दिनों के बाद
अब की मैंने जी भर देखी
पकी—सुनहली फ़सलों की मुसकान
बहुत दिनों के बाद।

बहुत दिनों के बाद
अब की मैं जी भर सुन पाया

धान कूटती किशोरियों की कोकिल कंठी तान
बहुत दिनों के बाद।

बहुत दिनों के बाद
अब की मैंने जी भर सूँघे
मौलसिरी के ढेर-ढेर-से ताज़े टटके फूल
बहुत दिनों के बाद।

बहुत दिनों के बाद
अब की मैं जी भर छू पाया
अपनी गँवई पगडंडी की चंदनवर्णी धूल
बहुत दिनों के बाद।

बहुत दिनों के बाद
अब की मैंने जी भर ताल मखाना खाया
गन्ने चूसे जी भर—
बहुत दिनों के बाद।

बहुत दिनों के बाद
अब की मैंने जी भर भोगे
गंध-रूप-रस-शब्द-स्पर्श सब साथ-साथ इस भू पर
बहुत दिनों के बाद।

एक और टुकड़ा—

केन-कूल की काली मिट्टी वह भी तुम हो!
कालिंजर का चौड़ा सीना वह भी तुम हो!

ग्रामवधू की दबी हुई कजरारी चितवन,
वह भी तुम हो!

कुपित कृषक की टेढ़ी भौहें, वह भी तुम हो—
लाठी लेकर काल रात्रि में करता जो उनकी रखवाली,
वह भी तुम हो!

मुलाहिजा हो, व्यंग्य का यह तेवर भी—

फैल गया है दिव्य मूत्र का लवण सरोवर
जादू क्या दिखलाए गंगाजल या गोबर!
नमक झील में ऊब-डूब करते हैं सांसद
तैर रही कुर्सियाँ, शून्य हैं सारे पद
उड़ा भाप बनकर उन पाँचों घटकों का मद
जादू क्या दिखलाए गंगाजल या गोबर
फैल गया है दिव्य मूत्र का लवण सरोवर!

दोस्तो, क्या टेक प्रस्तुत की गई है दिव्य मूत्र के लवण सरोवर द्वारा!

हशमत उन विशिष्ट साहित्यकारों का नाम न लेंगे जो किसी भी क़ीमत पर दिव्य मूत्र को पुनीत कविता का विषय मानने को तैयार न होंगे। हाँ, अपने यहाँ दिव्य मूत्र का जो सरोवर लबालब भर चुका है—लगातार भरता जा रहा है, बाहर खिंडता-बहता आ रहा है, उसे निर्मल जल की झील कहकर पुकारना शायद एक ही सिद्धांत के तहत ठीक होगा—चीज़ों को उनकी विरोधी चीज़ों से पहचानना।

हमने बहाने-बहाने कवि को टटोला तो बोले—लेखक कितना भी तीसमारख़ाँ क्यों न हो, खाली फनफनाहट देर तक नहीं चलेगी!

(दोस्तो, ज़रा ग़ौर कीजिए फनफनाहट पर। खालिस नागार्जुनी शब्द है। बातचीत के दरमियान जो कुछ और शब्दों ने हमें खटखटाया और याद रह गए, वे आपकी जानकारी के लिए पेश हैं—

अंडबंड	भिड़ंत	थुलथुल
तिड़ीबिड़ी	घटनी	उथला छिछला
रेड़ पीटना	बढ़नी	भभाकर हँसा
हत्थाजड़ी	भड़कीला	ताबड़तोड़
बुक्का	झटकीला	सड़ाक
धड़ाका	नाड़बड़ सड़बड़	तलहथी
भड़ाका	पिलपिल	मदगिद्धा

विषयांतर के लिए माफ़ी, पर भदेस लगनेवाले इन शब्दों के प्रयोग से क्या शहरी हिंदी कम परिष्कृत लगेगी!)

'याद रहे कि वोटर की तरह पाठक की आँख भी बड़ी तेज़ होती है। उसके अधिकार के तो कहने ही क्या! हशमत दोस्त, इस मामले में ढोंग धतूरा नहीं चलता। एक दिन पटना में चला जा रहा था कि कुछ छात्रों ने घेर लिया। कहा—आपने गोबर उपन्यास लिखा है—हमारे पैसे लौटा दीजिए।

'हमने समझाया—बंधु! माना गुनहगार हूँ लेकिन रेडियो-उपन्यासों में गरमी नहीं होती। झाड़ दी जाती है!

'एक रात तीन बजे कानपुर स्टेशन पर बैठा था, विश्रामागार में। देखा—एक साहिब 'दुखमोचन' पढ़ रहे हैं। एक-दो बार उनसे नज़र मिली कि वह उठे। बाहर जाकर चाय लाए और बोले—कभी सोचा न था, अपने प्रिय लेखक से मिल सकने का सौभाग्य प्राप्त होगा। समझ नहीं आता आपके लिए क्या करूँ।...

'कौन-सी बात पसंद आ गई मेरे लेखन में, मित्र, ज़रा बताते जाओ...

'हमारे प्रशंसक बड़े गंभीर—आपके उपन्यास गद्गद और गुदगुद शैली में नहीं होते, इसी से उन्हें पढ़ना पसंद करता हूँ।'

सहसा नागार्जुन की आँखें अजीब मसखरेपन से झुकीं—सुनो मियाँ हशमत, लेखन के बारे में हर लेखक के कुछ सपने होते हैं। ख़्वाब होते हैं...

हमेशा सोचा, बाबा कुछ ख़ास बात कहने जा रहे हैं सो अर्ज़ की—ज़रा उदाहरण देकर समझाएँगे क्या?

नागार्जुन ने मुर्ग की तरह गर्दन ऊँची की—'दिल में न सिर्फ़ हसरत ही, यक़ीन भी कि अपनी खजूर में आम लटकेंगे—अपनी झोली में भी आम टपकेंगे। तुम्हीं बताओ दोस्त, क्या आम के पेड़ पर सेब लटकेंगे?...जब नहीं होता ऐसा तो नाउम्मीदी में बुद्धिवादी महाराज को धड़की लग जाती है। ऐसे में हज़रत या क्रोध में फुँकारने लगते हैं या चिड़िचिड़ करने लगते हैं। भला बताओ, कैसे मुमकिन होगा कि आम के पेड़ में इलीची लग जाय, इलीची के पेड़ में कटहल लग जाय...'

'कृषि विभाग की मदद से प्रयोग तो किया जी जा सकता है बाबा!' नागार्जुन हँसने लगे—विभागों को अच्छी तरह जानता हूँ। सो ध्यान से सुनो जो कहता हूँ—

अब के भी दिन बहार के यूँ ही गुज़र गए
(रिश्वत लिये बिना)
अरमाँ हज़ार थे हाय, यूँ ही फिसल गए
(रिश्वत लिये बिना)

हमने दाद दी—वाह-वाह!

दोस्तो, नागार्जुन में हँसने की, हँसाने की, हँसी को फैलाने की, दूसरों को गुदगुदाने की गहरी तमीज़ है। मैथिल गाँव की मुँडेर से उठकर विद्या-गोत्री दिमाग़ ने एक विशाल भूखंड को आत्मसात कर लिया है। हिमालय-तिब्बत-बनारस-कलकत्ता-दक्षिण-श्रीलंका-सिंध-हैदराबाद-लाहौर-अमृतसर-लुधियाना-पटियाला-अबोहर—कोई भी घुमक्कड़ दूर-पार की सिर्फ़ दूरियाँ ही नहीं मापता, वह दूरियों को छोटा करके अपनी आत्मा में सँजोए चला जाता है, अपने दिल-दिमाग़ और अनुभव का हिस्सा बनाते हुए।

नागार्जुन बेझिझक अपनी बात सुना सकते हैं क्योंकि वह दूसरों के कहने को उतनी ही दिलचस्पी और खुलेपन से सुन भी सकते हैं। उखड़े-उखड़े अंदाज़ में उनके चार मन और दो दिमाग़ एक ही चैनल पर एक साथ चालू नहीं रहते—उनकी जन्मजात सतर्कता और चौकन्नेपन के बावजूद। जो आप कह रहे हैं उसका स्रोत कहाँ है, किस भूगोल और इतिहास में स्थित है, उसका निशाना कहाँ है, उसका शिकार कौन है, ठौर-ठिकाना कहाँ है—बस मन-ही-मन इस कड़ी को जोड़कर इसकी शोध में जुटे...आप बोलते रहिए...अगला कुछ भाँप कर मन-ही-मन एक नई ख़ुफ़िया कहानी फिट कर रहा है। आप बोले चले जा रहे हैं—सुननेवाले अनसुना ही सुनते चले जा रहे हैं।

दोस्तो, अपने यहाँ ऐसे मनगढ़ंत ठेठ भारतीय मनोविज्ञान की सात्विक विधा बड़े धड़ल्ले से एक-दूसरे पर इस्तेमाल होती है और अच्छे-से-अच्छे साफ़-सुथरे मसलों को भी गंदा किए जाती है।

चाय के ताज़े प्याले पर नागार्जुन रौ में आ गए—दोस्त, संदर्भ कोई भी हो, मर्यादा वह नहीं जो आप पर लागू है, मर्यादा असल में वह है जो अपनी सोच और आज़ादी के बल पर आपने स्वयं अपने ऊपर लागू की है।

यह तो बताइए कि साहित्य का काम क्या 'घोषणा' करना भी है?

बाबा ने हमें बेचैनी से घूरा-क्यों नहीं, घोषणा करना भी है। साहित्य की स्वीकृति क्या अंधविश्वास में है? आँखें बंद करके कुछ भी स्वीकार करना मूर्खता जुड़ा है। खोखला, बूदम और बेदम। समझौतापरस्ती से ऐसा क्षय होता है जिसका कोई इलाज नहीं। हिंदू-मानस इसी बीमारी का शिकार रहा है। बहुत पीछे न जाओ, तुलसी को ही लो। निःसंदेह चतुर थे, पर महाकवि पोंगा-पंथी के आचार्य रहे। अंधविश्वास और भक्ति भावुक आस्था में जजमानों को फँसा गए।

दोस्तो, हशमत चुप लगा गए। महाकवि की निंदा में रस लिया तो हिंदी साहित्य का प्रबुद्ध अखाड़ा हमें पकड़ बिरादरी के बाहर करेगा। दिल ही दिल हमने हिसाब लगाया—विद्रोह कर बौद्ध बन जाने का वक़्त भी अब अपने पास नहीं है। हमारी चुप्पी ने बाबा को और भड़काया—

तुलसीदास रामजी के नाम पर उनका और उनके साथ अपना सैकड़ों वर्षों का बीमा करवा गए। क्या समझे! कवि जी ने राम को रखा बीच में और प्रसादी भक्तों को बाँट दी। देख रहा हूँ तुम्हें मेरी बात पसंद नहीं आ रही, पर एक बात तुलसी की शान में कहूँगा कि भैयाजी को लोक-चित्त का भयंकर ज्ञान था। यहाँ तक सचेत थे कि कविता में सिर्फ़ छंद-अलंकारों का जिमनास्टिक काफ़ी नहीं। कुछ ऐसा किया मेरे दोस्त ने कि रामायण रखवा दी रेहल पर और लोकमंच पर रामलीला फिट कर दी। क़िस्सा-कोताह यह कि महाकवि बघार लगाकर राम-नाम को पचा गए और अपने को अमर कर गए।

हशमत का ध्यान कहीं और जा भटका—बाबा, हम आपसे सहमत नहीं कि जो तुलसी ने किया, हिसाब-किताब, जोड़-जमा करके ही किया। आखिर कुछ असर तो उस जन्मघुट्टी का भी रहा होगा जो तुलसीदासजी की माँ ने उन्हें बचपन में पिलाई होगी।

बाबा ने हमें घूरा—जन्मघुट्टी की बात करते हो...उसमें रगड़ा जाता था अंधविश्वास, घृणा, छुआछूत, जातिवाद, वर्णभेद। इसलिए ये सारे सात्विक गुण आज भी हिंदू-मानस से जुड़े हैं।

दोस्तो, हम समझ गए बाबा को उकसाने के लिए इससे अच्छा कोई दूसरा विषय नहीं हो सकता।

सुनो, ब्राह्मण की खोपड़ी यूँ तो ज्ञान का भंडार होती है पर पुरातनपंथी से वह एक क़िस्म का मालगोदाम भी बन जाती है या ऐसे कह लो—कबाड़ी-स्थान। चिपके हुए हैं पंडित गली-सड़ी रूढ़ियों से दंभ और अहंकार के साथ। धर्मशास्त्र जो लिख गए बस वही हमारी जाजम, वही हमारा ओढ़न।

साहबो, बाबा के मुँह से यह सुनकर यूँ तो हमारे दिल में फुलवाड़ी महकने लगी, क्योंकि हशमत को यह कूड़मगज़ी हमेशा परेशान करती रही है, पर हमने शरारत की, और पूछा—माफ़ कीजिए, यह खंडन है कि विद्रोह?

न खंडन और न विद्रोह। यह विस्फोट है। विषफोट।

बाबा, आप तो बोलने से पहले ही अगले फिकरे की चौखट दुरुस्त करके रखते हैं।

नागार्जुन ख़ूब हँसे—क्यों न रखूँ। आख़िर तो ब्राह्मण की औलाद हूँ। याद रहे—भाषा-शब्द विचार-संवाद चिंतन इक सार, इसके द्वारा पोंगापंथी का प्रचार। हाँ, मुझे किसी भी तरह की पाखंड-लीला से नफ़रत है। मालिश किए हुए, पोंछ-पोंछकर चमकाए हुए सामंतवादी घोड़े से मुझे पिंजरा-पोल का बैल बनना मंजूर! जानते हो ऐसा क्यों कह रहा हूँ? जनवादी हूँ—सिर्फ इसलिए नहीं! इसलिए कि मूढ़ नहीं हूँ! हाथ में अगर इक्का होगा, तभी दाँव लगाऊँगा। वैसे नहीं।

चाय का गर्म प्याला और हो जाय?

मैं कॉफ़ी लेना चाहूँ तो?

ज़रूर आ सकती है!...

साहबो, हमें नागार्जुन का लिबास पसंद आया। ढीला-ढाला नहीं। चुस्त-दुरुस्त। तंग मोहरी का पजामा-कुरता, ऊपर पट्टी की बंडी और कंधों पर हरी कोरवाला धुस्सा। उन पर यह पोशाक न सिर्फ़ फबती ही है, उनके व्यक्तित्व में दूर तक फैली घुमक्कड़ी को भी उभारती है।

आप संस्कृत के बारे में कुछ कह रहे थे?

दोस्त, संस्कृत तो सुगंध भाषा है। समझो मिश्री का डला है जो आज तक भारतीय भाषाओं में घुल रहा है।

साहित्य और साहित्यकार के संदर्भ में प्रतिबद्धता के पक्ष पर कुछ कहना चाहेंगे?

दोस्त, लेखक की पहली वफ़ादारी अपने देश के प्रति होती है। यह भी कहने से कतराऊँगा नहीं कि पैरवाले अंधे को रास्ता तय करने के लिए आँखवाले लँगड़े की ज़रूरत होती है।

साहबो, नागार्जुन का इशारा किधर है, यह बताने की ज़रूरत नहीं!

जो कमिटमेंट्स से बँधा है वह उन्हें निभाने से कतराएगा नहीं। जो प्रतिबद्ध है वह देखने-सुननेवाले को वाचाल लगे, एलानिया लगे, तो लगे। जो बिचौलिए

हैं वे वाक्-छल से मन्सूबाबंदी ज़रूर करेंगे।

लेखक के रूप में क्या पार्टी आड़े आती है?

नहीं। लेखक को स्वतंत्र इकाई के रूप में पार्टी के अंदर और पार्टी के बाहर भी देखना होता है। जिंदगी से उसका रिश्ता महज़ पार्टी का सदस्य होने से कहीं बड़ा होता है। दूर तक फैला होता है।

लेखक के रूप में पार्टी के अंदर या बाहर—आप किन हालातों में, किस रूप में, अपने को विशेष या विशिष्ट कहलवाना पसंद करेंगे!

नागार्जुन की छोटी-छोटी आँखें फड़फड़ाने लगीं—पहले सवाल को तो कुछ देर के लिए छोड़ दो, दूसरे हिस्से के लिए कहना चाहूँगा कि मैं साधारण अपने को साधारण ही कहलवाना पसंद करता हूँ। मैं तथाकथित विशिष्ट लेखकों की जमात में नहीं हूँ। सामान्य की काशिश मेरी हड्डियों तक में रची-बसी है। विशिष्ट लेखक तो घुसे रहते हैं साहित्यिक गुफाओं में। घुसेड़े रहते हैं अपने को 'इंटलेक्चुअल बेसमेंट' में, जब तक ख़ुद ही गुफा न बन जाएँ। अँधेरे में ही रहेंगे ताकि अपना व्यक्तित्व उस पृष्ठभूमि में और चमके। कुछ अनोखा नज़र आए। हशमत मियाँ, ऐसी बौद्धिक बेसमेंट-नौटंकी का मैं कायल नहीं हूँ।

कवि सम्मेलनों में भाग लेना कैसा लगता है आपको?

वाह, यह क्या पूछ लिया! लो सुनो—मंच पर से ऐलान हो रहा है, भाइयो! आज हमारे बीच आदरणीय नागार्जुन पधारे हैं...

मैं अपने ही नेपथ्य से संवाद बोलने लगता हूँ—जी हाँ, वह पधारे हैं और अब 40 मिनट का काव्य पाठ करेंगे। 20 मिनट का भाषण देंगे। श्रोताओं को खटखटाएँगे, हँसाएँगे, कुछ उन तक पहुँचाएँगे और वसूल कर लेंगे संयोजकों से एक हरा पत्ता, एक सौ का नोट!...हशमत भाई, मंच पर तुम्हारा यह बाबा दिलचस्पी से सुना जाता है और कामयाब रहता है। सब तरह की कविता, नई-पुरानी शैलियों, को आज़माया करता हूँ—हाथ साफ़ करता रहा हूँ। एक बात याद रख लो, सही मुक्तछंद वही लिख सकते हैं जिन्हें छंदशास्त्र का ज्ञान है। मुक्त कविता अतुकांत होने पर भी अपनी लय में छंदोमयी ही लगती है।

कहने को यह भी कह सकता हूँ कि अगर कविता किसानी ठाठ में मुँह-सिर पर तेल चमकाए, आँखों पर काला चश्मा चढ़ाए, कंधे पर ट्रांजिस्टर लटकाए शहर के मंच पर दीख ही जाए, तो भला किसी को क्या ऐतराज़ हो सकता है?

झूठ न बोलेंगे, बाबा का यह आक्रामक पैंतरा हमें समझ नहीं आया। जल्दी से एक नारा पेश कर दिया—गँवारू लिबास पसंद हो या न हो, लोक-कलाओं की तौहीन नहीं होगी, नहीं होगी। बाबा जैसे घाघ किसान ने इतने में ही हमारा इम्तहान ले डाला। हँसकर कहा—सही यह हुआ कि तुम भी 'भीड़' हो। भीड़ हो।

हमने झुककर आदाब किया।
तुमने 'हर गंगे' सुनी है?
जी नहीं...
कीर्तनबाज़ी स्टाइल में है—
बाँझ गाय बाह्मण को दान
हर गंगे!
मन-ही-मन ख़ुश हैं जजमान
हर गंगे!
संत विनोबा भावे दान
हर गंगे!
कुआँ को गंगा अस्नान
हर गंगे!
हड्डी को टुकड़ा दान
हर गंगे!

बाबा, कविता की कुछ और शैलियों पर भी टार्च फेंकिए!
कविता, बाज़ार शैली...
कविता, बाज़ारू शैली...
कविता, मंच-मचान...

कविता, रौला-टौला...

कविता, मैं और तुम!...

अतुकांत कविता भी वही अच्छी लिख सकेगा, जिसे छंद का पुख़्ता ज्ञान हो। हाँ, कवि के निकट कविता, नाम, जस, कीर्ति...क्या समझे?

वही जो आपने कहा।

मैंने अभी कुछ भी नहीं कहा। कविता आत्मा की फुहार है और मंच पर पहुँचते ही इसका एकांत टूट जाता है। उसे उघाड़ दिया जाता है।

हशमत को जाने क्या सूझी-बाबा, महाभारत का समा बाँध रहे हैं आप द्रौपदी और कविता दोनों के लिए!

दोस्त, कहते तो ठीक हो! विज्ञापन और कापी-राइटिंग के इस युग में सवाल किसी एक द्रौपदी का नहीं। जहाँ कापी-राइटिंग, वहीं द्रौपदी है और वहीं कविता है। क्यों?

दोस्तो, नागार्जुन की गंभीर सतर्क दृष्टि विद्वान पंडित की है, लेकिन उनकी हँसी ठेठ किसान की है। एक गुस्ताख़ी हमने चुपचाप और की। चोर-निगाहों से उनके हाथों को देखा—उँगलियों की पोरों में कुछ ऐसा दिखा जो आस्था और विश्वास को जोड़ता नहीं, तोड़ता है। वैसे उनके व्यक्तित्व में हमने न ब्राह्मण की हठधर्मी देखी, न बौद्ध भिक्षु की निरीहता ही। इनसानी जज़्बातों की ठंडी हो चुकी हिंदुआनी हिंसा भी नहीं जो फुँकारती नहीं, सिर्फ़ रिसती है मवाद की तरह।

...हाँ विज्ञापन के इस युग में विद्वत्ता भी निःस्वार्थ है कहाँ! वर्ण-व्यवस्था की जजमानी इसकी जड़ों में धँसी है!

बाबा, सुनने में यह हमें आपकी ज़्यादती लगती है।

हशमत भाई, इन पोपारामों का इतना दुःख न मनाओ।...यह वर्ग मस्त है अपने ज्ञान, दंभ और धन की लिप्सा में...

गुस्ताखी माफ़, बाबा, अपने यहाँ विद्वत्ता और निर्धनता का भी चोली-दामन का साथ रहा है।

वह सामंतशाही का अभिशाप था। समझे! फिर हमारी सारी वर्ण-व्यवस्था कर्मों पर नहीं, जन्म-जाति पर आधारित रही। आध्यात्मिक उन्नति का एकमात्र अधिकार ब्राह्मणों, पुरोहितों ने अपने लिए-अपने अधिकार में कर लिया था।

हमने चुटकी ली—बाबा, यह कह सकने का साहस भी तो आपने उसी कुल गोत्र से पाया। लगता है आप गहरे लाड़ से ऐसा कह रहे हैं।

बाबा ने हमें एक तीखी नज़र दी—बंधु, यह न पूछो कि क्या पाया। अगर इस बिरादरी से समझौता ही कर बैठता तो अपने लिए एक नई राह न गढ़ता। तुम्हारे सामने बैठा होता तरौनी ज़िला दरभंगा का पुरोहित वैद्यनाथ मिश्र। पिता ने सोचा था बेटा पुरोहिताई करेगा और बुढ़ापा आराम से कटेगा। छः भाई-बहनों में से एक मैं ही बचा था। दर्ज़ा स्कूल में पढ़ते ही तुकबंदी का चस्का लग गया। बस काव्य-अंकुर फूट निकला। बनारस पढ़ते हुए छंदों पर ख़ूब हाथ मँजा। पंडित सीताराम झा से प्रशिक्षण मिला। वही मेरे मैथिली के काव्य-गुरु हुए। उन्होंने कहा, अपनी माँ-बोली मैथिली में लिखो।

नागार्जुन कुछ सोचने लगे—अजब संसार है काव्य और कविता का। कवि की काव्य-भाषा से कवि के अंतर्मन की, उसके मिज़ाज की पहचान हो जाती है। इसके साथ शिनाख़्त इस बात की भी कि कवि संघर्ष से जूझ रहा है या सुविधाओं से घिरे बोरडम से। दोनों में बहुत बड़ा फ़र्क़ है।

निराला को लो। निराला को एकलव्य की तरह संघर्ष करना पड़ा। उनकी तुलना में पंत का रास्ता कहीं सरल था। अज्ञेय का विरासती रूप बिलकुल ही भिन्न। वहाँ किसी क़िस्म की आपाधापी नहीं। अभिजात का यह जन्मजात ओढ़न ठहरा। द्विवेदीजी ने निराला को कवि मानने तक से इनकार कर दिया था।

कबीर और भी आगे और अलग—अपने फक्कड़पन-अनगढ़पन में कवियों में अनूठे। कबीर ने कहीं भी, कभी भी परमहंस की मुद्रा न ओढ़ी। कबीर की बिरादरी का होने के लिए एक बड़ी क़ीमत चुकानी होती है। कबीर को पढ़कर यह साफ़ होता है कि जो दो-टूक कहने से झिझकता है उसमें 'खोट' होता है। कबीर अपनी कविता में खरेपन के मालिक रहे।

नज़रुल की बात करें तो उसकी पहचान उसका डिक्शन है। अच्छी कविता में शब्दों की फ़िज़ूलखर्ची और न शब्दों का दोमुँहापन ही होना चाहिए। कविता एक सार्थक संवाद है। एक कल्पना में घटित होता है, दूसरा अनुभव में। दोनों दर्पण की तरह आमने-सामने और बीच की चितवन कविता बन उठती है। असल बात यह कि कविता रची जाती है, फोकट में प्राप्त नहीं हो जाती।

सूरदास और विद्यापति को लो। वात्सल्य ही सूर-काव्य का मर्म-स्थल रहा। उनकी कविता इतनी सरस है कि समस्त लोक के लिए है।

विद्यापति ने ठीक भारतीय परंपरा में रीति और रतिरस को जिस कोमलता से प्रस्तुत किया है वह अतुलनीय है।

बाबा कुछ सोचकर हँसने लगे-कवि नागार्जुन की शुरू की कविताओं की भी कहानी सुनो। अपनी पहली पुस्तकों के प्रकाशन की सूची दे रहा हूँ :

विधवा विलाप
बूढ़ा दूल्हा] क़ीमत छः-छः पैसा

लेखक ही इनका प्रकाशक और वही इन्हें बेचनेवाला। पूछो भला, बिकी कहाँ ये किताबें? रेल के डिब्बों में। पहले दिन घर लौटे, पैसे पिता के हाथ पर रख दिए। पिता ने तो हमें नकारा साबित करना चाहा था सो पैसे पा उन्हें लाड़ हो आया। ठुड्डी छूकर कहा—बेटे, पिता पर गुस्सा नहीं किया करते!

यही और यही एक क्षण याद कर सकता हूँ जब पिता से प्यार पाया हो। सच कहूँ तो पिता के प्रति बड़ा आक्रोश था मेरे मन में। बस घर से निकल पड़ा। 'रतिनाथ की चाची' तो पढ़ी है न। रूप की पिता को इतनी ललक कि वे विधवा चाची को न छोड़ सके। यह घटना मेरी विरक्ति का मूल कारण थी। मौक़ा लगते घर से भाग निकला।

दोस्तो, यह भापकर कि नागार्जुन रौ में हैं, हमने अगले गर्म प्याले पर बातचीत का रुख लेखक बिरादरी की ओर मोड़ा।

भाई, क़ायदे से तो लेखक बिरादरी को एकजुट होना चाहिए पर हमारी पुरानी वर्ण-व्यवस्था की तरह इसमें भी कई समूह, कई जातियाँ-उपजातियाँ बनी पड़ी

हैं। लगता है भारतीय भूगोल की यह खिचड़ी इतनी पुरानी है कि इसे हँडिया में पकते ही रहना चाहिए। कहीं हमारी निरंतरता का पुराना अहसास ही न टूट जाय। इतिहास साक्षी है कि हमारे समाज में वर्णवाद, जातिवाद, संप्रदाय और वर्ग की गंदी नालियाँ बराबर बहती रही हैं। **इसी पृथक्त्व की भावनाओं ने अखिल देशीय भावना को उभरने से रोका है। ब्राह्मण-अब्राह्मण, सवर्ण-अछूत जैसे पचड़ों ने ही एक सेहतमंद व्यापक भारतीय दृष्टि को पनपने नहीं दिया।** अपनी नई पीढ़ी से हम यह उम्मीद करते हैं कि वह डटकर इन बुराइयों से लड़ेगी।

हमने नागार्जुन को और उकेरने में हर्ज़ न समझा—बाबा, भारतीय का यह भक्तिभाव और स्वर कि हे प्रभु, मैं जन्म-जन्म से बालक तेरा, तेरी कृपा में सुख घनेरा...

बाबा हँसे नहीं। तीखे होकर कहा—यह घोंचूपन और चिंचियाते रहना हमारे ख़ून में है। बने रहो श्रवण कुमार। उठाए रहो पुरानी परंपराओं की बहँगी। विज्ञान की छाँह में भी अंधविश्वासों के टुकड़े कुतरते रहो चूहों की तरह। हशमत भाई, सच तो यह है कि हम छिछली भावुकता के शिकार हैं। सिर डालकर ढोए चले जा रहे हैं अपने को।—खींचे चले जा रहे हैं अपने को जैसे हम हम न हों—बलि का बकरा हों!

संवाद को बाबा ने नाटकीयता प्रदान की—अब मरे, अब गिरे, बस गए! रफ़्तार इनकी ऐसी कि एक क़दम आगे और दो क़दम पीछे। ऐसे हैं हम? क्या हैं हम? आखिर क्या हैं हम!

सच कहें साहबो, दिल-ही-दिल उबाल-सा उठा—बाबा, इजाज़त हो तो कुछ कह दें?—

ज़रूर-ज़रूर।...हो जाय तुम्हारी ओर से भी...

आप दाग रहे थे न कि हम क्या हैं, सो अर्ज़ यह है कि हम सिर्फ़ उबले हुए आलू हैं!

नागार्जुन ने जी भरकर शाबाशी दी—लो, अब तुम्हारे कहे पर कुछ जोड़

देता हूँ—

हम सड़े हुए अंडे हैं
हम गोबर के गीले कंडे हैं
हम अध-कच्चे मंडे हैं

अब पहली टेक—

हम उबले हुए आलू हैं
हम सड़े हुए कचालू हैं
हम पीछे से आकर
दबोच लेनेवाले भालू हैं!

सुनो दोस्त, भेड़िए भी इनसान के लिबास में ही घूमते हैं। क्यों कैसी रही?

बहुत ख़ूब!

दोस्तो, यक़ीन मानिए, हशमत और बाबा की बातचीत में कहीं कोई जमाया हुआ हिसाब-किताब नहीं था। बैठक ख़ुद ही चल निकली थी। उनकी जिंदगी की कुछ दिलचस्पियाँ हम बाद में प्रस्तुत करेंगे। पहले उनके मँजे हुए गद्य का नमूना पेश है—

'केले के मोटे-मोटे थंभ, कटे हुए। सात-आठ रहे होंगे। छै-छै हाथ लंबे। वे एक-दूसरे से सटाकर बाँधे गए थे। अच्छी-ख़ासी नाव का काम दे रहे थे।

घुप्प अँधेरा। कड़ाके की सर्दी।

नीचे अथाह पानी। ऊपर नक्षत्र-खचित नील आकाश।

परछाईं में तारे जँच नहीं पा रहे थे, क्योंकि छोटी-बड़ी हिलकोरें पानी को चंचल किए हुए थीं। कदली—थंभों की यह नाव परिवार की छाती पर हिचकोले खा रही थी। बदन की समूची ताक़त बाँहों में बटोरकर जाल फेंकते वक़्त इसका आधा हिस्सा पानी के अंदर धँस जाता था और तब उस अतिरिक्त दबाव से जल-राशि की मोटी-मोटी तरंग की मालाएँ एक के बाद एक मिनटों

तक उमड़ती रहती थीं। कोई मामूली तलइया या बागान के अंदर का साधारण चभच्चा तो था नहीं, वह तो अपने इलाके का प्रख्यात जलाशय 'गढ़ पोखर' था। अवाम की तीखी खुरदरी ज़बान पर घिसते घिसते 'गढ़ पोखर' अब 'गरखोर' हो गया था। चारों तरफ़ के भिंड, किनारों के बड़े-बड़े कछार, बीच का पानीवाला हिस्सा-कुल मिलाकर पचास एकड़ ज़मीन छेके हुए था गरोखर।'

—वरुण के बेटे

मनोरथ पूरा होने पर लोग आकर धूम-धाम से मनौतियाँ चढ़ाते। रेशम की झूलें, कोढ़िला के बने सिरमौर और मंडप-जरी-गोटे की मालाएँ, पीतल-काँसे की घंटियाँ, लाल इकरेंगे का टुकड़ा, धूप-दीप-फूल-फल-अच्छत-दूब-दूध और गंगाजल, बेल और तुलसी के पत्ते—फरफरहरी मिठाइयाँ-पकवान-पान-मखान-ढोल-ढाक-पिपही। बारह महीनों में बीस-पच्चीस बकरे भी बलि चढ़ते थे—मचलते मुंडों और तड़पते धड़ों की ख़ूनी पिचकारियों से मेरा सीना सुर्ख़ हो उठता था—रगों में बिजली दौड़ जाती थी। क्षण भर के लिए पत्तों का हिलना रुक जाता। मनौतियाँ चढ़ानेवाले श्रद्धालु लोग घड़ी-दो-घड़ी की पूजा-प्रार्थना के बाद घर चले जाते तो मौक़ा पाकर दिन के समय कुत्ते और रात के वक्त गीदड़ मेरे बदन पर जमी बलिदानी लहू की मलाई चाटा करते। चींटियों और झींगुरों का भी इसमें साझा हुआ करता था। छितरे-छितराए अच्छत गौरैयों की क़िस्मत में, पकवानों और मिठाइयों की झरी-झूरी कौओं के भाग में। बकरे का धड़ मनौतीवाला टाँग ले जाता और मूँड ले जाता वह आदमी जो बलि के पशुओं का गला काटा करता। यह काम उन दिनों जैनरायन का ताऊ किया करता था और अब भानजा करता है। मेरे सामने ब्रह्म बाबा के निमित्त बलि होनेवाले ये वही बकरे होते थे जिन्हें मैं भली-भाँति पहचानता था और इसी से उनकी हत्या के समय मेरी तकलीफ़ और बढ़ जाती थी। पैदा होने के दस रोज़ के बाद से ही वे मेरी गोद में खेले होते थे। शोखियों से भरी उनकी उछल-कूद, उनके मुलायम खुरों की ख़ुशगवार धमक, छोटी-छोटी नथुनों की उनकी हलकी फुरफुराहट मेरे दिल की धड़कनों का हिस्सा बन चुकी होती थी। और साल-दो

साल बाद वही बकरे जब नहलाकर मेरे सामने खड़े कर दिए जाते तो उनका आतंकित चेहरा देखकर मेरा कलेजा सूख जाता भाई। पंडित जजमान से पहले तो बकरे की पूजा करवाता, फिर हथियार की। पीछे पंडित के अनुसार जजमान दोनों हाथ जोड़कर बकरे से कहता—

यज्ञ के निमित्त पशुओं की सृष्टि की विधाता ने
यज्ञ के निमित्त ही उन्हें मार गिराया जाता है।
इसी कारण मैं तुम्हें मरवाऊँगा
यज्ञ की हिंसा हिंसा नहीं हुआ करती...

और मखौल तो देखो, इस बलि के लिए घेर-घारकर बकरे से उसकी ख़ुद की मंजूरी भी ले ली जाती। यानि जब तक उसके मुँह से 'मैं-मैं' की आवाज़ नहीं निकलवा लेते, तब तक बकरे की गर्दन पर हथियार नहीं पड़ता।'

—बाबा बटेसरनाथ

दोस्तो, कोई भी लेखक अपने देश-काल के वातावरण से जुदा कैसे हो सकता है! साहित्य में रचना के ऊपर के खोल और शाब्दिक दंद-फंद से गहरे उतरकर ही रचना की असलियत जाँची जाती है। इसके साथ यह भी कि आँख ने देखा तो क्या देखा। पैनेपन की मार की तो कहाँ तक। रचनाकार ने झाँककर किसी का वजूद ही देखा कि उसकी रूह की, आत्मा की भी थाह ली।

'बाबा बटेसरनाथ' का यह टुकड़ा अपनी संरचना और अंकन में नागार्जुन की क़लम की सामर्थ्य और क्षमता का सबूत है। इसे पढ़ते-पढ़ते नथुनों में ख़ून की बू चढ़ने लगती है और समूची जाति की निरामिष अहिंसा, धर्मोन्माद और अंधविश्वास की गाँठों में बँटी रस्सी और उसमें बँधी ज़ख़्मी कराहती वह जीवन-परंपरा भी, जिसकी पुण्यमयी गौरवशाली बपौती को सराहते हम अघाते नहीं।

साहबो, जितना भी वक़्त बाबा के साथ गुज़रा, हमें एक अच्छा-खासा उपन्यास पढ़ लेने का मज़ा आया। तृप्ति मिली।

जिंदगी के इस मोड़ पर अपने व्यापक अनुभवों के बल पर अपनी ही

शख़्सियत को उभारने का लोभ उनमें हमें ख़ास नज़र नहीं आया। बुनियादी तौर पर वह एक बड़ी दुनिया से जुड़े हैं। आज के ज़माने में अपनी प्रतिभा की प्रस्तुति और प्रशस्ति से कौन अछूता है? हमने लक्ष्य किया, नागार्जुन मानसिक रूप से कई लेखकों के मुक़ाबले कुंठाओं से आज़ाद हैं। यह भी कि नागार्जुन में आप किन्हीं पूर्वग्रहों की मार से सिकुड़ी-सूखती घर को नहीं देख रहे। नागार्जुन की पूरी शख़्सियत में अखिल भारतीय प्रभाव जज़्ब होते चले गए हैं। उन्हें भारत के हर प्रदेश के रूप-रंग-गंध-भाव और भाषाएँ अपनी माँ—बोली मैथिली के मुक़ाबले हेय, फूहड़, करख्त, बड़बोली और उठाईगीर नहीं लगतीं। वह स्वयं किसी हालत में कम मैथिल नहीं लगते।

दोस्तो, हिंदी की आत्मा भी इसी गंगा की छलछलाती धार की तरह गहरी, विस्तृत और विशाल होनी चाहिए—इसे मात्र हिंदी-प्रदेश का रामनामी दुशाला ओढ़ा देने से ही राष्ट्रभाषा के पद पर आसीन करना मुश्किल होगा।

जिस जनसाधारण के वह पक्षधर हैं, वह उन्हीं की ज़मीन पर उन्हीं से जुड़े हैं। एक खुरदरी, मोटी-गाढ़ी कशमकश-भरी जिंदगी ही उनका मैदान है। उन्होंने आधुनिकता की झोंक में आकर अपने लेखन में भी गाँव-गँवई के घर-आँगन में किसी ऊँची नस्ल के पाम गमलों में नहीं लगा लिये। झाड़-झुरमुट और गमलों में इतराते फूल-पत्तों में बहुत बड़ा फ़र्क़ है।

बेशक यह बात आपके कई पाठकों और प्रशंसकों को परेशान करती है कि मानवीय संवेदनाओं का जो संसार आपने अपनी रचनाओं द्वारा रचा है, क्या उसकी हदें वामपंथी राजनीतिक प्रतिबद्धताओं से परिभाषित होती हैं?

क्यों नहीं! पूँजीवाद की निरंतर वृद्धि, राजनीतिक धर्म और वैभववाली शक्तियों के गठजोड़ और निरक्षर जनता से इनकी दूरी, गहरे विलगाव और शोषण के नए-नए ढंग—ये सब लेखकीय चिंता के विषय क्यों नहीं हो सकते? क्यों नहीं होने चाहिए? भीषण संपन्नता और भीषण ग़रीबी क्या किसी भी जागरूक आँख के लिए नजरंदाज़ करने की चीज़ है? किसी भी खेमे के सिद्धांत, कोई पार्टी इस दूरी को पाट सकने में सहायक हों तो लेखक क्यों न उनसे मदद

लेगा। उनको मदद देगा। महत्त्वपूर्ण बात तो यह कि लेखक की चिंताएँ क्या हैं, कितनी गहरी हैं, कितनी व्यापक हैं। साहित्य और कलाएँ ज़माने से समृद्ध वर्ग की गुलामी करती आ रही हैं। किंतु आज लेखक-कलाकारों का धर्म इनके चंगुल से आज़ाद होकर लोक-जीवन के प्रति समर्पित होना है।

सुनो, ऐतरेय ब्राह्मण में लिखा है—

परिमितं वै भूतम्
अपरिमितं भव्यम्।

अतीत परिमित, भविष्य अपरिमित होता है। अतीत का महत्त्व वहीं तक है, जहाँ तक हमारे भविष्य के निर्माण में सहायक हो सके। सो दोस्त हशमत, हमें अपनी दृष्टि बदलनी है। सोच की दिशा बदलनी है। पीछे से आगे की ओर देखना है।

अचानक नागार्जुन के चेहरे पर एक नट लहराने लगा—

भगवान केशव को नमस्कार—ऐसा कहकर भगवान के दोनों चरणों की पूजा करे और 'दमोदर' को नमस्कार कहकर उनके कटि-भाग की पूजा करे।

भगवान नृसिंह को नमस्कार—ऐसा कहकर उनके दोनों उरुओं की तथा श्रीवत्स का चिह्न धारण करनेवाले प्रभु को नमस्कार कहकर उनके वक्षस्थल की पूजा करनी चाहिए।

हशमत को मुसकराते देख नागार्जुन हँसे नहीं। तरेरकर कहा—यही है सनातनी पोपलीला!

दोस्तो, नागार्जुन के स्वभाव में एक ख़ास तरह की मंचीय नाटकीयता है। ऐन वक्त पर वह विषय परिवर्तन कर देते हैं।

मियाँ हशमत, हुआ यह कि एक बार गाँव में से अपनी ही बीवी को मर्दाने वेश में भगा लाने में कामयाब हो गया।

वाह, क्या कहने!

दोस्तो, इस भगोड़े गृहस्थ जोड़े की रसीली-छबीली बात सुनकर हमें दरभंगा

की रसदार इलीचियों का मज़ा और तरावट एक साथ पहुँचे।

(हशमत की ओर से—एक अति गोपनीय सुझाव अपने शादी-शुदा दोस्तों के लिए)

नागार्जुन के इस मौलिक अभियान से प्रभावित होकर हम अपने सभी दोस्तों को यह मशविरा देते हैं कि वे भी कम-से-कम जीवन में एक बार तो हिम्मत बाँधकर इज़्ज़तदार गृहस्थियों से ज़रूर भाग निकलने की कोशिश करें। हम यक़ीन के साथ कह सकते हैं कि ऐसी बाज़ी लगाकर आप नागार्जुन के इस ठोस रोमानी प्रयोग से ज़रूर आध्यात्मिक फ़ायदा उठा सकेंगे।

दोस्तो, विद्यापति-शैली में इस मोहक-मधुर प्रवास में पतियों की कई खुफ़िया ग़लतफ़हमियाँ दूर हो जाएँगी, पत्नियों के दिलों से पतियों की उदासीनता के मलाल धुल जाएँगे और जन्म-जन्मांतरों तक उनके संग-संबंध अटूट रहेंगे। तलाक की ज़रूरत तक नहीं पड़ेगी। संस्कृत नाट्य-शैली में इसका योग-संयोग ज़रूर जुड़ाइए, नुक़सान में न रहेंगे।

इस क़िस्से पर अभी हशमत मैथिल भावभूमि में ही विचर रहे थे कि नागार्जुन ने ठेठ पंजाबी ठाठ में इस स्वप्न वासवदत्ता नाटक का एंटी-क्लाइमैक्स कर दिया—हशमत मियाँ, जानते हो पहुँचे हम दोनों कहाँ? हम पहुँचे लुधियाना। चौड़े मैदान के सामने रहने की जगह मिली। जैन मुनि से काम मिल गया। प्राकृत-पालि भाषा के अनुवाद करने का एक सौ रुपया मासिक पर। उन दिनों सौ रुपया बहुत होता था। चावल मिलता था रुपए का सोलह सेर।

हमने पंडिताइन से कहा—देखो, यहाँ जितने दिन हो, आँखें खुली रखो, नज़ारे देखो और अपना जनम सफल करो।

अपराजिता न समझी। पूछा—क्या मतलब?

मतलब यह भली मानस कि यहाँ देखने को तुम्हें इतने ख़ूबसूरत नौजवान मिलेंगे कि आँखें तृप्त होंगी और जी की भूख उतर जाएगी।

अपराजिता कोप कर बैठी—क्या कहते हो! अरे, मति ठिकाने है क्या! मेरी तो बराबर है पर तुम्हारे दिमाग़ में ही खलल है। पंजाबनों को नहाते देखो।

गोरे-चिट्टे पिंडों को यह कैसे मल-मल के नहाती हैं। ऐसे दिव्य दृश्य देखने को तुम्हें और कहाँ नसीब होंगे।

पत्नी मौन बनी घूरती रही। रात को बड़ी गंभीरता से बोली—मेरे दिल में डर उठता है। याद है न एक बार सौतेली माँ ने तुमसे शिकायत कर दी थी कि मैं खुले में नदी में नहाई थी। उस पर तुमने जो रुद्र रूप धारण किया था, एक तो वह थे तुम और एक यह आज हो तुम! किसी ने तंत्र-मंत्र तो नहीं कर दिया?

हमने प्यार से चपत दी—कब की पुरानी बात कर रही हो! इनसान का बच्चा तो हर दिन बदलता है। हर सुबह नया होता है!

ऐसा! तो देखते रहो पंजाबनों को। सेंकते रहो अपनी आँखें। कुछ है भी इनमें? घोड़े के माफ़िक़ चलती हैं अकड़कर...

मैंने छेड़छाड़ की—यहाँ आकर मेरे दिमाग़ के दरवाज़े-पट सब खुल गए हैं।

क्यों नहीं! तभी तो ललचाए जा रही हैं वह साटन की औरतें तुम्हारी। अरे, बदन में कहीं कोई लचक, कोई घुमाव है जो उन पर मस्त हो रहे हो!

मैं और छेड़ता।

यहाँ अपराजिता के बारे में एक बात कहूँगा। हम दोनों में लगातार एक अजीब तरह का अघोषित समझौता रहा। अपनी लंबी यात्रा में उसे दूर-पास से, आमने-सामने और गहरी बारीकी से भी देखता हूँ तो एक ही तसवीर उभरती है—हक़ पर अड़नेवाली एक निडर व्यक्तित्व की मालिक!

हमारा ब्याह हुआ तो अपराजिता के आस-पास चौदह सहेलियों का गुच्छा! मज़ा यह कि उनमें से छः लड़कियों की बारात भी उसी रात चढ़ी!

हमने बाबा के चेहरे पर पूरी निगरानी रखी। इस उम्मीद में कि देखें तो उन चौदह मैथिल सुकुमारियों में से कितने सतरंगी मुखड़े बाबा की आँखों में उभरते हैं, लेकिन दोस्तो, वहाँ अपराजिता ही अपराजिता थी। मुखड़ा एक। मुद्राएँ अनेक।

हशमत दोस्त, कहावत है न कि जो लाहौर गया नहीं, वह पैदा ही नहीं

हुआ। मैं पैदा होकर पंजाब में काफ़ी घूमा हूँ। स्वामी गणेशदास की पत्रिका 'विश्वबंधु' का संपादन किया। अबोहर में स्वामी केशवानंद की पत्रिका 'दीपक' का भी काम सँभालता रहा।

एक बार काशी से अमृतसर जा पहुँचा। जानते हो काशी और अमृतसर में ख़ूब छनती है। अमृतसर के कई मुहल्ले-गलियाँ ठीक बनारस की याद दिलाते हैं। दोनों में कुछ चलन हैं पुराने जो एक-सी झलक देते हैं। प्रदेश की सिर्फ़ ऊपरी झलक नहीं ली, वहाँ की मारवान हड्डी और हाथापाईवाले नखरे भी देखे हैं। मिसाल के तौर पर वहाँ की प्रेमिका छुई-मुई नहीं। कविता में भी प्रेमिका को यूँ चलना होता है कि पाँव उठा दे तो ज़मीन हिले। ऊर्जा और अच्छी सेहत की निशानी है।

हशमत ने बाबा को ख़बरदार किया—उन दिनोंवाले लाहौर को तो आपकी नज़र लग ही चुकी, अब इन पंजाबनों को बख़्श दीजिए!

नागार्जुन के हम-वतनी विद्यापति के मैथिल प्रदेश की साँवरी-सलोनी नेह-भरी सिंदूर तिलकित भालवाली ललनाओं के बिलकुल विपरीत धुर उत्तर की तरुणियाँ। विद्यापति इनकी झलक पाते तो संभवत: उनके गीतों की कोमल पदावली में बुनियादी हेरफेर हो जाते। भारी-भरकम खुले भूगोल को देखकर शायद नाजुक कविता ही काफूर हो जाती।

सुनो, यह भी बात सुनो। तुम्हें ज़रूर दिलचस्पी लगेगी। बंगाली और पंजाबी का फ़र्क़ बताता हूँ। बंगाली के पास दस रुपया होगा तो वह उसे इस तरह खर्च करेगा—

7 रुपए की किताब

2 रुपए का खाना

1 रुपया पान-सिगरेट के लिए, समझे!

अब पंजाबी का हिसाब देखो—

2.50 रुपए का लस्सी का गिलास

5 रुपए की रोटी

50 पैसे का उर्दू का अख़बार

2 रुपए अगली सुबह के नाश्ते-पानी के लिए।

अब बताइए, किताबें कहाँ और कैसे बिकेंगी। यही वजह है कि अपने यहाँ किताबें बिकती नहीं, ठेली जाती हैं। 'भस्मांकुर' जैसी किताब की बात छोड़ दो। चौदह जगह लगी हुई है। 'भस्मांकुर' की ही महिमा समझो कि नागार्जुन मलाई मार रहे हैं। 'भस्मांकुर' की लंबी कविता संस्कृतनिष्ठ भाषा में है और बरवै छंद में बाँधी गई है। हाँ, 'तुमने कहा था' का रंग कुछ दूसरा है—

मिश्रित निवास, मिश्रित लिबास, मिश्रित चिंतन, मिश्रित विचार
मिश्रित भाषा, मिश्रित शैली, मिश्रित चिंतन, मिश्रित विचार
हम सरल-तरल, हम द्रवणशील, निर्लिप्त, निरंजन, निराकार
मिश्रित होते हम शत-प्रतिशत, कृत्रिमता के परमावतार

यहीं से लिखने के बिंदु पर आता हूँ। अब तक जितना भी लिखा, सहज भाव से लिख दिया। यह अलग बात है कि कोई-कोई रचना बरसों दिल-दिमाग़ में पड़ी रहती है। कभी लहर आ गई तो फिर कोई रोक नहीं। कभी झटपट, कभी फटाफट। लिखते वक़्त अपने को क़सम किसी चीज़ की नहीं। इस मामले में अपना फ़ैसला बिलकुल साफ़। खामख़्याली की कोई गुंजाइश नहीं रहती। रचना का अपना एक अंदरूनी जन्मजात स्वभाव होता है। इसके संग-संग बाहर की तराश-खराश आती है रचना में तो आने देता हूँ। राजनीतिक आस्थाओं पर भी कोई चमक आती है तो ज़रूर आए। तुम इसे साहित्य का सिर्फ़ प्रचारात्मक पक्ष तो नहीं समझ रहे? याद रखो, साहित्य केवल आत्मकेंद्रित आत्मचिंतन नहीं। न ही वह आरामतलब वर्गों का मनोरंजन मात्र है। उसे राजनीति से अलग किया ही नहीं जा सकता। साहित्य अगर व्यक्ति और समाज की टकराहटों का, संघर्ष का मात्र ब्यौरा ही नहीं तो फिर वह हमारी राजनीतिक जद्दोजहद से भी अछूता नहीं। रह भी कैसे सकता है!

हशमत ने साहित्य में एक साथ उभरती विपरीत धाराओं की ओर नागार्जुन

का ध्यान खींचा। एक प्रबुद्ध 'इलीट' वर्ग, जो पश्चिम के बौद्धिक संस्कारों को लगातार अपनी मानसिकता में रोपता चला जा रहा है और उसे ही अपने भाषाई लिबास में अनूदित कर एक अजीब तरह का अंतर्मुखी छद्म फैलाने में लगा है; दूसरा वह जो प्रेरणा के लिए हमेशा अतीत की ओर उन्मुख है; और तीसरा वह जो अपने को अतीत की जकड़न से छुड़ा डालने को प्रतिबद्ध है।

बाबा जोश में आ गए—तीसरे से ही राष्ट्र का भविष्य जुड़ा है। इसके सामने सुरक्षात्मक सँवरन नहीं, संघर्ष और चुनौती है। नीचे से उभरते इस वर्ग का और कितना शोषण करेंगे! कब तक करेंगे! जब तक करेंगे, बुरा करेंगे। वे जग चुके हैं, उठ चुके हैं, उन्हें अब कोई ताक़त पछाड़ नहीं सकती।

अगली शाम हमने बाबा से श्रीलंका प्रसंग सुना।

केलानिया में विद्यालंकार परिवेण विद्यापीठ में जा पहुँचे। महापंडित राहुल सांकृत्यायन और भदंत आनंद कौसल्यायन ने भी इसी मठ में बौद्ध धर्म की दीक्षा ली थी। बाबा वहाँ के बौद्ध भिक्षुओं को संस्कृत पढ़ाते थे और बदले में उनसे पालि-भाषा के माध्यम से बौद्ध दर्शन का अध्ययन करते थे।

खाने-पीने के मामले में बौद्ध काफ़ी छूट लेते हैं। एक दिन मठ में खाने को बैठा तो जाने क्या से क्या खा गया। मांस। खा तो गया मगर लगातार कई दिन तक एक ही सपना आता चला गया। भयानक दिल दहला देनेवाला। दो साँड आसमान में मुझे सींगों पर उठा लेते हैं और पटकते हैं नीचे-नीचे। यह मेरा संस्कार था जो लगातार मुझे परेशान करने चला आता था।

क्या बौद्ध और हिंदू दर्शन की विभिन्नताओं का संकेत देंगे बाबा?

बौद्ध धर्म नैतिक नियमों पर आधारित धर्म है। इसमें ईश्वर के लिए कोई स्थान नहीं। न ही इसमें ईश्वर को मनुष्य के भाग्य का एकमात्र कर्ता-धर्ता समझ लिया जाता है! हिंदू धर्म की तुलना में बौद्ध धर्म में ताज़गी थी। दरअसल वैदिक धर्म में ब्राह्मणों की संकीर्णता के विरोध में ही बौद्ध धर्म का जन्म हुआ था। वैदिक धर्म ब्राह्मण धर्म के रूप में एक संप्रदाय या गुट का धर्म बन गया

तो इसी के विरोध में उपजे जैन और बौद्ध धर्म। इसी संदर्भ में एक बात और महत्त्वपूर्ण है। भाषाओं की।

विद्वत्समाज की वाणी के रूप में सम्मान पाकर संस्कृत ने एक गौरवशाली परंपरा को दिशा दी थी। उसी तरह प्राकृत और पालि ने जनसामान्य की बोलियों के रूप में विकास किया। पालि ने न केवल भारतीय भाषाओं के निर्माण में महत्त्वपूर्ण भूमिका निभाई, पड़ोसी देशों-सिंहल, बर्मा की भाषाओं को भी प्रभावित किया। हशमत ने बौद्ध त्रिपिटकों पर जिज्ञासा की तो बाबा ने जैसे किसी दूसरे ही कालखंड के द्वार खोल दिए।

त्रिपिटकों को अनुश्रुति-गंथ कहा जाता है। यह मौखिक रूप से पठन-पाठन द्वारा लंबे काल तक सुरक्षित रखा गया। मगध में त्रिपिटकों का संकलन अशोक द्वारा आयोजित तीसरी बौद्ध संगीति में हुआ। त्रिपिटक लगभग 34 ग्रंथों का संग्रह है। क्या इनके नाम जानना चाहोगे?

जी, बेशक!

विनयपिटक 7 ग्रंथ

सुत्तविभंग

खंधक

परिवार

महावग्ग चुल्लवग्ग महा विभंग

भिक्षुणी विभंग

सुत्तपिटक 5 ग्रंथ

दीघनिकाय मज्झिमनिकाय

संयुत्तनिकाय

अंगुत्तरनिकाय

खुद्दकनिकाय

खुद्दकनिकाय

खुद्दकपाठ
धम्मपद
उदान
इतिवृत्तक
सुत्तनिपात विमानवत्थु
पेतवत्थु थेरगाथा
जातक
निदेस
पटि संविधा
अपादीन
बुद्धवंश धम्मपिटक

अभिधम्मपिटक 7 ग्रंथ
धम्मसंगणि
विभंग
हम हशमत
धातुकथा पुग्गल पंजत्ति
कथावत्यु
यमक पत्थनि

हशमत नागार्जुन से नागार्जुन तक पहुँचने के चक्कर में अपना प्रश्न बनाने में लगे थे कि बाबा ने हमसे पूछ लिया—

कुछ तो पढ़ा होगा बौद्ध-धर्म और दर्शन पर? असंग और वसुबंधु का नाम सुना है?

जी नहीं!

असंग और वसुबंधु दोनों भाई थे, पुरुषपुर (पेशावर) में जन्मे थे। इन दोनों की शिक्षा कश्मीर में हुई। वे पठान ब्राह्मण थे।

पठान ब्राह्मण पर हशमत चौंके तो बाबा ने मज़ाक़ किया—देखो दोस्त, वह पठानी झलक तुम्हें बिचारे मैथिल ब्राह्मण के मुखड़े पर तो मिलने से रही—

इसकी हमें परेशानी नहीं। मन-ही-मन सोच लेंगे कि आप अब भी बौद्ध भिक्षु ही हैं। सो आप भी मुंडे ही नज़र आएँगे।

हमने ध्यान से नागार्जुन को देखा और शरारत से कहा—बेशक दाढ़ी से आपके चेहरे की रौनक़ बढ़ी है।

बाबा ख़ूब हँसे।

अभी बेटे की शादी करके लौटा हूँ। बारात चढ़ी तो सबसे पहले मुझे ही गालियों का शिकार बनाया गया।

वह कैसे?

बारात चढ़ी तो लड़कियों का एक झुंड आन खड़ा हुआ। किसी ने मुझे देखते ही तुक जोड़ दी—

सुना था मूँछों वाला आएगा
यह दाढ़ी वाला आ पहुँचा।

बाबा ने हाथ मिलाया—कैसी रही?

बहुत ख़ूब!

हाँ, असंग और वसुबंधु तो छूट गए कहीं रास्ते में।

सुनो, असंग को योगाचार दर्शन का पहला आचार्य कहा जाता है। महापंडित राहुल ने असंग रचित पाँच ग्रंथों को खोज लिया था। ये ग्रंथ राहुलजी को तिब्बती, चीनी तथा जापानी अनुवादों और वहाँ के हस्तलिखित ग्रंथ संग्रहों से प्राप्त हुए थे।

पेशावर से अब चलो कांजीवरम। दिङ्नाथ कांजीवरम निवासी थे और परंपरा के अनुसार वह बौद्ध न्याय के पिता माने जाते हैं।

बाबा ने जाने क्या सोचा और मज़्मून बदल दिया।

हैदराबाद के दंडमूडि महीधर ने तेलुगु में 'बलचनमा' का अनुवाद किया

था बहुत पहले।

'रतिनाथ की चाची' और 'वरुण के बेटे' हशमत की पसंद हैं बाबा। हमने खासतौर से बाबा से आग्रह किया कि अब ज़्यादा इंतज़ार न करवाइए, मुड़ आइए नागार्जुन की ओर। हमारी आज की दौड़ अपने नागार्जुन के संग-संग बौद्ध आचार्य नागार्जुन भी हैं। जिनके नाम को आप बराबरी से विद्वत्ता और गरिमा से ओढ़े हुए हैं उनके बारे में तो कुछ कहिए।

नागार्जुन दक्षिण भारत में जन्मे और ब्राह्मण से बौद्ध हुए। जितना गंभीर ज्ञान उन्हें ब्राह्मण साहित्य और दर्शन का था उतना ही बौद्ध धर्म का भी।

(नागार्जुन बिहार में जन्मे और ब्राह्मण होकर बौद्ध हुए। उनका चीवर और कमंडल सीताराम आश्रम में है। जितना गंभीर ज्ञान उन्हें संस्कृत साहित्य का है उतना ही पालि प्राकृत का भी।)

आचार्य नागार्जुन ने भारतीय साहित्य में और विशेषत: बौद्ध न्याय में एक नए युग का सूत्रपात किया। उनकी कृतियों की संख्या 12 है। उनके नाम—

माध्यमिक कारिका या माध्यमिक शास्त्र
दशभूमि विभाषाशास्त्र
महाप्रज्ञा पारमिता सूत्रकारिका
उपाय कौशल
प्रमाण विध्वंसन
विग्रहव्यावर्तिनी
चतु:स्तव
युक्तिषष्ठिका
शून्यता सप्तति
प्रतीत्यसमुत्पाद हदय
महायान शिक
सुहल्लेख।

वैद्यानाथ यात्री नागार्जुन के हिंदी उपन्यास-

रतिनाथ की चाची

बलचनमा

नयी पौध

बाबा बटेसरनाथ

वरुण के बेटे

दुखमोचन

कुंभीपाक

हीरक जयंती

उग्रतारा

जमनिया का बाबा

नागार्जुन के कविता संग्रह—

युगधारा भस्मांकुर

सतरंगे पंखोंवाली

प्यासी पथराई आँखें

तुमने कहा था

खिचड़ी विप्लव

हजार-हजार बाहोंवाली

मैथिली में कविता—

चित्रा

पत्रहीन नग्न गाछ

मैथिली में उपन्यास

पारो

संस्कृत रचना—

धर्मलोक शतकम्

दोस्तो, हशमत मन-ही-मन नागार्जुन की तुलना नागार्जुन से कर रहे थे कि चौंके।

बैद्यनाथ बाबा वसुबंधु के प्रसंग पर कुछ कहते थे। चंचल चित्त को एकाग्र करना ही योग है। जिन तरीक़ों से उसे एकाग्र किया जाता है उन आठ अंगों का विधान इस प्रकार है।

यम
नियम
आसन
प्राणायाम

हशमत बीच में ही घबराकर पानी के लिए उठ खड़े हुए। गट्ट गट्ट गिलास भर पानी पीया और बाबा से अर्ज़ की—यूँ तो इस जहान में दूसरे लोगों की तरह हम भी ज़मानत पर ही हैं बाबा पर हमें अब ज़्यादा डराइए नहीं। धर्म-दर्शन के गहरे प्रसंगों से अपना चित्त डोलता है और दिल बैठने-सा लगता है—

बाबा ने हमें दिलचस्पी से देखा और गुरु के अधिकार से कहा—हमें भी मसीही का शौक़ नहीं चर्राया! जो कह चुका उसे तो भूल जाओ। अब ऐसा कुछ बताऊँगा जो साहित्य के संदर्भ में भी तुम्हें तर्कसंगत लगेगा। योगाचार के अनुसार ज्ञान की तीन कोटियाँ हैं—

परिकल्पित, परतंत्र और परिनिष्पन्न। परिकल्पित ज्ञान कल्पनाश्रित है, परतंत्र ज्ञान सापेक्ष्य है और परिनिष्पन्न ज्ञान सत्याश्रित है।

दोस्तो, यह सुनकर हशमत निगाहों और कानों की दुनिया से दूर हो गए और सचमुच ही साहित्य और कला के संदर्भ टटोलने लगे।

अतीत, परंपरा, वर्तमान, भविष्य—और इन सबको उजागर करता सत्य का मणि। ज़रूर ज्ञान की उन तीन कोटियों के मिश्रण से किसी भी रचना की, कलाकृति की, काया का सर्जन होता होगा लेकिन उसकी आत्मा के आलोक का स्रोत कहाँ है? क्या है?

शायद आत्मा की आत्मा ही में।

हशमत के आस-पास दो आचार्यों—नागार्जुनों—की उपस्थिति। एक तो

साक्षात हमारी पसंद का ऊनी पट्टू ओढ़े बैठे हैं—एकाएक भान हुआ अपने अंतर के एकांत में कहीं कोई खलबली नहीं। कुछ बड़ा न कर सकने का पछतावा तक नहीं। काबे की जुस्तजू में अगर जंगल में क़दम रखने पड़ें और पाँव में काँटें चुभें तो भी इस राह के मुसाफ़िर ग़म क्यों करें। कारवाँ तो बढ़ता है ख़ुद-ब-खुद अपनी मंज़िल की ओर 1

दोस्तो, नागार्जुन होने के भी कई विशेष अधिकार हैं। इनके तहत आप अपनी कविता द्वारा लोगों को झाड़-फटकार सकते हैं, प्रचंड पंडिताई से दूसरों की बोलती बंद कर सकते हैं, इसके साथ-साथ दूसरों का मन भी पढ़ सकते हैं।

नागार्जुन जान गए हशमत इस क्षण अपने साथ हैं और अपने से अलग भी। सो बड़े हलके-फुलके ढंग से कहा—हम तो ठहरे कवि। चरम आवेग और नेह की डोर से अपना पुराना रिश्ता है। ऐसा न सोच लेना ताक-झाँक करना चाहता हूँ पर यह तो बताओ, तुम्हारे क्या रंग-ढंग हैं इस उम्र में।

हशमत ने बड़े सलीक़े से जवाब दिया—उम्र तो अभी भी छोटी ही है और रंग-ढंग वही जो इस उम्र में होने चाहिए।

बौद्ध बाबा ने आँखें घुमाईं—क्या मतलब?

मतलब साफ़ है, जनाब! हसरतों-उम्मीदों को चोर दरवाज़े से कहीं बाहर भिजवा नहीं दिया है। देख तो रहे ही हैं, अपने दिल और मकान दोनों का कहीं कोई पिछवाड़ा नहीं है। ख़ुदा का शुक्र है कि अभी पतले-छीजे वक़्त की दलीलें, खीझें और हुज्जतबाज़ियाँ चालू नहीं हुईं।

हशमत और बाबा मिलकर ख़ूब हँसे। बाबा की आँखों में नटखटपन उतर आया—कोई ख़ास यादें, जो मौसम बेमौसम गुदगुदा जाती हों?

बाबा की यह दोस्ताना अदा हशमत को बहुत भाई। शरारत से कहा—अपनी चाय की प्याली वह जो सामने हो और मौजूद हो। काल्पनिक मोहन-भोग की ख़ामख़याली पर हशमत अपना वक़्त जाया नहीं करते।

नागार्जुन ने ख़ुश होकर हशमत की पीठ ठोंकी, तो हम भी जोश में आ

गए। पिछले दो दिनों से शुक्रवारी दफ़ा जो मेहमान और मेज़बान दोनों पर लगी थी, हमने उसे रद्द का फ़ैसला कर लिया।

काँच की आवाज़ पर नागार्जुन ने अपनी उम्र को तकसीम दे दी और हँसकर कहा—वाह, बिना प्रोग्राम ही के ही पेश कर दी एक सरूरभरी शाम! जियो! दोस्तो, हमने बड़ी पाकीज़गी से अपनी बची-खुची आधी रियासत (शुक्र के दिन कुछ बूँदें भी रियासत में ही शुमार होती हैं) बिना किसी अहदनामे के नागार्जुन से बाँट लीं।

सो साहबो, नागार्जुन और हशमत—बस, दोनों की शाम जुड़ गई।

दोस्तो, आपके सामने क़बूल करना चाहेंगे कि बाबा से हमारी बातचीत पाठक और लेखक के रिश्ते से शुरू होकर लेखक और लेखक के सौहार्द पर ख़त्म हुई। हमारी दिलचस्पियों का दायरा बनी नागार्जुन की अक्खड़-फक्कड़ शख़्सियत और उसके खुरदरे 'टैक्शचर' की बनावट और बुनावट। (उनके लेखक पर, उनकी राजनीतिक प्रतिबद्धता पर फ़तवे देने के हमारे कोई इरादे नहीं थे। इरादे यूँ नहीं थे कि कुरेदने की क़ाबिलियत नहीं थी।) सो साहबो, नागार्जुन विशिष्ट महफ़िलों का चेहरा नहीं है, वह भीड़ का चेहरा है, और भीड़ में ही उभरता-चमकता है। नागार्जुन ने अपनी विद्वत्ता और पांडित्य को बौद्ध मिज़ाज की सादगी में छान लिया है। हैरानी होती है यह सोचकर कि शास्त्र-विधि-संपन्न ब्राह्मण-पुत्र ने अपने को परंपरा की कारा से क्योंकर आज़ाद किया। कितना लाँघा और कितना फलाँगा।

हशमत ने इस पर बाबा से टीप माँगी तो कहा—आदमी अपनी रुचि का चुन लेता है तो उसे पा भी जाता है।

फिर मसखरेपन से—गोबर पर हाथ रखो तो कंडा बनता है। महावीरप्रसाद द्विवेदी ने एक बालक की पीठ पर हाथ रख दिया तो वह मैथिलीशरण बन गया। कैसी रही!

दोस्तो, इस पर हँसते-हँसते बिचारी दवा की बूँदें भाँग बन गईं। जिंदगी

की सुबह के अभाव बचपन से शुरू हो बहुत दूर-दूर तक, देर तक व्यक्ति पर मार करते रहते हैं। पर नागार्जुन ने अपने जीवन में इनकी घुलावट-मिलावट को संघर्ष में छानकर अपने व्यापक अनुभव में जोड़ लिया है। इस सबको कुछ ऐसा रंग-रूप और मिज़ाज दिया कि वह पूरा वक़्त अपने समय और यथार्थ के प्रति चौकस होते चले गए। अपने पांडित्य को उन्होंने सहज-सरल कर लिया है। साधारण को असाधारण और विशेष को सामान्य करने की प्रक्रिया बाबा के समूचे लेखन में देखी जा सकती है।

हशमत आपकी भाषा के कायल हैं, कुछ थोड़ा-सा उसके बारे में भी...

लेखक के निकट शब्द और अर्थ का रिश्ता बड़ा गहरा है। जिस शब्द का कोई अर्थ नहीं, लेखक उसे क्यों ढोएगा? अपनी ज़मीन में क्यों बोएगा? कभी एक तमाशा और भी होता है। भारी-भरकम शब्दों में चना-बराबर अर्थ। भाषा में जितनी ही ऊपर की साज-सजावट शैयम-शैयम, उतना ही विचार और चिंतन का दारिद्र्य। भाषा की सादगी फूहड़ता नहीं, संयम और सँवरन है। जीवन के सेहतमंद बदलाव मेरे निकट गहरे आकर्षण हैं।

दोस्त, कूड़े-कचरे के अंबार सिर्फ़ हमारी सड़कों, गलियों, बस्तियों के नुक्कड़ों पर ही नहीं लगे हुए, वे हमारे दिलों में भी भरे पड़े हैं। सोचो, क्या नौ तरह की अंगूठियाँ पहनकर आप भाग्य को मुट्ठी में बाँध सकते हैं? जिंदगी का सामना कर सकते हैं? एक बहुत बड़ा क्षेत्र अपने देश का भाग्यवाद का शिकार है। वैज्ञानिक सत्य के सामने पंडितों के आलंकारिक मगर खोखले और बेदम शब्द अब देर तक कोई असर पैदा नहीं कर सकेंगे। साहित्य में भी एक-न-एक दिन भ्रांति टूटती ही है। बादल कौन है—कोहरा कौन है—यह बराबर पहचान में आकर रहता है। लेखक में अगर जिज्ञासा औरों को जानने की संस्कारिता अधमरी या बिलकुल ही मरी हुई है तो हर रचना में वह ख़ुद को ही कपड़े पहनाता रहेगा। स्वयं को ही सजाता रहेगा। कभी-कभार परंपरा को तोड़नेवाला ही परंपरा का परिष्कार करने का अधिकारी भी होता है।

एक छोटा-सा लालच सिर उठा रहा है बाबा, अपने रचना-संसार पर कुछ

कहना चाहेंगे—यह इस साक्षात्कार की ख़ातिर ही सही, कम-से-कम बात तो अधूरी न रहेगी।

आराम करने की ऊब से बेचैन लोगों से मेरा वास्ता नहीं। मेरा लेखन-परिवार तो है खेतिहर मज़दूर, मेहनतकश ठेला खींचनेवाले, लारी चलानेवाले, भिखारी, बूढ़े, बच्चे! सुनो इस कविता की कुछ पंक्तियाँ—

खुब गए
दूधिया निगाहों में
फटी बिवाइयोंवाले खुरदरे पैर धँस गए
कुसुम कोमल मन में
गुट्‌ठल घट्‌ठोंवाले कुलिस कठोर पैर—

नागार्जुन की इस कविता को सुनकर हमें ब्यूटी सैलूनों में करवाई जानेवाली 'पाँव धुलाई' का ध्यान तो हो आया। बे-थके लाड़ भरे मुलायम पाँव जब धोए-चमकाए, सहराए जाते हैं तो साधन-सुविधाओं का चेहरा-मोहरा गहरे संतोष-सुख से पहले गंभीर हो उठता है, फिर गरिमा से ढीला। गुट्‌ठल कठोर पैर उसी की आँखों में खुबेंगे जिसकी दृष्टि में श्रम और श्रम की गरिमा धँसी हो। दोस्तो, यह दृष्टि नागार्जुन के पास है। उसके दिल में मेहनत और मेहनतकश के लिए आग है।

कविता और राजनीति के रिश्ते को गैर-ज़रूरी मानता ही नहीं। उसे भ्रामक क्यों समझ लिया जाय! आख़िर तो कविता अपने चरम बिंदु से उभरकर सच्चाई की ही खोज करती है। करना चाहती है।

कवि की कविता, उसका काव्य-संसार, अनुभव, लयकारी और उसकी तात्कालिक संवेदना से भी बड़ा है उसका जीवन-दर्शन—जिंदगी से उसका संवाद। यहीं उसके बुनियादी सरोकारों की सार्थकता भी अर्थवान् हो उठती है। अपनी बात करूँ तो मेरे यहाँ कोई निराशावाद नहीं। पलायन भी नहीं। दु:ख-रुदन-संत्रास भी नहीं। अपने सामने निरंतर रहता है—

जीवेम शरदः शतम्। बुध्येम शरदः शतम्।
रोहेम शरदः शतम्। पूषेम शरदः शतम्।
भवेम शरदः शतम्। भूषेम शरदः शतम्।

(हम सौ और सौ से भी अधिक वर्षों तक जीवन-यात्रा करें। अपने ज्ञान को हम हशमत

बराबर बढ़ाते रहें, उत्तरोत्तर उत्कृष्ट उन्नति को प्राप्त करते रहें, पुष्टि और दृढ़ता को प्राप्त करते रहें और समृद्धि तथा सद्गुणों से अपने को भूषित करते रहें।)

दोस्तो, नागार्जुन का कविता-संसार सर्वहारा जनता का संसार है। उन्हीं के शब्दों में—केवल रजनी-सजनी का नहीं, और न ही अभिजात की सजी-बनी और बनी-ठनी बैठकों का ही। उनकी तड़प छटपटाहट धरती से जुड़ी है, जड़ों में खुबी है जहाँ से एक बड़ी भीड़ अपने भविष्य का सामना करने को उठ खड़ी हुई है।

नागार्जुन इसी लोक के, इसी जनता के कवि हैं। वह जनता को पढ़ते हैं और जनता उनके पढ़ने को सुनती है।

बाबा जाने को हुए, गर्मजोशी से हाथ मिलाया तो हशमत को बेअख़्तियार हाफ़िज का शेर याद हो आया—

खयाले क़द्दे बलन्दे तू मोकुनद दिले-मन
तू दस्ते को तहे मन बीः व आस्तीने दराज़।

(मेरा दिल तेरे ऊँचे क़द का ख़याल करता है, तू मेरे छोटे हाथों को और लंबी आस्तीनों को देख!)

एक दिलकश मुसकराहट देर तक नागार्जुन के ओंठों पर ठिठकी रही—दोस्त, दस्तूर के मुताबिक़ तो मुझे भी कुछ कहना चाहिए जवाब में। क्या कहूँ?

चौकन्ने हो हमने अपनी आँखों पर कान लगा लिये और कानों पर आँखें।

मियाँ हशमत, कुचली हुई तक़दीरों को बनाने के लिए मोहनसिंह की इन

इंक़लाबी पंक्तियों के सामने करिश्मों की भी क्या बिसात! जिनका सीना गर्म हो, निगाह ठंडी हो, उन्हें ये बोल ज़रूर पसंद आएँगे। लहू को तेज़ कर देने के क़ाबिल हैं—

सौ मुर्दा संता कोलो
इक जिन्दा ज़ालिम चंगा ए।

हशमत टकटकी लगाए नागार्जुन को देखते रहे। देखते रहे—देखते गए—अगर नागार्जुन भीड़ हैं और भीड़ नागार्जुन है तो मुर्दा संतों से भला इन दोनों का क्या बननेवाला है। इनके लिए तो एक जिंदा ज़ालिम चाहिए। क्या सचमुच ही!

मुलाक़ात हशमत से सोबती की

वक़्त को सज़दा किया हज़ार बार—
इस बार तो 'हाँ' हो,
हर बार एक ही आवाज़ आई—नहीं!

दोस्तो, अगर विरासत में मिल गई हो 'नहीं' तो क्या कीजिएगा! न किसी से कुछ कहिए, न सुनाइए। न दुख मनाइए। न दर्द को सहलाइए। बस, देखते चले जाइए—जिंदगी की सीधी-सपाट सड़क को, जिस पर आपको चलते ही जाना है।

सच पूछिए तो 'गर्दिश के दिन' पर कुछ भी कहने के हक़दार हम हैं नहीं। न हमारा कभी हलकी-फुलकी ख़ूबसूरत तल्खियों से पाला पड़ा है। न गर्दिश के दिनों का रोमांटिक चक्कर चला। न प्यार मुहब्बत के सलोने ग़म जिंदगी में हमारी रहनुमाई ही कर सके। न किसी ने हमारे लिए तख़्तोताज ही छोड़ा। न हमने ही डर से किसी दोस्ती से मुँह मोड़ा।

फिर भी हुआ कुछ यूँ कि अपनी 'रौ' में हम अपनी 'मैं' को ही पालते रहे। 'अहम्' को सँवारते रहे। लेकिन इस सबके बावजूद एक बहुत बड़ी दुनिया से अलग-थलग ही हम 'शनि' की रफ़्तार से बँधे अपनी इकहरी मंजिल की ओर सरकते रहे।

चाल इतनी धीमी कि धरती के तीस बरस और किसी को मथ डालनेवाले शनि का एक बरस। जिसने इसकी सरपरस्ती में दिन गुज़ारे हों, वह इस

वक्तखोर सितारे के हाथों पग-पग पर पटकनियाँ खाने का आदी हो जाता है।

एक से जूझकर उठे कि दूसरी तैयार। दूसरी से सुर्ख़रू हुए कि किसी कोने में कुलबुलाती एक और चली आती है।

यही रफ़्तार हालातों की और यही इसका काला गाढ़ा रंग चढ़ता चला गया अपने मिज़ाज पर भी।

मिज़ाज इतना गरीब कि गरीबी का शक होने लगे। दिल इतना अमीर कि अमीरी महज़ एक सलीक़ा बनकर रह जाए। गुस्सा इतना तेज़ कि पलक झपकते तेवर खनकने लगें। ठंडापन इतना कि सिर पर से तूफ़ान गुज़र जाए और इस पथरीले चेहरे पर शिकन न आए।

अजीब सर्द-गर्म, मिट्‌टी की तासीरवाली यह तसवीर मेरी, ख़ुद मुझे ही हैरान-परेशान करती रही है।

दूसरों की निगाह से अपने को देखती हूँ तो एक मगरूर घमंडी औरत, चमक-दमकवाला लिबास और अपने को दूसरों से अलग समझनेवाला अंदाज़।

अपनी नज़र से अपने को जाँचती हूँ तो एक सीधी-सादी ख़ुद्दार शख़्सियत। वक़्त और ख़ुदा दोनों ही जिस पर ज़्यादा मेहरबान नहीं—फिर भी अपने जिगरे के ज़ोर से जिंदादिल।

हलकी हवाओंवाली सुहानी शामें जिनकी याद में हर इनसान का बच्चा अपने तन-मन में सुख जगाता है, कुछ पाता है। बार-बार जिंदगी को लौटा

लाता है—वे घड़ियाँ ज़िंदगी के 'आउट स्कर्ट्स' पर ही गुज़र गईं।

फिर भी दोस्तो, हमने जिंदगी के हाशिए पर अपनी क़लम से कभी 'गम' का नाम नहीं लिखा। कभी तबीयत बहुत मचली तो अपने से यही कह दिया—

न हुआ तो न सही। फिर सही।

सच कहें तो यही ढिठाई हमें पालती रही। इसे हमने अपने को सालने नहीं दिया—हमारा करतब बस इतना ही रहा।

कभी-कभार ऐसा हुआ तो कम, मगर हुआ। मुँह अँधेरे आँख खुली कि अचकचाकर उठ बैठे।

सुबह के अँधेरे और उजाले में अब तक की जी हुई जिंदगी ख़ुद-ब-खुद दो हिस्सों में बँट गई।

एक वह जो अपनी राह रोक सामने आ खड़ी हुई तो फिर आँखों के आगे से सरक जाने का, हट जाने का नाम ही नहीं लिया।

दूसरी वह जो हर दिन दिल के ख़्वाबों में सिर झुकाए पड़ी रही। ठोकरें बेशुमार खाईं मगर उस ढीठ ने भी अपनी जगह से टलने का नाम नहीं लिया। मैं दोनों को एक-दूसरे के आमने-सामने रख अपने को पहचानने की कोशिश में हूँ।

इन दोनों के अलावा अपनी परिधि में कुछ और अक्स भी तो होंगे। कुछ परछाइयाँ जो संग-संग रहती हैं, मिली-जुली आवाज़ें जो दूर-दूर लहरों पर तैरकर फिर दिलों के मुहानों पर लौट आती हैं।

खिड़की से उगते सूरज की ओर देखते हैं और करवट लेकर फिर आँखें मूँद लेते हैं।

वे नन्हे-नन्हे मासूम क्षण जो हर सुबह हर सूरज की तरह हर घर में ज़िंदा होते हैं, वे यहाँ नहीं हैं। यहाँ तो एक मैं ही हूँ। मैं ही। मैं एक अहसास। एक पोशाक। एक ही दरवाजा जिससे मेरी ही परछाईं अंदर आती है, मेरी ही बाहर निकल जाती है। मुझसे ही सुबह शुरू होती है। मुझसे ही शाम।

शायद इसीलिए अपने को ऐसे कमरे पसंद हैं जिनमें से मैं बाहर हो जाऊँ तो कोई फ़रक मालूम न दे। न यह लगे कि मैं अभी यहाँ हूँ। न यह कि मैं

यहाँ नहीं हूँ। मेरे होने न होने के बावजूद कमरा अपने कमरेपन में बँधा रहे।

ऐसे कमरे घरों में नहीं होते। जहाँ पर होते हैं वहाँ आप ग़ैर-हाज़िर नहीं होते।

आप सुबह हैं, शाम नहीं। आज हैं, कल नहीं। आप आन पहुँचे हैं तो ताली उठा लीजिए। जा रहे हैं तो ताली लौटा दीजिए।

कई छोटे-बड़े सफ़रों में मैंने अपने इर्द-गिर्द कुछ ऐसी आँखमिचौनी देखी कि अपने वजूद को ही ग़ैर समझ लिया।

साहिबगंज में मणिहारी गली घाट पहुँचने के दौरान बोट पर रेलिंग के सहारे खड़े-खड़े मैंने रात के अँधेरे में अपने पूर्वजन्मों के इतिहास, उनकी यात्राएँ पानी की तरह सतह पर देख डाले। इन्हीं लहरों में पिघले गीले अँधेरे में मैं तैरती रही हूँ लेकिन अब मुझे गंगा पर लटके उस चाँद पर पहुँचना है। वहाँ। वहाँ। उन कुछ घंटों की यात्रा में मैंने इस लोक से दूसरे में ले जानेवाली देहरी को जैसे पहचान लिया था। डर नहीं था। लगा कुछ ऐसा कि मुझ पर मेरी देह नहीं है और मैं अपने अभावों की प्यास को जगाती हूँ। नहाती हूँ। नहाती चली जाती हूँ। जी भर-भर कुछ इस तरह कि मेरी मुक्ति और प्राप्ति इसी पानी में है। इसी अँधेरे में है।

सहसा बोट पर पक रहे खाने की गंध ने मुझे मेरी काया लौटा दी। डाइनिंग रूम में उस दिन अपने को दुबारा पैदा होते देखा। जिस आदिम ढंग से मैंने उस रात खाना खाया होगा—मेरे जैसी आँख रखनेवाला आदमी ही पहचान पाता कि मैं वैदिक ऋचाओं की रोहिणी नहीं हूँ—मैं तो चनाब के पानी और मिट्टी से बनी हाड़-मांस की लड़की हूँ।

उसकी रेत पर खेली हूँ। उसकी लहरों में नहाई हूँ। तैरी हूँ। स्वभाव में वही रवानी है। तासीर में वही अनोखा पानी है। सच तो यह है, सिर्फ़ चनाब ही चनाब का सानी है।

अगर हमें कभी भी अपनी गृहस्थी जुटानी होती तो घर में सबसे पहले लगता तंदूर। मिट्टी के बर्तनों की लगती क़तारें। थालियों में गूँथती मैं आटा। चंगीरो में रखती घी-सनी रोटियाँ। और सोंधी गंधवाले सालन पकाती मैं हँडिया

में। मेरे घर में दूध बिलोने की चाँटियाँ होतीं। पानी भरने को घड़े। बैठने को होती राँगली पीढ़ियाँ और पसरने को होती सूत की मंजियाँ।

हमसे पूछिए तो गेहूँ की तंदूरी रोटी पर मक्खन और धीमी-धीमी आँच पर पकी चॉपों की इलाही गंध! इसके आगे दुनिया की सब नियामतें फीकी हैं

वैसे खाने की दूसरी बारीकियों की हमें तमीज़ भी कहाँ!

हाँ, एक फल का शौक़ ज़रूर है। सेब। देखा है बचपन में कि इस फल की ख़ूबसूरती घर की सब छोटी-मोटी खुशियों से जुड़ी रही है।

इनका रूप-रंग पिताजी के नज़दीक बहुत-बहुत लगाव की चीज़ है। जैसे कोई अपने बच्चों को गहरे लगाव से, चाव से देखता है, कुछ उसी तरह का रंग इन्हें देख, छूकर उनकी आँखों में झलकता है। जिंदगी से जुड़े रहने की चाहत, हर बार इन्हें छूने में, खाने में। उनकी निगाह में यह पढ़ सकने की पहचान मेरे पास है पर उन जैसी चाहत नहीं। मैं तो शौक़ से इन्हें खाती-भर हूँ। खाती हूँ और कुछ सोचती नहीं हूँ।

आम तौर पर मैं ऐसे कपड़े पहनना पसंद नहीं करती जो मेरी शक्ल-सूरत से कहीं ज्यादा कीमती लगें। कोई रेशम या रंग आँख पर चढ़ जाता है तो बार-बार उसे दोहराती चली जाती हूँ। मैं बार-बार उसे ही पहनती हूँ जो मुझमें खप जाए, जो हलका हो और ढीला हो।

अलमारी में ज्यादा कपड़े मेरा माथा गर्म कर देते हैं। लगता है मेरी बाहर और अंदर की सफ़ाई पर कोई रंग-बिरंगी कूची फेर गया है।

फुटकर कपड़ों के गुच्छे-जैसी 'मीडियॉकर' चीज़ कोई और नहीं।

यह बात सृजन के संबंध में और भी सच है।

सस्ता या महँगा कबाड़ उठाते ही चले जाना, एक शब्द की जगह दस इस्तेमाल करना, इक 'इमेज' की जगह विपरीत रंगों की भीड़ लगाकर पाठकों को भुलावे-छलावे में डाल देना—न सिर्फ़ कम अच्छा लेखन है—वह लेखन है ही नहीं।

बहुत खींचिए तो लेखन का जुगाड़-भर है। असली लेखन नहीं।

हम हशमत

ख़र्च करने का ढंग मेरा न बहुत छोटा है न बहुत बड़ा। माँ से यह सीखा कि जो भी ख़र्च करो, यह न लगे कि लुटाया जा रहा है। पिताजी से यह कि ऐसे ख़र्च करो कि अपने को भी ख़ालिस ज़रूरत न लगे। शौक़ लगे।

इन दोनों का मिला-जुला रंग मुझमें है।

क़ायदे से किया जानेवाला खर्च मैं शौक़ बना लेती हूँ और शौक़ के लिए किया गया महज़ ज़रूरत।

अपने लिए कम चीजें खरीदती हूँ। यहाँ-वहाँ का छोटा-मोटा रंग-बिरंगा सामान इकट्ठा करते जाना मुझे नापसंद है।

कसकर इस्तेमाल होनेवाला ठोस सामान ही मेरी आँखों पर चढ़ता है। कुछ भी खरीदने की तरह मुझे लिखने की भी कोई जल्दी नहीं होती। कोई हड़बड़ाहट नहीं होती। यही कि कुछ लिखने को होगा तो लिख डालेंगे। न लिख सके तो हमारे दोस्त लिख डालेंगे।

एक ज़ालिम-सी तटस्थता दिल-दिमाग़ पर क़ब्ज़ा किए रहती है। चाहा बहुत पर इससे छुटकारा न मिल सका। यही वजह है कि एक बहुत बड़ा वक़्त खाद बनकर रह गया।

बरसों कोई रचना उगने का नाम नहीं लेती। कई बार ऐसा हुआ कि कुछ लिखने के लिए किसी कहानी-उपन्यास का कच्चा माल, उसका 'टेक्शचर' हाथ की पोरों में महसूस किया। उसी रात यह भी हुआ कि पूरी की पूरी कहानी आँखों के आगे जिंदा होती चली गई।

बस, लिखी जाने से पहले ही कहानी ख़त्म। ऐसी कहानियाँ-उपन्यास मैं कभी नहीं लिख पाती जो शुरू से आखिर तक ब्यौरेवार मुझे बिना लिखे ही मालूम हों। ज्यों ही कहानी की कड़ियाँ मेरी आँखों के आगे घूमीं—खोज करने की, संघर्ष करने की मेरी गर्मी मर जाती है।

जहाँ कुछ ढूँढ़ लाने का, डुबकी लगाकर पा लेने का आश्चर्य न हो, उसे क़लम से लिखना नितांत बेमानी लगता है।

शायद इसलिए कि मैं किसी प्रेरणा या बाहरी दबाव से नहीं लिखती। मैं

अपने समूचे होने में, रचकर, पैठकर जीने की तरह लिखती हूँ। उसी वक़्त लिखती हूँ जब लिख डालने के सिवा कोई चारा न रह जाय।

अपने अंदर-बाहर, आगे-पीछे घटित हुआ किसी एक लम्हे में सिमटकर जब आँखों के आगे ढिठाई से ठिठक जाता है तो हारकर क़लम के तेवर उठाने को तैयार हो जाती हूँ।

बड़ी मुश्किल के दिन होते हैं और बड़ी मुश्किल से गुज़रते हैं। जो निगाह में अटक गया उसे दिल-दिमाग़ से तौल-परख आप कुछ गढ़ने बैठ जाते हैं। हाथ की मिट्टी को सम करते हैं, ठोक-पीठकर देख लेते हैं और फिर वह सफ़र शुरू होता है जिसे लिखना कहा जाता है।

लिखनेवाले की हालत यह कि कुछ आसमान पर कुछ पाताल में। कुछ अपने अंदर, कुछ कहानी के। सच तो यह है कि लेखक और कहानी दोनों की रूह मेज़ के आस-पास भटकती रहती है।

ठीक से कह नहीं पा रही। जब तक जिंदगी से होड़ लेती जीती-जागती तसवीरें उठकर बोलने नहीं लगतीं—तबीयत तकले की धार पर चढ़ी रहती है।

अचानक आप कुछ और से हो उठते हैं। आँखें ज़्यादा साफ़ और दूर देखने लगती हैं। दिमाग़ चौकस और हाथ शब्दों के हीरे-मोती समेटने लगते हैं।

हर शब्द का एक जिस्म। एक आत्मा। एक गंध।

जिस चीज़ को हाथ से उठाया है उसका संस्कार, उसका मिज़ाज, उसके तमाम रख-रखाव, लग लगाव तक से वाक़िफ़ियत होनी होती है। लिखने के वक़्त यह सबकुछ ऐसी बारीक धार पर चलता है कि अपने-आपमें एक जादू-सा मालूम देता है।

आप लिखते हैं लेकिन महसूस करते हैं, आप नहीं लिख रहे कोई और लिख रहा। आप यह दावा करना चाहते हैं कि आप ही लिख रहे हैं तो कहानी के पात्र आपको ख़बरदार कर देते हैं कि आप नहीं साहिब, हम हैं जो आपसे लिखवा रहे हैं।

सच कहें ऐसे वक़्त का सामना करने की हमें कोई जल्दी नहीं होती। न

कहानी शुरू करने की, न ख़त्म करने की। न ही कहानी को जोड़ डालने की। इनसान की ज़िंदगी के इने-गिने एकांत क्षणों की तरह ही कलाकार के भी कुछ सार्थक क्षण होते हैं। वे कहीं से तोड़कर नहीं लाए जा सकते, न ही चाहने से पाए जा सकते हैं।

उनके लिए तो बरसों इंतज़ार करना होता है हालाँकि वे हर दिन आपके दिल के आस-पास जिया करते हैं। कभी-कभार आपकी बेख़बरी में ही आपके दिल का दरवाज़ा खटखटाते हैं और आपके लिखने की सूरत में आपसे जवाब पाते हैं। भाषा की सादगी भाषा की जान है, यही उसकी मिठास और यही उसका असर।

मैं 'डार से बिछुड़ी' का नाम लेना चाहूँगी।

एक दूसरा माध्यम 'यारों के यार'-सा होता है। कड़ा, खुरदरा और मर्दाना। ज़बान ऐसी कि पानी की तरह बहती चली जाए। हर शब्द से एक स्थिति बने। एक तसवीर उभरे। यहाँ तक कि गालियाँ भी उसके 'अंडर करेंट' को उद्वेलित करें। उसके अंदर-बाहर के खोल को एक संग वातावरण से बाँध दें।

आपकी क़लम तब तक यह हासिल नहीं कर सकती जब तक आप जिंदा ज़बान न जीते हों। यह ज़बान न शब्दकोश की मदद से गढ़ी जा सकी है न गलियों या झुग्गियों से उठाई जा सकती है। इसे तो अपनी रोज़मर्रा की जिंदगी में आपको एक तीसरी आँख और तीसरा कान लगाकर सोखना होता है

इस सबसे ऊपर और बढ़कर किसी भी अच्छी रचना के लिए एक और चीज़ की ज़रूरत होती है जिसे हर जानदार चीज़ की हड्डी कहा जाता है। इसके साथ ही वह घनत्व भी जो रचना की मिट्टी में ख़ुद ही होता है।

'मित्रो मरजानी' एक खुली-डुली जिंदा गरमाहट थी जो आपके खुलेपन में कुलीनता के चौखटे से टकरा गई।

मित्रो को जानने के लिए, मुझे न सिर्फ़ उस वर्ग के खोल से परिचित होना था, मुझे गोड़ना था उस वर्ग की जड़ों तक को भी, ताकि वह सब जान सकूँ जो आँख से दीखता और जो नहीं दीखता। इन दोनों को गहराई से बिलकुल

अनदीखते ढंग से इस कहानी के 'डाइमेंशन' में घेर सकूँ।

साहित्य और कला के क्षेत्र में शील और अश्लील के प्रश्न को तूल देना मुनासिब नहीं।

तथाकथित नैतिकता और धर्म के चौखटों के बाहर इनसान की जिंदगी का एक बहुत बड़ा हिस्सा फैला पड़ा है। इसकी उम्मीदें, आस्थाएँ, उसकी कमज़ोरियाँ, प्यार और आर्थिक संघर्ष, इन सबको किसी एक के नाम पर छाँट देना, उन्हें किसी दायरे से बाहर कर उन पर फ़ैसले देना मुनासिब नहीं।

साहित्य और क़ानून की निगाह एक नहीं हो सकती। साहित्य जीवन का दर्पण है, जिंदगी की बंदिश नहीं। यह अलग बात है कि कला का एक आंतरिक संयम होता है। बंदिश होती है जो कला के बहाव को, चढ़ाव को ख़ुद ही सहेजते समेटते हैं। साहित्य सत्य को अपने में सँजोता है और उसे खुलेपन में पनपने देता है।

'मित्रो मरजानी' और 'यारों के यार' के मुक़ाबले में 'सूरजमुखी' की भाषा बाहर की नहीं—अंतर की है।

पढ़ने में ज़रूर अतिरिक्त सतर्कता का आभास देती है। कहानी में कथा की जो अपनी मजबूरी थी—दरअसल उसी ने इसकी समूची लय को बाँध लिया था।

सृजन के स्तर पर आतंक का एक मूड होता है, इसे मैंने 'सूरजमुखी' लिखकर ही जाना है।

'सूरजमुखी' में रत्ती के अँधेरे, नकार से नहीं, आत्म-करुणा से नहीं, वंचित हो जाने की उस सपाट स्थिति से उभरे हैं जहाँ जिंदगी में ट्रैजेडी हो जाने का नाटकीय बोध तक नहीं।

बलात्कार केवल क़ानून की दफ़ा नहीं, मात्र रस-भंग ही नहीं, छोटे बच्चों के अधकचरे खेल भी नहीं। अमंगल लहर की वह टूटी आसंग स्थिति है जिसे अपने चाहने से स्रोत तक लौटा लाना जन्म-जन्मांतरों-सा ही अनिश्चित है। शायद इस बार, इस बार। प्यार करने की दुविधा नहीं, किनारे पर फैली सूखी लहरों तक पानी के न आ सकने की असमर्थता।

रीमा केशी और कमू के सम्मिलित दर्पण में रत्ती को जो दीखी है, वह है झुठला गए जीवन की आसक्ति—आसक्ति और आसक्ति।

उस छटपटाहट में जी सकने की प्यास और प्यास और भंग हो गई लय का तिलमिलाहट-भरा बोझ। मैं—मुझे—मुझे ही क्यों नहीं—मैं भी जो हूँ!

व्यक्ति की इकाई में धँस गए आक्रमण का पुराना आतंक, उसे द्वंद्व नहीं कहा जा सकता।

रत्ती में आत्मादर की कमी है। उसकी देह के द्वार पर उसका आत्मादर छिन्न हुआ है।

उसका समूचा सोचना आत्मरक्षा के स्तर पर है।

आत्मरति का सवाल तक नहीं उठता क्योंकि वह आत्मावहेलना से पीड़ित है। आत्मश्लाघा नहीं उसमें आत्म-सजगता है। उसके पास अपने बारे में यह जानकारी भी कि जिस अनोखे आनंद की अनुभूति मानवीय तन की सबसे बड़ी प्राप्ति वह उस तक पहुँचने में समर्थ नहीं। क्योंकि उसके इस स्रोत पर दूब नहीं दूह है।

प्रेम जैसे रोमांटिक शेड का उसके निकट कोई उपयोग नहीं। वह नाजुक रहस्य मर चुका है।

रत्ती-जैसी औरत अपने सगेपन में सिर्फ़ जान-पहचान के दावे कर सकती है। सेक्स के कुदरती बहाव से उदित सगे संबंध स्थापित नहीं कर सकती।

वह पुरुष के भीतर दया या हिंसा पैदा करती होती तो वह यहाँ-वहाँ मिल जानेवाली हर वह औरत होती जो पहले अपनी दया से पुरुष की हिंसा पकाती है और फिर पुरुष की हिंसा से अपनी दयनीय स्थिति को मज़बूत करती है।

रत्ती यह औरत नहीं है। रत्ती बचपन के पारदर्शी काँच के टूट जाने से घायल वह व्यवित है जो संबंधों की परिपक्व ज़मीन पर सुरक्षा के तंबू नहीं गाड़ पाता। उसके आत्मकेंद्रित द्वंद्व में एक ही चीज़ उसके हाथ लगी है—वह है बेरहम आँख जो एक साथ समानांतर रेखाओं से दोनों दिशाओं को देख अपने बिंदु पर लौट आती है।

रत्ती के पास यह न होती तो रत्ती के आगे नितांत दूसरा रास्ता होता—उसके अपने आत्मावमूल्यन से फुंकारता आत्म-विनाश।

इससे हटकर फिर वही पुरानी दुश्मनी अपने से। गँदली हो गई स्मृति मन से उतरकर तन में सिकुड़न की तरह उतरती चली जाती है। सुखा देती है, रुखा देती है हर बार लहरों के स्रोत को।

इसलिए रत्ती को आत्मार्पण के भाव से अपने सुनसान जंगल पर वह पूजा जगानी पड़ी। उसके निकट वह दिवाकर के साथ सोने का केवल संयोग नहीं था, संभोग भी नहीं, वह था दिवाकर द्वारा रत्ती को रत्ती से जोड़ देने का नितांत साधारण और असाधारण वह बिंदु जो अपने घनत्व से अब तक रत्ती को झुठलाता आया था।

दिवाकर के पास थी रत्ती को खोज लेनेवाली एक नज़र भर। दिवाकर इतना ही थे। रत्ती को भी इतना ही चाहिए था। बराबरी के अहसास में एक ऐसा कोण बना था जो एक साथ सो सकने की एक ओर से प्रार्थना थी, दूसरी ओर से चैलेंज था।

'सूरजमुखी' का एक दिलचस्प क़िस्सा सुनिए। 'सूरजमुखी' के कुछ ही पन्ने बाक़ी थे। एकाएक दिमाग़ ने सोचना बंद कर दिया। जतन किए मगर सब ठप्प। जैसे ब्लैक आउट हो गया हो।

क्योंकि दिमाग़ हमारा ही है सो हम एक-दूसरे की ढिठाई को खूब समझते-जानते हैं। तेवर पहचानते हैं।

एक हद तक हमने इसरार किया, आख़िर तंग आकर हथियार डाल दिए। क़लम बंद की और कहानी आँखों से ओझल कर दी। इसी कशमकश में कई दिन निकल गए। एक ही आदमी के दो हिस्से एक-दूसरे का दम-खम आज़माने को तैयार।

एक सुबह जो उठे तो आँखों में पूरा पठार अंकित था। केवल उस मोती की जगह सपने में मेरे अपने ईयरिंग थे जिन्हें सपने में मैंने ऊँची चट्टानों की ढलान पर से नीचे गिरते देखा था।

अगली रात सपना मैंने काग़ज़ पर उतार लिया।

कई बार ऐसा हुआ कि अचानक आँखों के आगे कुछ आ खड़ा हुआ और सच होकर रह गया।

एक बहुत अज़ीज़ दोस्त एक रात मुझे अचानक ऐसे दीखे कि मैं उनके लिए गुलाब ख़रीद रही हूँ—बस इतना ही।

सुबह उठते ही मालूम हुआ कि एक दिन पहले ही दुनिया से रुखसत हो चुके हैं—चुपचाप तैयार हुई और फूल लेने चल पड़ी।

मानना तो नहीं चाहती कि ऐसा अक्सर सच ही होता है पर होता तो है ही। झूठ यह भी नहीं कि अपने संबंध में यह धारणा कभी सच नहीं होती। 'यारों के यार' की सुनिए।

आप लोगों की दुआ से कहानी ख़त्म हुई ही थी। कहानी का नाम देने को क़लम उठाई तो बस अटक गई। चली ही नहीं। कहानी क्योंकि गालियों से नमकीन थी सो दो ही नाम लौट-पलटकर मेरा फ़ैसला खटखटाते रहे। नंबर एक 'हरामजादे' और नंबर दो 'उल्लू के पट्ठे'।

कड़ी कोफ्त हुई। कहानी का सारा संतुलन एक ही वज़न के दो पलड़ों पर अटक गया। न यह जँचे न वह।

ख़ैर साहिब, एक दिन मुँह अँधेरे जो करवट ली तो याद आया नींद में जनपथ पर घूमती रही थी। सपने में जिस दुकान पर खड़ी थी, उसके बोर्ड पर लिखा था—'यारों के यार'।

क़रीब चौबीस घंटे मैंने इस नाम को अपनी हद के बाहर कर दिया। अपने पास फटकने तक नहीं दिया।

दूसरी रात सोने से पहले छोटे-मोटे कामों के बहाने मेज़ के इर्द-गिर्द मँडराती रही। अपने को उकसाती रही और आखिरकार एक बजते-न-बजते कहानी का नामकरण हो ही गया।

जैसे ही शीर्षक दिया तबीयत उदास पड़ गई। नाम कहानी पर हावी हो गया था और मेरे आमने-सामने इतराने लगा था।

नाम क्योंकि कहानी का मौजूदा था—इसलिए मजबूरी की इस हालत में भी इससे पंगा लेने से मैं बाज़ नहीं आई।

मैंने तीनों नाम एक ही पंक्ति में लिखे और लावारिसों की तरह मेज़ पर छोड़ दिए। आख़िरकार जब क़लम चली तो नाम वही रहा जिसे रहना था।

अपने ही साथ इस तरह के चोंचलों से मेरे मिज़ाज और मेरी तासीर का जायज़ा लिया जा सकता है।

यह किसी सितारे या ग्रह का असर नहीं। जैसाकि मैंने कहीं पहले लिख दिया है।

शताब्दी-भर आलस इस डील-डौल में ख़ुद ही जो मौजूद है।

बस, एक ही बात की मेहर अपने पर हुई कि मुद्दतों के बाद जब-जब कुछ करने को उठे तो फिर तबीयत से, खुले दिल से, बिना कोर-कंजूसी के, कोताही-ढिलाई के काम को सर-अंजाम दे सके।

यह हिकमत या ख़ूबी मेरी नहीं। यह जादू किसी दूसरे का ही है। उसका नाम चाहे कुछ भी हो।

जब कभी काम में होती हूँ तो चाय-कॉफ़ी कम कर देती हूँ और दूध पीने लगती हूँ।

दिल-दिमाग़ के शीशे को साफ़ करने के लिए सिर्फ़ एक छोटा। दो कभी नहीं। 'बड़ा' कभी नहीं।

मेज़ पर बढ़िया काग़ज़ों का ढेर दीखता रहना चाहिए।

कुछ भी शुरू करने से पहले काग़ज़ ख़ूब फटा करते हैं।

पहली पंक्ति उठाने की घबराहट और तनाव इसकी वजह होते हैं। लगातार घंटों कभी नहीं लिख पाती। ज्यादा-से-ज्यादा एक घंटा। एक बार मेज़ छोड़ देने के बाद लिखे हुए के बारे में कुछ भी सोचने की इजाज़त अपने को नहीं देती। ऐसे वक़्त दो मुख़्तलिफ़ ताक़तें एक-दूसरे पर हावी रहती हैं।

मैं ख़ुद को शक की निगाह से देखने लगती हूँ। ढूँढ़-ढूँढ़कर अपनी सीमाएँ और कमज़ोरियों की याद दिलाती रहती हूँ अपने को। बड़े दिलचस्प ढंग से

अपनी आँखों के आगे इनकी भीड़ लगाए रहती हूँ। एक तरफ़ दुश्मन की तरह अपने पर सख़्ती करती हूँ दूसरी ओर जी-भर चाहूँ और जो कर सकूँ, अपने लिए मुहैया करती हूँ।

अपने और लिखने के बीच सिर्फ़ शिष्टाचार का नाता ही रखती हूँ। न उसके बारे में ज़्यादा सोचती हूँ न अपने पर छा जाने के लिए उसे उकसाती हूँ। और न ही उसे अपनी आँखों पर बिठाती हूँ।

अपनी-अपनी लीक पर अड़े, एक-दूसरे के तापमान से बँधे हम इस तरह शौक़िया ही मजबूरी की हालत में लिखने का सफ़र तय करते चले जाते हैं।

रंग-ढंग कुछ ऐसा पाया कि देखनेवालों से 'ठीक ही है' वो निगाह और देखनेवालियों से 'समझ क्या रखा है' का आमना-सामना होता ही रहा। अपना चलन क्योंकि एक ही पटरी पर रहा, इसलिए गंगा-जमुनी तरेरें, तेवर और परिहास-व्यंग्य के तीर-तरकस अपने से अक्सर टकराते रहे।

यह तो सच न होगा अगर हम कहें कि इनके किए हमारा कलेजा छलनी हुआ लेकिन, दोस्तो, इस सिलसिले में बड़े-बड़े ज़ालिम और मासूम चुटकुले अपने हाथ लगे। और हमने भी इस मामले में निहायत संजीदगी से अपना नहीं दूसरों का साथ दिया।

एक पार्टी में हमारा तौर-तरीक़ा देख किसी भली-पुरखी सुहागिन ने हमें फूल-छड़ दे मारी।

बड़ी प्यारी दूध की धुली अम्मीजानवाली नज़र से हमारे छोटे-बड़े माप देखे और मुलायम आवाज़ में कहा—

'आपको गाने-बजाने का शौक़ मालूम देता है।'

जैसे ही हमने मतलब भाँपा हमने बड़ी हलीमी से हँसकर ख़ास अपनी नज़र का कैमरा उनके हाथों में थमा दिया। और एक के बाद एक अगली-पिछली तसवीरें खिंचवाते चले गए।

उस शाम को सबसे साफ़ तसवीर जो उजागर हुई वह कुछ यूँ थी कि हम सजे-सँवरे हाथ में मीनाकारीवाली सुराही लिये कुछ उड़ेले चले जा रहे हैं।

(कहाँ यह न पूछिए।)

हमें मालूम था यह 'मित्रो मरजानी' वाली कतरन नहीं थी जो अपने चेहरे पर चिपकाई जा रही थी। यह ख़ालिस रंग तो उस घरेलू नज़र का था जिसे मुझसे न कोई शिकवा था न शिकायत थी। उस गृह लक्ष्मी ने तो फ़क़त अपनी मुबारक चौखट से हमारे—जैसी बेघर-बाहरवाली नाचीज़ को देखा-भर था।

हमने बुरा नहीं माना। मानें भी तो क्यों! नेकनामी का नशा अपने को कभी रहा ही नहीं। वे लाखों जतन जो इस नेकनामी के लिए आदमी करता ही चला जाता है—अपनी हद के बाहर ही समझिए। साहब, जिसकी रिहायश लाल डोरी के बाहर हो वह पंचों की राय अपने माथे पर काहे चढ़ाएगा! वह तो एक ढीठ बच्चे की तरह लापरवाह हो जाएगा। क़िस्सा-कोताह यह कि वह आज़ाद हो जाएगा।

'मित्रो मरजानी' के बाद हुआ कुछ ऐसा कि यार लोग हमें ही 'मित्रो' समझने लगे।

'यारों के यार' के बाद बातचीत करते कुछ ऐसे इंतज़ार भी रहने लगा कि अभी बोलचाल में ही गालियों के नगीने जड़ने लगूँगी। वैसे मुझे उनसे कोई परहेज़ नहीं। आज़माकर देखा है, चीज़ काफ़ी असरदार है।

'सूरजमुखी' तक आते-आते यह मान लिया गया कि मैं अक्सर पिए रहती। और अमुक वह है—वह है और वह है। कई सीधी-सादी दोस्तियाँ इस हल्ले में रंगीन हो गईं।

हम वहीं के वहीं, पुराने। गाँव की मिट्टी से बने और शहर में पले। दिल्ली को महानगर कहने की हिम्मत हमारी कहाँ! हाँ, यह सच है कि गाँव और शहर की सब ख़ूबियाँ और कमज़ोरियाँ हममें एक साथ मौजूद हैं। खुलापन तो जी भरकर। शहर का मुलम्मा तो वह भी जी-भर। हमें इसकी तसल्ली है कि हमने कभी किसी को 'टिप' न कम दिया और न ज़्यादा। हमारी नज़र में जितना बड़ा गुनाह कम देना है उतना ही बड़ा फूहड़पन ज़्यादा देना भी।

सच कहें तो अपना देहातीपन हमने अपनी आत्मा में बचा रखा है। और

शहरीपन अपने तौर-तरीके और लिबास में।

दुनिया की सब छोटी-बड़ी नियामतों के मुक़ाबले मैं गेहूँ की रोटी पर हज़ार-हज़ार बार फ़िदा हूँ।

चपाती ख़ूब अच्छी बनाती हूँ। तवे और तंदूर दोनों की। धीमी आँच पर बिना पानी का गोश्त और भी अच्छा।

अक्सर सपनों को झुठला जाते देखा है। शायद यही वजह है कि ऐसे सूखे में मैं छोटी-से-छोटी हरियाली को किसी भी ख़ज़ाने से ज़्यादा क़ीमती समझने लगती हूँ। किसी भी हरे टुकड़े को इस हद तक चाव से जीती हूँ कि उसी से ज़िंदगी की भरपूर हरियाली महसूस कर सकूँ।

अपने को किसी के साथ क्योंकि कभी बाँटा नहीं है, इसलिए लौट-पलटकर अपना बिंदु मैं ख़ुद ही बनी रहती हूँ। अपने से ही मुझे दूसरों को जानना होता है, इसलिए अपने में बनी भूलभुलैया में जिधर से झाँकिए—अंदर मैं-ही-मैं हूँ। इमारत क्योंकि भरी-पूरी नहीं, इसलिए हर बार पुकारने पर गुंबद से टकराकर, एक ही आवाज़ आती है—मैं। मैं ही। मैं ही। मैं। मैं।

वह कश-म-कश यहाँ नहीं जिससे व्यक्तित्व की विपरीत दिशाएँ उजागर होती हैं और आपको उस कड़ी में पिरो देती हैं जहाँ आप कभी बड़े होते हैं, कभी छोटे। आपको लेने-देने की, जमा-तफरीक की, दे देने की, और न देने की—ले लेने की और खोंस लेने तक की तालीम मिलती चली जाती है। ज़ाहिर है ऐसी सतरंगी धारियाँ अपने में हमें कभी नहीं दीखीं। इस तरह के व्यावहारिक मामलों में हमारी हालत निहायत सीधी-सपाट होने की हद तक बोर है। जो हम चाहते नहीं हैं, नहीं चाहते। और जो चाहते हैं, बस चाहते हैं।

इसका दूसरा पहलू एक और भी है।

आपके पीछे आपकी अपनी कोई क़तार नहीं इसलिए आप हर सामनेवाली क़तार को, भीड़ को समझने की कोशिश करते हैं। हर चीज़ के दोनों पहलुओं को तटस्थता से जाँचने की जुगत करते हैं। रिश्ता फिर भी आमने-सामने का रहता है। साथ-साथ जुड़े हुए लोगों का सा नहीं।

यूँ अपनी सत्ता को, अपनेपन में बरकरार रखने में भी एक हलका-सा नशा है लेकिन दोस्तो, कभी, किसी मौके पर आपको सिर्फ़ इमदाद की ही ज़रूरत हो तो वह आपको न मिल सकेगी। अगर आपने अपने इर्द-गिर्द संबंधों का जाल नहीं बिछा रखा तो आप हर मामले में अकेले हैं, इतना तय है। हमसे पूछिए तो यही वह अहसास है जो आपकी ख़ुदी को तराशता चला जाता है।

मेरे दोस्त ज़्यादा हैं। मेरी दोस्त कम हैं।

मैं बराबरी की दोस्ती ढंग से निभाती हूँ। क्योंकि कभी छोटे थे नहीं, बड़े कभी हुए नहीं-इसलिए यह अदा आज तक पाले हुए हैं।

हम क्योंकि किसी भी साहित्यिक गुटबंदी के बाहर हैं इसलिए हमारे सभी अदबी दोस्त हमें हमेशा गर्मजोशी से मिलते हैं, लेकिन साहबो, इस इंटलेक्चुअल बिरादरी में अगर कोई किसी को फ़ायदा न दे सके, न किसी से कुछ ले ही सके तो उसे बेमतलब कौन याद रखता चला जाएगा!

हम यह दोस्ती के ख़िलाफ़ नहीं-अपने हक़ में कह रहे हैं। हमें सीधे-सादे लोग अच्छे लगते हैं। आमतौर पर यही वे लोग होते हैं जिनकी आँखों में आप इनसान की खुशियाँ, ग़म, उम्मीदें, आस्थाओं का असली रूप-रंग देख सकते हैं। अजीब बात है कि आदमी जितना ही ज्ञान-विज्ञान, मनोविज्ञान से लैस होकर बारीकी से जिंदगी की तहों को कुरेदता है, उतना ही जिंदगी से दूर होता चला जाता है।

मेरी अलबम में कुछ ऐसे लोगों के चेहरे हैं जिन्हें मिलकर, जानकर मैंने कुछ ऐसा पाया जो किसी किताब में न पाया।

हाँ—वे लोग मेरे दोस्त कभी नहीं होते जिन्हें हर हिलते कपड़े के नीचे कोई जिस्म ही नज़र आता है। उठी हुई बाँह खुजलाने को तत्पर और हर ज़िंदादिल औरत उन्हें उन पर डोरे डालने की तैयारी में खड़ी दीखती है।

ऐसे परिवेश से मेरा कोई संबंध नहीं रहा, पर इतना तो जानती हूँ कि एक के साथ एक जुड़ी छतोंवाले छोटे माहौल में हवा और धूप पीता हर आकार किसी-न-किसी में फँसा नज़र आता है।

मैं यह यक़ीन करना चाहती हूँ कि इन सड़ी परंपराओं की तह-तले अभी जंग नहीं लगा। वहाँ भी कुछ ताक़त है इस माहौल के शिकंजे को तोड़ डालने की। अपनी-अपनी छतों पर जिंदगी की धूप सेंक सकने की।

मैं खुले में घूमना पसंद करती हूँ। बँधे-बँधाए प्रोग्राम नहीं। रानीखेत जा रही हूँ तो मन हो आने पर भुवाली उतरा जा सकता है।

रामगढ़ की ओर ही गए तो फिर पैदल ही मुक्तेश्वर। एक बार नौकुछिया ताल से कोसानी पहुँच गई। जी न भरा था—कहीं अटका रहा था। त्रिशूल को मुँह अँधेरे देखा। दिन में देखा। शाम को भी। रात आँखें मूँदीं तो नौकुछिया के निर्जन किनारे रात भर आँखों पर पहरा देते रहे।

समझ गई क्या चाहती हूँ। लौटकर वहीं पहुँची। पूरी दुपहर ताल किनारे पगडंडी पर घूमती रही। नौकुछिया में पानी नीला था और किनारों से अटा वी सूनापन। एक खाली सूनी काटेज में नीले रंग पर ईसा को लटके देखा तो पाँव जड़ हो गए। आस-पास कोई एक ऐसा दर्द था जो हद से गुज़र जाने के बाद बेदर्द हो जाता है।

दार्जिलिंग से कलिम्पोंग जाती कोरोनेशन-ब्रिज पर से मौत को झुठला जानेवाले अपने इरादे से सामना हो गया था। एक क्षण कितना लंबा हो सकता है मैंने इसके पहले कभी जाना नहीं था।

तिस्ता और रणजीत के उफनते पानी और गहरी निचाई में पड़ते भँवर, किनारों पर छाए घने पेड़ और ऊपर चमकती संझा की धूप। जैसे किसी ने मुझे जकड़ लिया था। यहीं—यहीं—यहीं।

उस शाम दार्जिलिंग लौटकर मैंने किसी अदृश्य को पीठ दी थी।

डलहौज़ी से खजियार जाती कालाटीप और डैन-कुंड। आसमान को छूती चीड़ और दूर देखती नदियों की अलग-अलग धाराएँ। कहीं एक बहुत ऊँचे पेड़ को क़त्ल होते देखा।

टूटते-करते उस पेड़ की भी क्या शान थी! कुल्हाड़ी-तले कुछ ऐसे कि मारते चलो—खड़े हैं—न खड़े रह सकेंगे तो गिर जाएँगे। मर जाएँगे।

पुरानी बात है। एक शाम भुवाली के डाकबंगले में चाय ले रही थी कि पास खड़े खानसामा की आँखों में मैंने जाने क्या पढ़ लिया। वह एक लमहा था जिसने मुझे 'बादलों के घेरे' की मन्नो से एक कर दिया।

खानसामा के ख़याल में मैं एक मरीज़ थी और सेनेटोरियम में रहने आई थी।

मैंने अपने सेहतमंद होने के 'डिफेंस' में सूटकेस की ताली खानसामा को दे दी और गुसल लगा देने को कहा।

खानसामा ने यक़ीन न करनेवाली नज़र से देखा-कुछ कहने को था कि मैंने खीजकर कड़े स्वर में कहा—

'पानी तेज़ गर्म हो...'

टॉवल स्टैंड पर सुथरे दो तौलिए-साबुन, गर्म पानी।

एकाएक भयभीगी सिहरन बदन में दौड़ गई। कैसे नहाऊँगी! नहीं। यह बीमार जगह है।

लंबा बेरहम इलाज फ़र्श पर से रेंगता हुआ मेरे बदन में सरसराने लगा।

न गुसल लिया न हाथ-पाँव धोए। बाहर निकली और खुले में बैठ गई।

खानसामा को कोई हैरानी नहीं हुई। दो-एक बार ताज़ी चाय दी, फिर अदब से कहा—"हजूर, अब अंदर जाना ठीक होगा। सर्दी आपके लिए ठीक नहीं।"

मैंने तिलमिलाती निगाह फेंकी तो जवाब में रहम-ही रहम था।

बड़े ही मँजे मुलायम अंदाज़ में कहा—

"ठीक हो जाएँगी हजूर-अपने डाक्टर बहुत अच्छे हैं।"

मैं खानसामा को नोच देना चाहती थी। मेरे ख़िलाफ़ उसका फ़ैसला अटल था।

अंदर आई, बिस्तर देखा कि बीमारी के ख़याल से तड़पने लगी।

खानसामा को बुलाया और अपनी तालियाँ उसकी ओर फेंककर नफ़रत-भरी आवाज़ में कहा—

'हमारा सामान समेटकर सुबह भीमताल पहुँचा दोगे। हम यहाँ से पाँच बजे चल देंगे।'

'जो हुक्म साहिब।'

मैं एक साथ अपने बदन में पैदा होती बीमारी की सहम और खानसामा की अनुभवी आँखों में अपने लिए बेमतलब तरस महसूस कर सिकुड़ने लगी। उस रात बिलकुल नहीं सोई। कमरे की मनहूस दीवारों पर खानसामा की आँखें बार-बार विद्रूप करती रहीं।

सुबह की चाय आने के पहले मैं तैयार हो चर्च तक चक्कर लगा आई थी।

सामान और कुली के लिए पैसे दे मैंने भरपूर खानसामा को तरेरा और इनाम का नोट उसकी ओर बढ़ा रौबीले अंदाज़ से कहा—

'खानसामा साहिब, हम उस बीमारी के मरीज़ नहीं जिसका आपको शक है। ख़ुदा न करे कभी हों—वैसे आपने हमें ज़रूर रात भर के लिए मरीज़ बनाकर ही दम लिया।'

खानसामा का अदब-क़ायदा उसकी इमदाद को आ खड़ा हुआ।

'ग़लती के लिए माफ़ी हजूर—शक यूँ गुज़रा कि रजिस्टर में नाम भरते आप कुछ सोचने लगी थीं। आने का मक़सद पूछने पर आपने कहा—'हमें कोई काम तो यहाँ नहीं। रानीखेत जा रहे थे, रास्ते में उतर गए। गुस्ताखी माफ़ हजूर, भुवाली पर कोई सैलानी क्यों उतरने लगा!

देखने का एक ऐंगिल यह था और दूसरा 'बादलों के घेरे'।

एक कड़कड़ाती दुपहरी। खजियार से पैदल चंबा। तपती चट्टानों पर पाँव जलने लगे। हलक सूखने लगा। गर्मी से निढाल हो-हो जाती थी कि मोड़ पर से इरावती का तेज़ पानी दीख गया। दौड़ने लगी। इरावती में डुबकी लगाऊँगी। जी भर-भर नहाऊँगी।

नीचे किनारे पर पहुँची तो पाँव गर्म चट्टानों पर ही जम गए।

इरावती का वेग, मुड़ती धारा का हरहराता शोर—ख़तरे ने मेरी आँखें लीप दी थीं।

दरियाओं के सुहाने बहते पानियों की बात सोच-सोचकर सुख होता है कि हम भी पैदा हुए एक ऐसे ही भागीभरे अलबेले दरिया के किनारे। उसकी शोख़-जवान कहानियाँ जहान में मशहूर हैं।

मीठा अनोखा नाम उस दरिया का—चनाब। चनाब के किनारे हर बरस बैसाखी के मेले जुड़ते। दुधेरी आँचलोंवाली माँओं की झोलियों में नए बच्चे सुच्चे गुलाब की पंखुड़ियों से चनाब का पानी मुँह लगाते। नए कोरे कपड़ों में जहाँ की तगड़ी ताज़ी मुटियारें कंधे उठा चलतीं। जहाँ ऊँचे हट्टे-कट्टे गबरू तहबंद के पल्लू लटकाए खेतों की रखवाली करते। जेहलम और चनाब के बीच की धरती पर यही क़द्दावर जन हाड़, मांस और लहू के पेड़ बन जाते।

वहीं—उस आब-भरी धरती पर हम भी खेला किए।

आँखों में खुभ जानेवाली दुलहनें—ठस्से और नखरे से पेड़े उठातीं, छनकार करती बाँहें, तंदूर पर झुकी गोरी तपते रंगवाली मुटियारें, वह धरती, वह फ़सलें, वह दरिया, वे लहलहाते दरियाओं के किनारे—सब छूट गए।

अब उस धरती की बरकतों को कौन जीते-जी माथे लगा सकेगा! कौन उस पानी को होंठों से छुआ सकेगा!

सियासत ने क़ुदरत के रास्ते बदल डाले। दरियाओं के रुख पलट डाले। वतनों के नक़्शे बदल डाले। कौन जाने उन राहों की राहदारी कब खुले!

कब खुलेगी! जब पुरानी यादों को सँजोकर रखनेवाले धड़कते दिल मिट्टी हो जाएँगे। कुओं पर छाँह देते पुराने पीपल सिर्फ़ पेड़ बनकर रह जाएँगे। दरियाओं के चेहरे सिर्फ़ भूगोल के नाम—शायद तब दोनों ओर के फाटक खुलेंगे।

बहुत देर हो चुकी उस पानी को छुए, उस हवा को पिए।

एक राज़ की बात बताएँ। उस पानी और हवा को हमने एक लोहे के संदूक में बंद कर रखा है

इसका खोल मैला हो गया है, बदरंग भी। फिर भी इसे खोलने की हिम्मत नहीं होती।

इस संदूक से मुझे आज भी पकी फ़सलों की गंध आती है। धूप में सरसों की बासंती चूनर दीखती है। उन कच्ची सगी राहों को गुँजाती घोड़ों की टाप सुन पड़ती है। रहटों की सुहानी लय मेरे कानों पर ठुक जाती हैं।

इस संदूक में उस धरती की ख़ुशबू बंद है। एक उपन्यास।

हम हशमत

उस पुराने लिखे उपन्यास को खोलने की हिम्मत नहीं होती। अपने को लाख डराया है, धमकाया है, फुसलाया है, पर कुछ भी कारगर नहीं होता।

अपने आगे आप ही बेबस हूँ।

फिर भी इंतज़ार है उस घड़ी का—जब ज़िंदा हाथों से उसे खोल सकूँ।

दोस्तो, जिंदगी में वह कभी खुल गया तो फिर मुलाक़ात होगी। ख़ुदा हाफिज़!